Umysł Spekulanta Giełdowego

Ta książka to Twój STOP-LOSS

Psychiczne i Finansowe Pułapki,
Które Niszczą Traderów

Thomas P. Wysler

Wydawca: https://sherlocktrades.com/
Projekt i skład: SherlockTrades.com
Kontakt: info@sherlocktrades.com

Redakcja językowa i stylistyczna: autor, przy wsparciu narzędzi do edycji tekstu.
ISBN: 978-83-976140-0-0

Kupiłeś moją książkę – dziękuję.
Mam nadzieję, że pomoże Ci stać się skutecznym
i szczęśliwym Traderem.

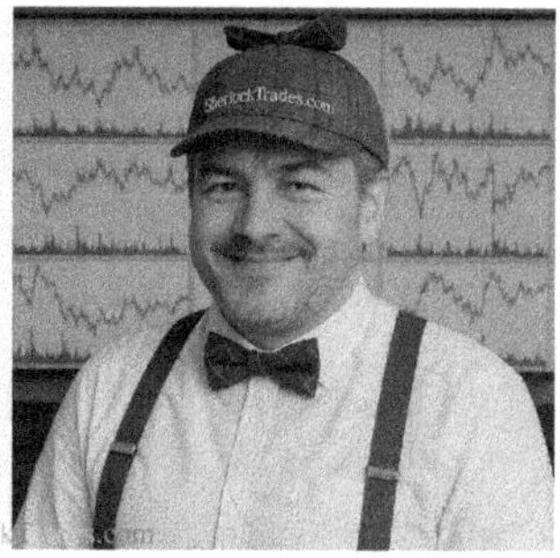

Serdecznie zapraszam na mój kanał na YouTube.

Wkrótce po wydaniu książki zacznę regularnie publikować filmy z dokładnymi analizami wykresów i działań **„Smart Money”.** [1] Jeśli starczy mi sił, postaram się zamieszczać przynajmniej pięć studiów przypadków ciekawych sytuacji na wykresach w każdym tygodniu. Podam, jaki to był walor i konkretny dzień, więc będziesz mógł odnaleźć dokładnie ten sam wykres i sprawdzić, czy widziałeś to samo, co ja. Mają to być filmy czysto edukacyjne.

YouTube Channel

https://www.youtube.com/@SherlockTrades

https://www.facebook.com/sherlocktrades/

https://www.instagram.com/sherlock.trades/

https://www.tiktok.com/@sherlock.trades

Do tej pory unikałem mediów społecznościowych, więc wszystkie te kanały będę tworzył od zera. To będzie moje kolejne wyzwanie. Pewnie, tak jak w przypadku pisania książki, zajmie mi to sporo czasu — dlatego proszę o cierpliwość. :)

1 Wstęp

Ta książka **nie jest** opowieścią o moim życiu, ale o tym, jakie wnioski z niego wyciągnąłem, stając się Traderem i żyjąc z tradingu. To wnioski z moich doświadczeń i esencja wiedzy, zebranej przez lata i sprawdzonej w „walce z wykresami".

Dzielę się swoimi przemyśleniami i zasadami tak, jakbym rozmawiał z przyjacielem – byś mógł uniknąć kosztownych błędów i szybciej osiągnął sukces jako Trader.

Pamiętaj – to Ty ponosisz 100% odpowiedzialności za swoje życie i decyzje. To, ile wartości uzyskasz ze studiowania tej książki, zależy wyłącznie od Ciebie.

To nie jest podręcznik ze strategiami ani instrukcja, jak robić wejścia i wyjścia z rynku.

----

*To opowieść o tym, **co tkwi w umyśle Tradera,***
*co w nim może być destrukcyjne i **co może dać siłę.***

Trader jest gotów do stabilnego, zyskownego, długoterminowego tradingu, jeśli stoi na dwóch solidnych fundamentach: „**Technice gry** – Analiza Techniczna" i „**Mentalu** – Psychologia Tradera". [2]

Opowiem Ci w tej książce wszystko, co wiem o „Mentalu" – czyli o tym, jak działa i reaguje Twój umysł, oraz jak go wytresować.

Opisałem też zasady zarządzania ryzykiem, czyli Money Management [3] ponieważ to nieodzownie wiąże się z psychiką.

Mental, dyscyplina i zarządzanie ryzykiem to najtrudniejsze elementy zawodu Profesjonalnego Tradera.

Ta książka nie da Ci gwarancji sukcesu – ale jeśli naprawdę ją sumiennie przestudiujesz, **Twoje szanse wzrosną radykalnie**.

To, czy odniesiesz sukces, zależy wyłącznie od Ciebie.

Podejdź do tej wiedzy bez pośpiechu, w ciszy i spokoju.

Przemyśl każdy rozdział. Rób notatki.

Zrób to raz, a dobrze – potem powtórz za jakiś czas.

Przygotowałeś sobie kartkę i długopis

do robienia notatek? To ważne.

Ponieważ na czytnikach, telefonach zdjęcia mogą nie być wystarczająco czytelne, zamieściłem ważniejsze na stronie dostępnej dla osób, które kupiły książkę.

http://www.sherlocktrades.com/books/mental/photos

Zdjęcia są uporządkowane według numerów rozdziałów.

Spis treści

2 Dlaczego warto, żebyś przeczytał tę książkę?

2.1 W skrócie?

Dlatego, że chcesz zostać Traderem, a ja już nim jestem. Dlatego, że wiem, jakie demony musisz w sobie pokonać.

Większość kandydatów na Traderów zaczyna od tego, jak grać, bo chcą jak najszybciej wejść na rynek i zarabiać pieniądze.
To oczywiście prosta droga do wyzerowania swojego pierwszego rachunku – i to praktycznie gwarantowane. [4]

Celem tej książki jest uświadomienie Ci, **jakie aspekty mogą Cię pokonać** i pokazanie konkretnych rozwiązań.
Kształtowanie siebie jako Tradera to proces budowania człowieka o cechach, które rzadko występują u większości ludzi.
Brzmi to tak, jakby chodziło o szkolenie superbohatera i trochę tak właśnie jest.
Trader musi mieć ukształtowane w sobie dwa fundamentalne obszary:

2.1.1 Analiza Techniczna

Analiza techniczna (AT) to sposób patrzenia na wykresy i korzystania z narzędzi, które pomagają określić, kiedy wejść na rynek, a kiedy z niego wyjść.
To właśnie na niej skupiają się początkujący adepci tej sztuki – bo od tego zwykle zaczynają. Nie zdają sobie sprawy, że to nie analiza ich pokona, tylko ich własna psychika.

2.1.2 Psychologia Tradera

To najtrudniejsza część tego fachu. Każdy z nas jest inny, każdy ma swoje demony i swoje słabości.
Postaram się uzmysłowić Ci, na czym polega istota problemu i jak można sobie z nim poradzić.
Twoje zadanie to dogłębna analiza siebie i znalezienie tego, co musisz w sobie poprawić lub ukształtować na nowo.

Nastaw się na dużo pracy nad sobą, bo w tej książce bierzemy się za trudny obszar pełen pułapek – za Twój umysł.
Pokażę Ci trudne strony tego zawodu, żebyś szybciej został świadomym Traderem i nie był dawcą kapitału.
Taniej jest uczyć się na cudzych błędach, ale niestety, lekcje najlepiej zapadają nam w pamięć, gdy sami je popełniamy.
Zwłaszcza te naprawdę bolesne.

Nie przesadź więc ze studiowaniem.
Ucz się i jednocześnie zaczynaj trading.
Tylko zacznij na koncie demo!

Rozpoczęcie tradingu na koncie demo to kluczowa kwestia.
W dalszych rozdziałach powiem Ci, dlaczego.
Pamiętaj: z każdej książki wyjmiesz tyle wartości, ile jesteś gotów przyjąć. Gdy przeczytasz to samo za pół roku czy rok, inne słowa trafią do Ciebie, bo Ty będziesz już innym człowiekiem.
Ucz się, próbuj, ucz się znowu i znów próbuj, aż zostaniesz mistrzem.

Każdy z nas jest inny i każdy ma swoje słabe strony. Pokażę Ci to, co sam odkryłem u siebie, i to, co moi znajomi oraz przyjaciele odkrywali u siebie...
Każdy ma swoją unikalną walkę do stoczenia. Na szczęście jako ludzie mamy wiele wspólnych, powtarzających się słabości i wad, więc z pewnością znajdziesz tu tematy, które idealnie do Ciebie pasują. :)

Nie wszystko dostaniesz podane na tacy. Rozwiązania pasujące do Ciebie często musisz znaleźć sam.
Traktuj tę książkę jak zestaw drogowskazów i nastaw się na samodzielną pracę nad sobą.
Wiele tematów warto będzie pogłębić samemu.
Jeśli weźmiesz za siebie pełną odpowiedzialność, zyskujesz władzę i kontrolę. Jesteś panem swojego losu.
Jeśli liczysz, że ktoś zrobi to za Ciebie... przegrasz.

Bądź ze sobą na każdym etapie w 100% szczery.
Jeśli nie będziesz sam siebie oszukiwał, znajdziesz swoje słabe strony i zamienisz je w swoją siłę.
To połowa sukcesu – dla mnie nawet więcej niż połowa.
Opowiadam Ci moją historię, przekazuję to, czego o naturze Tradera dowiedziałem się przez lata doświadczeń i kształtowania siebie.

Rolą dobrego nauczyciela jest nie tylko przekazanie wiedzy, ale przede wszystkim nauczenie samodzielnej analizy i szukania informacji. Lepszym rozwiązaniem niż podanie człowiekowi ryby jest wręczenie mu wędki i nauczenie, jak samodzielnie łowić.
Im więcej z tej książki przemyślisz i zastosujesz, tym szybciej zostaniesz zarabiającym Traderem i tym mniej bólu będzie kosztowała Cię nauka.
Zadanie jest trudne, lecz wykonalne.
Wysokich nagród nie wypłacają za łatwe osiągnięcia.

2.2 Jak to wyglądało u mnie...

Mam 52 lata i prawie typowe życie, w którym zmagałem się z wieloma problemami, jak każdy zwykły człowiek.
Ponad połowę życia prowadziłem swoje małe firmy i doskonale znam smak walki o każdego centa, żeby nie zabrakło na chleb.
Ponad 20 lat temu, po obejrzeniu po raz kolejny filmu „Wall Street", a potem w 2010 roku jego kontynuacji „Wall Street: Pieniądz nie śpi", zrozumiałem, że jeśli czegoś nie zmienię, to do końca życia będę walczył o przetrwanie, a na starość zostanę z marzeniami, których nigdy nie spełniłem.
Znalazłem wtedy szkolenie, zapłaciłem i pojechałem przez pół kraju, żeby nauczyć się tradingu.
Wróciłem z wiedzą, zapałem i... niedługo potem wyzerowałem rachunek u brokera.
Zrobiłem przerwę. Potem wróciłem na rynek i... znów wyzerowałem rachunek.
Znowu przerwa. Znowu próba. **Znowu lekcja.**

Aż w końcu, w 2018 roku, znów siadłem do gry, tym razem mądrzejszy po tylu porażkach. Niestety, niewystarczająco mądry, bo znowu wyzerowałem konto. Może tylko trochę później niż wcześniej to robiłem. :)

Skupiałem się na technice, bo uważałem, że jako mądry i doświadczony człowiek nie muszę już pracować nad swoją psychiką Tradera.

Bardzo się myliłem.

Trading nie jest łatwy. To nie jest zawód dla każdego.

Nie wystarczy przeczytać jeden skrypt, nie wystarczy dobry webinar.

Trading to zawód, któremu trzeba się poświęcić.

To brutalna gra bez żadnych sentymentów i litości. [5]

Przez długi czas myślałem, że można bawić się tradingiem z doskoku, między jednym zadaniem w firmie a drugim, i to mi się nie udawało.

W końcu przyszedł moment, w którym powiedziałem sobie, że albo zostanę do końca życia w tej samej rutynie, prowadząc firmę i zbierając małe pieniądze, albo podejmę jeszcze raz walkę o spełnienie mojego marzenia.

Od 2018 roku, przez ponad trzy lata, uczestniczyłem w dwóch poważnych programach mentoringowych [6] oraz w dodatkowych szkoleniach z analizy technicznej. Co dwa–trzy tygodnie brałem udział w spotkaniach online z ludźmi, którzy na rynku obracają milionami.

To kosztowało mnie małą fortunę (jak na moje możliwości) i mnóstwo pracy nad sobą. Wiele razy myślałem, że to jednak nie dla mnie.

Nie odpuściłem i jak osioł uparcie szedłem do celu.

Przynudzam trochę z tymi moimi powrotami i upadkami, ale chcę Ci powiedzieć, że jeśli za pierwszym razem nie odniesiesz sukcesu, to nic strasznego...

Ja również nie byłem na tyle mądry, żeby od razu wygrywać. Sukces zazwyczaj odnoszą nie ci najmądrzejsi, lecz ci najbardziej uparci i zdeterminowani.

2.3 Sukces to nagroda dla ludzi upartych

W końcu, w 2019 roku, zaczęło się układać. Zacząłem zarabiać systematycznie. Nagle wszystko stało się zrozumiałe, jakby ktoś zdjął mi klapki z oczu. W sumie sam je zdjąłem, składając pasującą do mnie technikę jak z puzzli. Wszystko, co potrzebujesz, już wymyślono, trzeba to tylko poskładać w dobrze działającą całość.
Niby widziałem to wcześniej, niby teoretycznie rozumiałem, ale nie byłem jeszcze tym człowiekiem, który potrafi siąść przy stole z rekinami i wyciągać z rynku zyski dla siebie.
Jeśli marzysz o tym, żeby zostać Traderem i żyć z rynku, ta książka może Ci pomóc przetrwać, bo opisuje ludzkie słabości i sposoby, jak zamienić słabość w siłę.
Jeśli już zarabiasz systematycznie, większość rzeczy, które tu znajdziesz, będzie Ci znana. Dobre zasady warto sobie przypominać, zawsze znajdzie się coś, co jeszcze można poprawić.

Dlaczego piszę tę książkę?

Bo wiem, jak to jest – gdy trzeba walczyć o każdy grosz.
Bo wiem, jak cenne jest uczucie, że potrafisz utrzymać siebie i rodzinę dzięki własnej wiedzy i umiejętnościom.
Bo wiem, jak bardzo czasem potrzebujemy wskazówki, rady, wsparcia... nadziei.
Chciałbym żyć ze świadomością, że nie tylko byłem na tym świecie po to, żeby zarabiać, wydawać i bawić się życiem. Chciałbym mieć to dobre samopoczucie człowieka, który dzielił się swoim doświadczeniem i sprawił, że życie innych było dzięki niemu lepsze.
Nie sprzedaję szkoleń. Nie mam magicznych rozwiązań.
Mogę Ci tylko pokazać moją drogę i pomóc ominąć pułapki.
Zarabiam na rynku i to daje mi szczęście.
Jeśli Ty też chcesz... przyłóż się na poważnie do lektury tej książki.

2.4 Odporność...

Upór, inteligencja – to jeszcze za mało, żeby odnieść sukces w tradingu.

Mało który zawód na rynku wywołuje w człowieku tak skrajne emocje.

Zaczynając, często masz ogromną nadzieję, że trading odmieni Twój los, bo to, jak Ci się teraz żyje, wcale Ci się nie podoba.

Widzisz siebie jako króla życia, który nie musi zmagać się z prozaicznymi zmartwieniami.

Nie chcesz martwić się, czy pod koniec miesiąca wystarczy Ci na chleb, ani zastanawiać się, czy opóźniona o tydzień zapłata za prąd nie skończy się jego odcięciem.

Trading w dużo większym stopniu niż większość zawodów wywołuje ekstremalne emocje.

Określenie **EKSTREMALNE** nie jest tu przesadą.

Jednego dnia czujesz się jak pan i władca, jakbyś magiczną różdżką pomnażał pieniądze na swoim rachunku. Wykres jest dla Ciebie tak czytelny i oczywisty, że każde wejście to zyski, zyski i jeszcze raz zyski.

Innego dnia zastanawiasz się, czy to wszystko nie było tylko chwilowym szczęściem, które właśnie się skończyło. Może lepiej rzucić trading i poszukać normalnej roboty... a może zacząć prowadzić szkolenia z technik gry na giełdzie? He... no właśnie.

Jak dołożysz do tego odpowiedzialność za los swojej rodziny, presję tego, że jak zawiedziesz, to będziecie mieli ogromny problem, to zaczyna być naprawdę poważne.

Czasem w tradingu możesz się poczuć jak
John Rambo w środku akcji. :)

Jeśli jesteś sam i wszystko zawalisz, to najwyżej wylądujesz u rodziców, przyjaciół w garażu i zaczniesz od zera.

Jak stracisz dom i Twoja rodzina będzie musiała szukać gdzieś miejsca, by przetrwać i zaczynać od zera, to obciążenie psychiczne masz ekstremalne i naprawdę mało kto jest w takim stanie rozpoczynać karierę Tradera.

Trzeba być wyjątkowo odpornym, żeby działać pod taką presją.

Nie będę tu pisał, ile razy miałem czarne myśli.

Ile razy upadałem na pysk i w głowie pojawiała się myśl: „nie dam rady". Tego nie da się zliczyć.

Zawsze jednak po takich myślach budził się we mnie wewnętrzny bunt.

Przecież nie jestem głupi... Skoro inni mogą to osiągnąć, to ja też mogę.

Muszę tylko zdiagnozować, co robię źle – i zabrać się za to jeszcze raz, tym razem mądrzej.

Jeśli nie popełnię tych samych błędów, które pokonały mnie teraz, to może to była już ostatnia duża przeszkoda... może mój sukces jest tuż za tym ciemnym lasem.

Każdy ma chwile słabości... ważne jest tylko to, czy jak upadniesz, to powstaniesz, a jak powstaniesz, to czy nauczyłeś się w ten sposób czegoś konkretnego?

Popełnianie błędów to ludzka rzecz.

Za to ich powtarzanie – to już głupota.

W tym fachu inteligencja i upór to podstawa, a upadki i trudne chwile są gwarantowane. Liczy się tylko to, by uczyć się i zmierzać skutecznie do celu.

2.5 Czy to Cię nie wystraszyło?

Opowiadam Ci szczerze o moich zmaganiach, bo **wchodzisz na trudną drogę**, a ja czuję się za Ciebie trochę odpowiedzialny. Zależy mi, żebyś był szczęśliwym człowiekiem, bo na świecie mamy dziś ogromny deficyt szczęścia.

Czy zdajesz sobie sprawę, że jeśli jedna osoba pomoże dwóm innym, a każda z nich zrobi to samo, to po 32 powtórzeniach lepsze życie może mieć ponad 8 miliardów ludzi?

32	**8 589 934 591**

Mam nadzieję, że tą książką zdołam zrobić więcej niż pomóc tylko dwóm osobom.

Krótko wspominam o mojej drodze do tradingu, bo szczerze mówiąc, nie wydaje mi się, żeby była szczególnie interesująca.
Skupiam się przede wszystkim na tym, co dzieje się w głowie człowieka, który staje się Traderem – bo to właśnie jest w tym zawodzie najważniejsze.
To nie jest praca, w której wychodzisz na osiem godzin do fabryki, stukasz młotkiem, myśląc o urlopie, a po wszystkim wracasz do domu i zajmujesz się czymkolwiek, nie myśląc już o robocie.

Trading zmienia nasz sposób patrzenia na życie...
Jeśli czujesz, że to dla Ciebie i wiesz, że dasz radę – czeka Cię niesamowite doświadczenie.
Pamiętaj, że robisz to, bo tak wybrałeś, i robisz to dla siebie.

2.6 Jeszcze jedno – proszę, żebyś mi to wybaczył...

Kupując książkę, oczekujesz profesjonalnego produktu – napisanego przez zawodowego autora albo kogoś, kto zrobił to za niego. Za każdą książką stoi cały sztab ludzi: od edycji, przez konsultacje i poprawki, po marketing.

W przypadku tej książki wszystkie te funkcje realizuję **ja**.

Nigdy wcześniej nie pisałem książki, więc z pewnością popełnię wiele błędów. Może o czymś zapomnę, a może zbyt mocno skupię się na czymś, co Cię znudzi.

Każdy z nas usłyszał kiedyś od zwykłego człowieka zdanie, które okazało się ważne. Ten ktoś pewnie też nie był profesjonalnym pisarzem, a mimo to miał coś wartościowego do przekazania.

Wierzę, że każdy z nas ma w sobie coś cennego, co może dać innym.

Nie mam też stworzonego zaplecza typu rozbudowany serwis www, blog ani innych opcji typowych dla autorów książek.

Strona internetowa http://www.sherlocktrades.com jest już w opracowaniu – na początek będzie to zapewne prosta wizytówka.

Zastanawiałem się, jak mógłbym się dowiedzieć, czy książka Ci się spodobała albo czy masz jakieś krytyczne uwagi i... wpadłem na pomysł, żeby wykorzystać opcję komentarzy na YouTube.

Nagrałem krótką zapowiedź książki – pod tym filmem będziesz mógł zostawić swój komentarz.

https://www.youtube.com/watch?v=qWleFoDfYmk

Za wszystkie wpisy będę naprawdę wdzięczny.

Dokładnie wiem, co dzieje się w głowie Tradera – dlatego jestem pewien jakości informacji, które Ci przekazuję.

Nie wiem tylko, czy forma będzie wystarczająco dobra i czy udało mi się dobrze przekazać to, co naprawdę mam w głowie.

Jeśli uznasz, że średnio mi wyszło, wybacz mi, proszę.

Zamierzam przetłumaczyć tę książkę na kilka języków, by mogła trafić do ludzi także poza granicami mojego kraju. Nie mam wydawcy, który zainwestowałby w profesjonalnych tłumaczy, licząc na zysk z książki – wykorzystam własne zdolności i AI.

Jeśli jednak w niektórych szczegółach treść nie będzie miała idealnej formy – z góry za to przepraszam.
Staram się przekazać możliwie jak najwięcej wartościowej treści, działając przy minimalnym budżecie, poświęcając tej książce w to miejsce mnóstwo własnego czasu i energii.

Moja publikacja będzie miała zapewne swoje ograniczenia w stosunku do pozycji wydawanych przez profesjonalne firmy zajmujące się produkcją książek.
Mam nadzieję, że to treść książki jest najważniejsza i jej wartość, autentyczność się obroni.

Tak... tych kilka moich siwych włosów to efekt tradingu. :)
Moje biurko i miejsce do tradingu to nie luksusowe biuro na szczycie wieżowca w centrum miasta.
Nie będę Ci opowiadał bajek, że rządzę światem, siedząc na złotym tronie na szczycie Olimpu i spoglądam na Wall Street przez okno mojego gabinetu.
Ogarnięcie tylu myśli i stron pełnych treści to chyba trudniejsze zadanie niż gra na rynku. :)
Wiem, że wiele poruszonych tu kwestii może odmienić Twoje życie – jeśli tylko naprawdę będziesz tego chciał. Dlatego warto kupić i przeczytać tę książkę. Jest w niej opisany jeden temat, który może uratować Ci życie... Rozdział 52.2 – pończochy medyczne.

3 Czujesz niedosyt? Widziałeś serial Dr. Death?

Przyjaciel poprosił mnie: „Podeślij kawałek, pokaż, co już napisałeś..."

Podesłałem mu około 30 pierwszych stron i dostałem odpowiedź.

„Ja chcę więcej!
Na kilku kartkach poruszyłeś i omówiłeś materiał jak z kilkunastu godzin szkolenia. Ogrom wiedzy.
Czuję niedosyt".

Zrobiło mi się trochę przykro, uświadomiłem sobie jednak, że to jest jak z wykresem...

Patrzę na tę książkę przez pryzmat własnych doświadczeń i wiedzy. To dokładnie to, co sam chciałbym usłyszeć od mentora.

Minimum słów, maksimum treści – albo konkretna wskazówka, czego i gdzie szukać.

Długo zastanawiałem się nad opinią Chrisa – to mądry facet, znamy się prawie osiemnaście lat. Czy popełniam błąd, pisząc w ten sposób? A może ten tekst działa tylko na mnie?

Nie piszę tej książki dla siebie. Ona ma dawać wartość czytelnikowi. To, co tu opisuję, już dawno przepracowałem.

Jasne, zawsze jest coś do poprawienia – i tak będzie aż do ostatniego ziarnka ryżu (o co chodzi z tym ryżem, jeszcze ci wyjaśnię).

To poważna sprawa. Jeśli Chris ma rację, muszę przerobić każdy rozdział i dodać więcej treści, żeby każdy temat był naprawdę w sposób wyczerpujący opisany. Jeśli ja mam rację – jadę dalej.

Trader musi być pewny siebie. Jednocześnie Trader powinien też weryfikować, czy to, co uważa za słuszne, naprawdę takie jest.

W końcu – **najgorzej, jak się komuś coś zdaje**.

Zrobię tak... Przeczytam jeszcze raz wszystkie rozdziały, które uważałem za skończone, i zastanowię się, czy dla innego czytelnika też są wystarczająco konkretne.

Czy są zrozumiałe? Czy wiadomo, nad czym trzeba pracować i gdzie szukać więcej szczegółów?

Prawdopodobnie nie wszystko, co tu przeczytasz, będzie Ci potrzebne. Jeśli zauważysz, że jakiś temat masz już dobrze opracowany to brawa dla Ciebie. Przeczytaj tę część choćby tylko po to, żeby sprawdzić, czy można poprawić choćby jakiś drobiazg.

Starałem się pisać tak, **jakbym od podstaw miał uczyć młodego Tradera**. Wiele tematów poruszyłem kilkakrotnie z różnych punktów widzenia, żeby nic co ważne nam nie umknęło. Czy dużo poprawiłem, zanim powstała wersja ostateczna? Tak.

Tylko głupiec myśli, że jest nieomylny.

Dla Tradera ważniejsze od tego, by mieć rację, jest to, żeby mieć pieniądze.

3.1 Jeśli będziesz czuł niedosyt...

To bardzo dobrze.

To znaczy, że moja książka trafiła w konkretny punkt, który u Ciebie wymaga dopracowania – albo wyrwania z korzeniami i zbudowania od nowa.

Uświadomienie sobie problemu jest najważniejsze – to pierwszy krok do jego rozwiązania. Masz zidentyfikowany problem do rozwiązania, więc teraz wystarczy znaleźć rozwiązanie i zamienić to, co było Twoją słabością, na Twoją silną stronę.

Nawet jeśli ta książka nie rozwiąże żadnego Twojego problemu, a uświadomi Ci jedynie, że je masz – to i tak uznam to za ogromny sukces mojej pracy.

Reszta to Twoja praca i Twoje zadanie.

To Ty w 100% odpowiadasz za swoje życie i osiągnięcia.

Może to zabrzmi brutalnie, ale branża, w którą chcesz wejść, jest jak psychopata bez cienia empatii.

Rynek nie ma dla Ciebie litości. On nawet nie wie o Twoim istnieniu. Musisz być tego świadom...

Na rynku nikt nie będzie się z Tobą cackał.
Nikogo nie obchodzi, że to Twoje ostatnie pieniądze i że jak przegrasz, nie będziesz miał co jeść.

Mógłbym to napisać łagodnie, pogłaskać Cię po główce i powiedzieć, że wszystko będzie dobrze, tylko musisz odrobinkę nad sobą popracować...
Uwierz mi – wolisz dostać tu, w tej książce, **prawdę prosto w oczy** niż tę naukę od rynku, który bez sentymentów zabierze Ci wszystko, co masz w kieszeniach.
Jeśli jakiś rozdział poruszył ważny dla Ciebie temat i czujesz niedosyt, że nie omówiłem go wystarczająco szczegółowo – to dobrze...
To, co teraz musisz zrobić, to ucieszyć się, że ta książka pomogła Ci odkryć ten temat i samodzielnie znaleźć pomoc oraz skuteczne rozwiązanie.
Wiesz, czego potrzebujesz. Masz internet i ocean rozwiązań na wyciągnięcie ręki. Bądź samodzielny – znajdź to, czego naprawdę Ci trzeba.
Zero wymówek, zero czekania, że ktoś Ci poda gotowe rozwiązania na tacy, zero zwalania winy na innych.

To Twoje życie, Twoja odpowiedzialność, Twoje decyzje i Twoje konsekwencje tego, co zrobisz albo czego nie zrobisz.

Nikt i nic nie może Cię powstrzymać... poza Tobą samym.

3.2 O co chodzi z tym Dr Death?

W bardzo dużym skrócie: serial opowiada prawdziwą historię lekarza, który kreował się na wybitnego chirurga. W rzeczywistości był partaczem, który okaleczał i uśmiercał pacjentów. Dziś odsiaduje dożywocie.
Ja na wielu tematach znam się dobrze, a na niektórych – powiedziałbym – bardzo dobrze.

Gdybyś miał się dać operować lekarzowi, który uczciwie mówi, że zna się na tym dobrze... to nie wolałbyś, żeby polecił Ci kogoś, kto zrobi to bardzo dobrze?

No właśnie.

W tej książce często odwołuję się np. do NLP [7]. Przerobiłem ten temat, byłem na szkoleniach i wyjąłem z tego to, co było mi naprawdę potrzebne.

Czy jestem mistrzem NLP, który może prowadzić szkolenia i uczyć innych? Teoretycznie tak, ale uważam, że dużo zapomniałem i zdecydowanie są lepsi fachowcy, do których należy się udać.

Specjalizuję się w tradingu, więc nie będę Ci operował serca, tylko dlatego, że widziałem, jak to się robi na jednym filmiku na YT. :)

Jeśli jakiś temat pokazuje Ci, że musisz coś w sobie naprawić, a to, co napisałem, to za mało... i czujesz niedosyt – szukaj najlepszego fachowca w tej dziedzinie i korzystaj z jego wiedzy.

Zobowiązuję Cię do samodzielności.

Ja zobowiązałem się do uczciwości, podzielenia się swoją wiedzą i doświadczeniami.

Opowiem Ci możliwie szczegółowo o tym, co jest dla nas Traderów ważne, a jak będziesz potrzebował więcej, to będziesz wiedział, co i gdzie szukać.

Niech każdy robi to, co do niego należy i robi to dobrze. :)

Czy czujesz głód wiedzy? To dobrze... :)

4 Jak pracować z tą książką?

Tradingu i psychologii uczyło mnie życie. Nauczyciele na szkoleniach, książki oraz koledzy i przyjaciele, którzy przechodzili podobny proces.
Od zawsze miałem zacięcie analityczne. Interesowało mnie, co dzieje się w naszych głowach i dlaczego podejmujemy takie, a nie inne decyzje.

To, co tu czytasz, to efekt ponad 50 lat życia i kształtowania siebie. Do formy, która dziś mnie satysfakcjonuje.
Nie zamierzam przekazywać Ci akademickich recept z podręczników psychologii.
Dzielę się moim praktycznym podejściem do problemów, z którymi możesz się mierzyć. Bo ja – i wielu podobnych mi ludzi – też przez nie przechodziliśmy.
Wierzę, że doświadczenia praktyków bywają bardziej wartościowe niż teoria oderwana od realnych zmagań.

W tej książce często wypowiadam się stanowczo. Jakby to była jedyna słuszna prawda. Oczywiście **takich prawd nie ma** – wszystko jest względne i zależy od punktu widzenia.
Chcę Ci pokazać podejście, które – moim zdaniem – działa.
Dlatego pozwalam sobie na skróty i jednoznaczne oceny, bez rozpisywania się nad każdą możliwą alternatywą.

Nie potrzebujesz katalogu wszystkich dróg. Potrzebujesz jednej, która działa. I właśnie ją Ci pokazuję.
Jednocześnie wielokrotnie podkreślam:

Kwestionuj wszystko.

Kwestionowanie to świadoma analiza, czy dane podejście jest dla Ciebie dobre, czy nie. Jeśli nie, odrzucasz je albo modyfikujesz i dopasowujesz do swoich potrzeb.
Jeśli je odrzucisz, to znaczy, że się nad nim zastanowiłeś i dokonałeś własnego wyboru.

Przy okazji tej analizy sprawdziłeś inne opcje i wybrałeś to, co uznałeś za najlepsze.

W ten sposób nawet zła rada może przynieść dobry skutek.

Zły pomysł może uruchomić proces myślenia, z którego wyłoni się dobry pomysł i powstanie coś wartościowego.

Kiedy zaczniesz kwestionować wszystko, odkryjesz, jak wiele masz w głowie programów, które wcale nie są Twoje.

Ktoś kiedyś po prostu wgrał je do Twojego umysłu.

Dlatego **będę Cię prowokował**.

I dobrze, jeśli czasem moje zdanie Ci „nie leży". To właśnie wtedy zaczyna się refleksja.

Nie zależy mi na tym, żeby mieć rację. Chcę, żebyś po tej książce coś w sobie przestawił na lepsze i zaczął zarabiać.

Traktuj tę książkę jak rozmowę z przyjacielem.

Będę opowiadał historie, dzielił się przemyśleniami – czasem nawet filozoficznymi.

Czytaj. Zastanawiaj się. **Kwestionuj**.

Ucz się, uzupełniaj brakujące elementy.

Kształtuj sam siebie.

Ja nie zamierzam Cię „kształtować". Mogę być tylko inspiracją.

Nie jestem Bogiem. Nie mam prawa nikogo zmieniać.

Ty możesz – i wręcz masz taki obowiązek.

Twoje życie. Twoja odpowiedzialność. Twoje decyzje.

Marzę, żebyś po tej książce nie tylko lepiej handlował. Chcę też, żebyś miał zdrowsze podejście do życia.

Jestem jak Ty – podróżnikiem przez życie. Jeśli moje doświadczenia będą dla Ciebie impulsem do przemyślenia własnej drogi, to warto było to wszystko spisać. Trzymam kciuki.

„Nikim jest człowiek, który nie sprawia, że świat staje się lepszy". [8]

Zrób z siebie lepszą wersję człowieka i Tradera, a potem zadbaj, by świat wokół Ciebie stał się lepszy.

5 Gdzie są duże pieniądze, tam są i oszuści...

Jak mawiał Dr House w moim ulubionym serialu:
„Wszyscy kłamią".

Tam, gdzie pojawiają się pieniądze, pojawiają się też ludzie chcący je zgarnąć dla siebie.

Zaczynając przygodę z tradingiem, podejmujesz decyzje, za którymi idą Twoje pieniądze. Dobrze się zastanów, komu robisz przelew.

Prywatnie mam wiele kontaktów w środowisku traderskim i właśnie dlatego – dla Twojego bezpieczeństwa – warto poruszyć kilka kwestii.

Jest takie powiedzonko, które kryje w sobie sporo prawdy...

Jeśli ktoś nie potrafi zarobić jako Trader, zaczyna uczyć tradingu.

Opowiem Ci dwie historie, których sam doświadczyłem i które były w moim kraju powszechnie znane.

Nie podam nazwisk – nie o to chodzi, żeby kogoś napiętnować.

Chcę tylko, żebyś zwrócił uwagę, jak ważne jest sprawdzenie, czy za ładną, efektowną reklamą kursu naprawdę stoi coś warte Twojego czasu i pieniędzy.

Pierwsza sytuacja miała miejsce w 2010 roku.
Prowadzący szkolenie, w którym uczestniczyłem, zaprosił swojego ucznia z poprzedniej edycji. Ten od tamtego czasu zarobił – jak na nasze realia – sporą sumę...
Około dwa lata później ten sam uczeń prowadził już szkolenia o tym, jak zostać świetnie zarabiającym Traderem. Reklamy leciały na Facebooku i innych mediach społecznościowych.
Napisałem do prowadzącego szkolenie, w którym uczestniczyłem, z pytaniem, co się dzieje...
Okazało się, że ten uczeń po pierwszym sukcesie szybko wszystko stracił i zajął się prowadzeniem szkoleń.
Ktoś, kto nie umiał systematycznie zarabiać, uczy innych, jak to robić.
Czego się nauczysz od „takiego" nauczyciela?
Tego, co on sam potrafi – czyli **jak tracić pieniądze** na tradingu.
W rzeczywistości sprzedawał drogo szkolenia, które chyba nie były tak dobre, skoro ich autor nie potrafił zarabiać na giełdzie.

Drugi przypadek był jeszcze ciekawszy.
W 2014 roku poznałem młodego gościa, który – tak jak ja – brał udział w szkoleniu giełdowym. Około rok później, razem z kilkoma kolegami, założył firmę szkolącą Traderów. Nagrywali reklamówki na drogich jachtach, obiecywali szkolenia z rewelacyjnymi wynikami...

A potem wylała się na nich fala hejtu, gdy kursanci, którzy zapłacili grube pieniądze, nie potrafili wyjść na plus.
To tylko dwa przypadki, z którymi miałem bezpośredni kontakt – a takich historii na rynku jest cała masa.
Wciąż ktoś próbuje zarabiać na ludzkiej naiwności. To smutne.

Są dwa powody, dla których ja nie będę organizował szkoleń.
Po pierwsze – cenię spokój. Moje ego nie potrzebuje fanów.
Pisanie książki w wolnym czasie to dla mnie przyjemność.
Tworzenie czegoś z własnej wiedzy i doświadczenia daje satysfakcję. Przy okazji musiałem sobie odświeżyć i pogłębić kilka tematów – i właśnie to sprawia, że ta robota ma dla mnie sens.

Przygotowywanie szkoleń, praca z ludźmi, aktywne wspieranie ich po szkoleniu – to mocno zakłócałoby mój spokój. A przecież w wyniku naszych działań chodzi o jakość życia.
Po drugie, w moim środowisku prawie każda reklama szkoleń jest traktowana jako kolejny „SCAM".
Nie miałbym ochoty z tym walczyć, niczego udowadniać obcym ludziom tylko dlatego, że coś sobie piszą na Facebooku.
Nie potrzebuję tego.

W Biblii, w Ewangelii według św. Mateusza, są dwa zdania, które lubię i pamiętam – mądre, uniwersalne i warte przypomnienia.

„Po owocach ich poznacie".

„Nie może dobre drzewo wydać złych owoców ani złe drzewo wydać dobrych owoców".

Kupienie książki za cenę dobrej kawy i ciasta to nie jest duże ryzyko. Po owocach, jakie Wam ta książka da, ocenicie, czy to był dobry interes.
Włożyłem w to tyle serca, pracy i wypiłem tyle kaw, że mam nadzieję – będziesz zadowolony.
Wybór jest prosty...
Możesz szukać rozwiązań łatwych i przyjemnych, obiecujących szybki sukces i duże zyski.
Albo nastawić się na wysiłek, pracę nad sobą i – w efekcie – sukces, który sobie wypracujesz.

Jest sporo literatury, w której znajdują się wywiady ze znanymi Traderami, którzy odnieśli sukces.
Znajdź, przeczytaj, a przekonasz się, że żaden nie doszedł do sukcesu szybko, łatwo i bez wysiłku.

6 Nastraszyłem Cię? Spokojnie...

Zaczniemy małymi kroczkami.

6.1 Każdy rozdział, każde zdanie ma jakiś cel

Wszystko, co tu piszę – każde zdanie i każdy rozdział w tej książce ma swój cel – czasem oczywisty, czasem ukryty.
Jedne rzeczy podaję Ci w całości – gotowe. Inne tylko sygnalizuję, żebyś sam poszukał i pogłębił temat.
Jeszcze inne są po to, żeby coś Ci uświadomić. Żebyś złapał myśl, koncepcję – i wyciągnął swoje wnioski.

Taką myśl zapisz, a potem wracaj do niej i rozwijaj.
A jak już ją dopracujesz – zakoduj to w podświadomości.
Niech to będzie Twój nowy automatyczny program.
Ja nie ulepię Cię jak ludzika z plasteliny.
To Ty decydujesz, jak się ukształtować, i to Ty musisz wykonać tę pracę.

6.2 Czy nauczyłeś się jak się uczyć?

Trudno uporządkować wszystkie myśli, które chce się przekazać. Czasem, mówiąc o jednym temacie, nieświadomie wchodzimy w inny – i coś ważnego może wtedy umknąć.
Napisałem w życiu ogromną liczbę maili, listów, postów, komentarzy. Pisanie zmusza do przemyślenia tematu i trafnego ujęcia go w słowach.

Jak trafisz na jakąś myśl w tej książce, która będzie dla Ciebie ważna, zapisz ją. Powtarzam to wielokrotnie, licząc, że jeśli nie za pierwszym, to za którymś razem w końcu posłuchasz. :)
Zapisz, inaczej uleci i stracisz ją na zawsze.

Jak skończysz rozdział albo całą książkę, wróć do swoich zapisanych myśli i opracuj je tak, jakbyś pisał program dla własnego mózgu.
To ma być instrukcja, która przeniknie z poziomu świadomości do podświadomości.

Zapisz sobie instrukcje, jak chcesz działać. Jakie zagadnienia jeszcze chcesz zgłębić? Co musisz opanować, żeby stać się kompletnym Traderem?
Krok po kroku dojdziesz tak daleko, że sam siebie zadziwisz.

Większość z nas chodziła do szkoły. Pamiętam różne zbędne przedmioty, ale nie było wśród nich takiego, który uczyłby dziecko, jak się uczyć.
Kiedy nasza córka wchodziła w ten etap, w którym dzieci zaczynają się uczyć świadomie, woziliśmy ją z żoną na specjalne zajęcia. Tam uczono, jak zapamiętywać i jak uczyć się efektywnie.
Ja w dzieciństwie nie miałem takiej okazji. Gdy zaczynałem szkołę, w kraju był komunizm. To Partia decydowała, co jest „najlepsze" dla obywateli. :)
Dopiero gdy miałem 16 lat, kraj zaczął się rozwijać, a dostęp do wiedzy i wolnego rynku ruszył z miejsca.
Ty masz internet i dostęp do ogromu wartościowej wiedzy. Wykorzystaj to.

Jeśli znajdziesz sposób uczenia się, który naprawdę Ci odpowiada, ruszysz z postępami dużo szybciej i dojdziesz do celu w czasie, o jakim ja kiedyś mogłem tylko pomarzyć. :)
Giełda w naszym kraju powstała, kiedy miałem 18 lat, a pierwsze akcje kupiłem, mając 21. W tamtym czasie nie było ani literatury, ani szkoleń o tym, jak grać na giełdzie. Zachodnie książki nie były jeszcze dostępne po polsku, a mój angielski był zbyt słaby, żeby czytać i rozumieć fachowe treści. Nie było ebooków, translatorów ani innych ułatwień.
Dziś pod wieloma względami jest łatwiej, jednak każda epoka ma swoje plusy i minusy.
Mam wrażenie, że człowiekowi zawsze jest równie trudno odnieść sukces. Przeszkody są różne, ale poziom trudności – ten sam. Czasem prawie ponad siły.

Jeśli Twoją drogę do celu zagrodzi ogromne drzewo, to możesz zawrócić i opowiadać wszystkim, jak to nie dało się przejść i jakie to życie jest ciężkie i trudne.
Albo, jeśli nie jesteś nieudacznikiem, po chwili zastanowienia przejdziesz pod drzewem, przeskoczysz nad nim, przerąbiesz je na pół albo obejdziesz z prawej czy lewej strony.

Niech żadna kłoda rzucona pod nogi Cię nie zatrzyma, tylko wzmocni.

Ja bym zadzwonił do znajomego i sprzedał mu to drzewo, skoro tak sobie leży. :)

6.3 Czy zauważyłeś, ile się już nauczyłeś?

Zadaję w książce sporo pytań i udzielam odpowiedzi...
Uczenie się jest jak programowanie komputera – musisz znać język, bo nieważne, co wgrasz, jeśli system tego nie zrozumie, nic z tego nie będzie.
Zauważyłem, że kiedy uczę innych, porządkuje mi się wiedza w głowie i dzięki temu sam uczę się jeszcze lepiej.
Zadawanie sobie trafnych pytań i odpowiadanie na nie krótko, ale konkretnie i wyczerpująco – to, moim zdaniem, jedna z najcenniejszych umiejętności.

Zwróć szczególną uwagę na to, żeby odpowiedź wynikała logicznie z argumentów i nie pozostawiała żadnych wątpliwości. To jak dyskusja z kimś, oparta na faktach i logice.
Jeśli masz rację i argumentacja nie ma luk, Twój rozmówca może Ci jedynie przyznać rację... albo się obrazić. :)
Sprawdziłem w internecie, czy to, co robię, ma potwierdzenie w badaniach naukowych.
Okazało się, że tak. Zamieszczę poniżej wnioski z opisu tej metody, które potwierdzają sens i skuteczność takiego podejścia do nauki.

6.4 Zadawanie sobie pytań lepsze niż samo czytanie?

6.4.1 Efekt testowania (testing effect)

Badania pokazują, że aktywne przypominanie sobie informacji – na przykład przez zadawanie pytań – utrwala wiedzę znacznie lepiej niż pasywne przeglądanie notatek czy książki.
Przykład?
Uczeń, który po przeczytaniu rozdziału zadaje sobie pytania i na nie odpowiada, zapamiętuje więcej niż ten, który przeczyta ten sam tekst dwa razy.
Z nowym materiałem robię tak: najpierw go poznaję, potem próbuję go podważyć, zadając sobie pytania w stylu: „Czy to naprawdę tak działa?”.
Jeśli sam siebie przekonam, że to ma sens – zaczynam opowiadać o tym znajomym. Oni w rewanżu czasem uczą mnie pokory. :)

6.4.2 Uczenie się przez metapoznanie (rewelacyjna metoda)

Zadając sobie pytania typu:
Czy to rozumiem?
Jak bym to wyjaśnił komuś innemu?
Co by się stało, gdyby...?
Uczeń monitoruje swój poziom zrozumienia i koryguje luki w wiedzy.

6.4.3 Aktywacja szlaków neuronalnych

Zadawanie pytań aktywizuje różne obszary mózgu – związane z logiką, analizą, pamięcią roboczą – co wzmacnia ślady pamięciowe.
Gdy uczysz się czegoś nowego, w Twoim mózgu tworzą się **połączenia między neuronami**.
To właśnie te ścieżki komunikacyjne – tzw. szlaki neuronalne – odpowiadają za zapamiętywanie, kojarzenie i adaptację do zmian.
Im częściej z nich korzystasz, tym silniejsze się stają.
Mózg ma zdolność zmieniania swojej struktury – to zjawisko nazywamy **neuroplastycznością**.
Dzięki niej możesz się uczyć, rozwijać i przystosowywać, niezależnie od wieku.

6.4.4 Lepsze kodowanie informacji

Kiedy próbujesz odpowiedzieć na pytanie, Twój mózg porządkuje wiedzę, tworzy skojarzenia i umieszcza ją w kontekście, co znacząco ułatwia późniejsze przypomnienie.
Tworzysz logiczne powiązania przyczynowo-skutkowe.
Nie tylko pamiętasz sam fakt, ale też to, z czego on wynika i jakie są jego skutki.

6.5 „Spiesz się powoli" (łac. festina lente)

Jedyne, co w tradingu można szybko... to stracić pieniądze. :)
Nauka wymaga pracy i czasu.
Jeśli gotów jesteś na długą drogę usianą bólem i upadkami... to masz szansę.
Nauka, ćwiczenia i nabieranie doświadczenia to długi proces. Ile potrwa – zależy od Ciebie. Może to będą miesiące, a może dłużej.
Skoro to bieg na długim dystansie, kluczowe jest dokładne przemyślenie kierunku, w którym masz biec.

Nie ma nagrody za prędkość. Jest nagroda za osiągnięcie celu.
Jeśli skupisz się na tym, by szybko wystartować i biec jak najszybciej, może się okazać, że pobiegłeś w złym kierunku.
Na giełdzie wpierw myśl, później działaj.

Na początku poświęć czas, by określić, czego musisz się nauczyć, z jakiego źródła najlepiej uzyskać tę wiedzę, a dopiero po zweryfikowaniu, czy to dobry kierunek rozwoju, należy zacząć naukę.
Moim zdaniem najlepsza metoda uczenia się, jak osiągnąć cel, to uczyć się od tych, którzy już go osiągnęli.
Podstawowa zasada, którą zawsze pamiętam, szukając wiedzy, to:

Uważaj, kogo sobie wybierasz za mentora.

----

7 Uważaj, kogo sobie wybierasz za mentora

Ponieważ możliwe, że „wszyscy kłamią”, to Ty musisz odkryć, gdzie leży dla Ciebie prawdziwa wartość.

Cokolwiek ktoś Ci oferuje – bądź mądry, czujny i kwestionuj wszystko.

Daj sobie zawsze czas na zastanowienie.

Jeśli coś kosztuje Twoją dniówkę, zastanów się nad tym jeden dzień. Jeśli kosztuje więcej – zastanów się dłużej.

Czas to pieniądz.

Żeby zarobić pieniądze, musisz poświęcić czas.

Kupując książkę, szkolenie czy cokolwiek, poświęcisz czas dwa razy: raz – żeby zarobić pieniądze, które wydasz, i drugi raz – żeby poznać to, co kupiłeś.

Chcąc osiągnąć cel, cały czas inwestujesz swój czas.

Pytanie, czy cel jest wart Twojego czasu.

Wybierając materiały, z których chcesz się uczyć, oraz nauczyciela, którego metodę zamierzasz stosować – najważniejsze, żebyś dokładnie sprawdził, **czy to naprawdę działa.**

Szkoda Twojego czasu i pieniędzy na zmierzanie w złym kierunku.

7.1 Jakie pytania warto zadać nauczycielowi tradingu?

1. Czy uczysz od zera początkujących Traderów, czy raczej osoby bardziej zaawansowane?
2. Jakiej techniki uczysz? Czy ta technika ma potwierdzenie w wynikach statystycznych? Czy opiera się na luźnych zasadach, czy konkretnych, powtarzalnych procedurach i scenariuszach?
3. Czy aktualnie lub w przeszłości zawodowo, na własny rachunek, zajmowałeś się tradingiem?
4. Jakiego rodzaju był to trading? Czy byłeś Day Traderem, czy inwestowałeś długoterminowo?

5. Na jakich instrumentach i interwałach grałeś?
6. Jakie osiągałeś wyniki? Ile procent dziennie, miesięcznie i rocznie zarabiałeś?
7. Czy możesz pokazać live statement [9] i wykres przyrostu kapitału w czasie?
8. Jakie maksymalne procentowe spadki wartości portfela zdarzały Ci się w przeszłości?
9. Jakie masz zasady dotyczące zarządzania ryzykiem (Money Management)?
10. Jaki procent kapitału ryzykujesz w jednej transakcji lub zagraniu?
11. Czy stosujesz zlecenia Stop Loss i w jaki sposób je ustawiasz?
12. Jak długo trwa nauka? Czy są kolejne etapy poza tym szkoleniem? Co się stanie, jeśli po ukończeniu kursu nie będę osiągał zysków, które sugerowała reklama?

To podstawowe pytania, ale musisz wiedzieć, że nie zawsze masz okazję je zadać i nie każdy odbierze je pozytywnie.

Część tych pytań może zostać odebrana jako pytania naruszające prywatność. Pytając o live statement, ktoś może nie chcieć go pokazać, bo nie życzy sobie, by obcy ludzie wiedzieli, ile ma pieniędzy. Takie pytanie trzeba zadać z wyczuciem – nie powinno się domagać ujawnienia salda rachunku. Ja sam bym się na to nie zgodził.

Musisz też dopasować formę pytań do kontekstu. Gdybym pytał kogoś starszego i znanego, zastanowiłbym się, czy nie sformułować pytań w bardziej oficjalnej, grzecznościowej formie. Choć, znając siebie, spytałbym jedynie, czy możemy „przejść na ty" i zadawałbym pytania bezpośrednio. Kieruj się w tym zakresie własnym wyczuciem.

Jeśli masz do czynienia z kimś znanym w środowisku, a jego wiarygodność jest potwierdzona, to raczej nie wypada żądać dowodów, że potrafi zarabiać.

Gdyby szkolenie miał prowadzić np. Larry Williams, nie śmiałbym pytać go, czy zarabia i żeby to udowodnił.

O tym, jaką legendą w naszej branży jest Larry, opowiem później. Pytania o inne kwestie są jak najbardziej zasadne. Nikt, kto poważnie i z szacunkiem traktuje swoich uczniów, nie powinien mieć problemu z tym, że zadają mu pytania.

7.2 Jak ocenić odpowiedzi?

Każdy z nas intuicyjnie, w lepszym lub gorszym stopniu, potrafi wyczuć, czy ktoś kłamie, czy mówi prawdę. Pragnienie odbycia szkolenia, które obiecuje, że zostaniesz świetnym Traderem, to emocje...
Wybór mentora lepiej podjąć racjonalnie – emocje słabo weryfikują wartość.

1. **Czy uczysz od zera...**

To pytanie z jednej strony jest istotne, bo jeśli chcesz się uczyć od podstaw, a szkolenie jest dla zaawansowanych Traderów, to przecież nie ma sensu „uczyć się biegać, jak jeszcze nie umiesz chodzić".
Z drugiej strony, jeśli szkolenie jest dla bardziej zaawansowanych Traderów, a nauczyciel chce Cię przyjąć, nie wiedząc, co potrafisz, to rodzi się pytanie: czy jemu zależy tylko na sprzedaniu szkolenia, czy na faktycznym nauczeniu czegoś?
Jeśli ktoś chce uczyć na zaawansowanym poziomie jakiejś techniki, to musi wpierw określić, czego uczy, i powiedzieć, jakie są wymogi dla uczniów, których może przyjąć.
Jeżeli uczeń jest inwestorem długoterminowym i bazuje na technice Ichimoku Kinko Hyo, a kurs jest dla Day Traderów i opiera się na Price Action [10], to trochę tak, jakby chcąc uczyć się angielskiego, zapisać się na kurs hiszpańskiego.

2. Jakiej techniki uczysz?

Jeśli technika, jakiej uczy prowadzący szkolenie, jest znana na świecie i opisana w różnych materiałach, jak np. VSA (Volume Spread Analysis) [11], to możesz sprawdzić w internecie, czy takie podejście do rynku Ci odpowiada, czy nie.
Możesz sprawdzić, kto jeszcze uczy tej techniki i jakie wyniki osiągają Ci ludzie.
Jeżeli nauczyciel miałby problem z tym pytaniem albo opowiadał tak, że niewiele z tego rozumiesz, to możliwe, że z tego szkolenia również niewiele wyniesiesz.

Kluczowe w pytaniu jest to, czy trading prowadzącego opiera się na czytelnych, powtarzalnych procedurach. Tylko takie zagrania, zgodne z jasno określonymi zasadami, dają szansę na stabilne, powtarzalne wyniki.

Powtarzalne wyniki to podstawa, by móc modyfikować założenia dotyczące MM i zwiększać rentowność tradingu. To ważne, bo jedną zmianą możesz np. podwoić zyski.
Bez powtarzalności ciężko powiedzieć, czy za rok będziesz miał solidny zysk na rachunku, czy może niewiele na nim zostanie. Opowiem o tym szerzej później.

3. Czy na własny rachunek zajmowałeś się tradingiem?

To fundamentalne pytanie. Jeśli ktoś jest praktykiem i ma dobre wyniki, to wie, co mówi i takiego człowieka warto słuchać. Jeśli ktoś uczy tradingu, a nigdy nie był zarabiającym Traderem, to trochę słabo...

4. Jaki to był trading?

Odpowiedź, jakiej bym oczekiwał, to: „zyskowny". :)
Masz określone predyspozycje, możliwości i oczekiwania. Jeśli to, co oferuje prowadzący szkolenie, pasuje do Twoich oczekiwań, to jest OK. Jeśli będziesz chciał zajmować się tradingiem np. 2 razy w tygodniu, w weekend przez 3 godziny, to spytaj prowadzącego, czy to, czego uczy, pasuje do Twoich oczekiwań.

Może prowadzący zajmuje się rynkiem krypto i Twoje oczekiwania może realnie zaspokoić. Jeśli jednak zajmuje się klasycznymi rynkami, które w weekend nie są aktywne, to lepiej poszukać kogoś od krypto (ja rynku krypto nie ruszam... może opowiem o tym później, jak starczy mi sił).

5. Na jakich instrumentach?

Jeśli ktoś jest praktykiem, to pytanie jest dla niego bardzo łatwe. Każdy Trader dokładnie wie, w co gra i jak gra. Możesz obudzić mnie w środku nocy i spytać o nazwy kontraktów, którymi się zajmuję, i będę wiedział o nich wszystko.
Jeśli ktoś zaczyna kluczyć i nie odpowiada precyzyjnie, to wiesz, o czym to świadczy.
Możesz wtedy spytać o to, na ilu monitorach ma rozłożone walory i jakie interwały na jednym monitorze śledzi. Jeśli faktycznie gra, to takie pytania nie są problemem.
W dalszej części pokażę Ci, jak ja mam poustawiane monitory. :)

6. Ile % dziennie, miesięcznie...

Trader długoterminowy zwykle nie patrzy na dzienne wyniki – jego perspektywa to tygodnie, miesiące, a czasem lata.
Day Trader z kolei doskonale wie, jakie ma średnie wyniki w skali dnia, tygodnia czy miesiąca – i w jakich procentowych widełkach się mieści.
Jeśli Day Trader nie potrafi powiedzieć, ile zarabia w ujęciu dziennym, to prawdopodobnie jego trading jest niestabilny. Może notować spore straty i odrabiać je jednorazowymi „strzałami", ale idąc taką drogą, w końcu zbankrutuje. Od takiego nauczyciela lepiej trzymać się z daleka.

Pytanie o procentowe wyniki jest ważne, bo pokaże Ci, czy rezultaty takiej osoby są dla Ciebie realne i satysfakcjonujące. Pamiętaj – jeśli usłyszysz obietnicę absurdalnie wysokich zysków, to powinna Ci się zapalić czerwona lampka. Czym są „zbyt optymistyczne" wartości zysków, opowiem Ci później.

7. Czy możesz pokazać statement live?

To pytanie jest delikatne, ale jeśli ktoś zgodzi się pokazać Ci wykres krzywej przyrostu kapitału [12], zobaczysz od razu, czy jego wyniki są stabilne, czy może przypominają serie strat przeplatane pojedynczymi „złotymi strzałami". Zwróć uwagę na wielkość obsunięć kapitału. Szukaj kogoś, kto potrafi kontrolować straty i osiągać względnie równy wzrost rachunku w dłuższym czasie.

8. Jakie największe spadki miałeś?

Pytanie o największe procentowe spadki wartości portfela jest dla Ciebie ważniejsze niż pytanie o zyski – pokazuje, czy nauczyciel gra jak hazardzista, czy działa jak profesjonalny Trader, który trzyma straty krótko.

Jeśli ktoś powie Ci, że jego obsunięcia kapitału [13] sięgają 30%, zacząłbym się poważnie martwić. Przy 50% nie zadawałbym już więcej pytań – po prostu wyszedłbym szukać prawdziwego mentora.

Wchodząc w pozycję z odpowiednio dobranym poziomem SL, zgodnym z zasadami MM, możesz być pewien tylko jednego – maksymalnej straty, jaką poniesiesz w tym zagraniu. Tylko straty możesz kontrolować niemal w pełni.

Nie ma długoterminowo zarabiających Traderów, którzy nie kontrolują strat.

Jest mądre powiedzenie:

„Straty ucinaj szybko, zyskom pozwól rosnąć".

W pełni się z tym zgadzam.

Tylko grając zgodnie z zasadami MM, możesz zarabiać pieniądze.

Jeśli to zignorujesz, stracisz pieniądze i nerwy.

9. Money Management

Pytania o MM, czyli Money Management, to jak papierek lakmusowy Tradera. Jeśli ktoś jest profesjonalistą, zna swój MM i potrafi konkretnie o nim opowiedzieć.
MM musi być dopasowany do stylu i poziomu zaawansowania Tradera. To bardzo ważny temat – opowiem o nim w osobnym rozdziale, bo ta wiedza jest kluczowa dla każdego Tradera.

10. Jaki procent kapitału ryzykowałeś w jednym zagraniu?

Wyobraź sobie, że każde wejście w rynek to bilet w „specjalnej loterii giełdowej".
Bilet kosztuje 10 dolarów. Część losów oznacza stratę 10 dolarów, część daje wygraną 10 dolarów (czyli wychodzisz na zero), a część to zysk: 20, 30, 50, 100, a nawet 200 dolarów.
Wiesz, ile kosztuje jeden los i że najczęściej możesz wygrać od 0 do 50 dolarów. Sporadycznie trafi się około 100 dolarów, a 200 dolarów – maksymalnie raz w miesiącu.
Jeśli masz w kieszeni 1000 dolarów, możesz kupić 100 losów i z dużym prawdopodobieństwem odzyskać pieniądze z przyzwoitym zyskiem.

Na tej samej loterii możesz, zamiast losów po 10 dolarów wybrać losy po 500 dolarów. Wtedy dostaniesz tylko dwa losy, a wygrane to ZERO albo 10 000 dolarów. Trafienie losu wartego 10 tysięcy dolarów zdarza się rzadko – raz na kwartał.
Kupując 100 losów, wynik zależy od jakości Twojego tradingu.
Kupując 2 losy, wynik zależy od szczęścia – a ono w loteriach zawsze najbardziej sprzyja organizatorom. :)

Jeśli nauczyciel powie, że ryzykuje w jednym zagraniu np. 1–3% kapitału, słuchałbym go uważnie.
Jeśli polecałby większe stawki, to prawdopodobnie chce Ci sprzedać marzenia, a gdy je kupisz, stracisz pieniądze co najmniej dwa razy – raz na zakup szkolenia i drugi raz, wpłacając kasę do brokera.

11. Czy stosujesz zlecenia Stop Loss i Take Profit [14]?

Pytania o ryzyko i Stop Loss są ze sobą powiązane. Jeśli nauczyciel nie stosuje Stop Loss, warto zapytać, dlaczego i w jaki sposób zabezpiecza się przed zbyt dużą stratą na zagraniu.
Sam fakt, że ktoś nie ustawia zleceń obronnych, nie oznacza, że w ogóle nie stosuje Stop Loss.

Przykładowo: ktoś może trzymać na koncie brokera jedynie 10% kapitału przeznaczonego na trading, a pozostałe 90% przechowywać w banku. W ten sposób automatycznie ogranicza maksymalną stratę do 10% całego kapitału. To tzw. SLK, czyli Stop Loss na kapitale. Twój rachunek u brokera to np. 10–20% całego kapitału przeznaczonego na trading. Resztę trzymasz bezpiecznie poza rachunkiem.

To ma też dodatkowy plus – jeśli broker zbankrutuje, nie stracisz wszystkiego, a jedynie to, co u niego zdeponowałeś. Oczywiście warto wybierać brokera z kraju, w którym obowiązują silne zabezpieczenia prawne środków klientów i nadzór finansowy. Niezależnie od poziomu zabezpieczeń, odzyskiwanie środków może potrwać długo. Nie chcesz przecież być zablokowany przez brak dostępu do kapitału.

Warto dopytać o szczegóły, bo samo niestawianie zleceń Stop Loss nie dyskwalifikuje od razu kandydata na mentora.
Wchodząc w pozycję, musisz wiedzieć, jaką maksymalną stratę możesz ponieść – czyli jakie ryzyko podejmujesz.

Ja liczę to tak...

Załóżmy, że masz na rachunku 1000 dolarów. Wchodzisz w pozycję i ustawiasz Stop Loss na poziomie 10 dolarów. Jeśli rynek ruszy w przeciwnym kierunku, stracisz 1% kapitału.
SL na poziomie 1% to rozsądna wartość, ale wcale nie jest mała. Przyjmuje się, że 1–2% to nadal bezpieczny poziom, natomiast 3% to już spore ryzyko – na które mogą sobie pozwolić doświadczeni Traderzy, którzy znają swoje statystyki i lubią dreszczyk emocji. :)
Ja – w zależności od dnia i pewności co do zagrania – preferuję poziom SL w zakresie 0,5–1%.

Jeśli ktoś, kto chce Ci sprzedać szkolenie, mówi o wyższych poziomach SL, warto dopytać o szczegóły. Ja nie zdecydowałbym się na taką ofertę.
Można obiecywać wszystko, jednak liczb nie da się oszukać.
Policz to sam...

Aby stracić połowę kapitału przy SL 1%, musiałbyś przegrać 50 transakcji z rzędu.
Przy SL 0,5% – aż 100 przegranych z rzędu.
Przy SL 3% już po 17 przegranych straciłbyś ponad połowę kapitału.
A teraz wyobraź sobie ruletkę. Udokumentowany rekord wypadnięcia koloru czerwonego to 32 razy z rzędu – w 1943 roku w USA.
W 1913 roku w Monte Carlo czarny wypadł 26 razy z rzędu.

Jeśli statystyka nie będzie po Twojej stronie, w końcu zobaczysz na swoim rachunku stan równy ZERO.

Uwierz mi, nie chcesz doświadczyć złej serii z wysokim SL, bo to wyzeruje Twój rachunek.
Pamiętaj – gdy stracisz 50% kapitału, będziesz musiał zarobić 100%, żeby wyjść na zero.
Lepiej tyle nie tracić, bo im więcej stracisz, tym mniejsza szansa, że to odrobisz. Jeśli potrafisz dużo tracić, to znak, że dobrze nauczyłeś się tracić – a przecież chciałeś nauczyć się zarabiać. Na rynku raz na jakiś czas trafia się „Czarny Łabędź” [15]. Jeśli w swojej strategii nie przewidujesz takich przypadków, to obyś miał szczęście.

12. Jak długo trwa nauka?

To pytanie może wydawać się lżejszego kalibru, ale warto dowiedzieć się, czy szkolenie jest kompletne – od A do Z – czy stanowi jedynie fragment całego materiału. Może się okazać, że to dopiero początek wydatków. Jeśli szkolenie trwa dzień, mało prawdopodobne, że zostaniesz po tym czasie profesjonalnym Traderem – co również podważa wiarygodność nauczyciela.
Jeśli zapytasz, co się stanie, gdy po szkoleniu nie będziesz zarabiał, odpowiedź nauczyciela będzie dla Ciebie równie istotna. Czy po kursie zostaniesz sam, czy dostaniesz dalsze wsparcie?
Nauka to długotrwały proces i szkoda tracić czas na podążanie w złym kierunku.

To powyżej to nie jest moja reklama. :) Moja wyglądałaby tak:

8 Odpowiedz szczerze, czy bycie Traderem jest dla Ciebie?

Opowiedziałem Ci, jak długą drogę musiałem przejść, by osiągnąć cel. Inni, nie prowadząc własnych biznesów, potrafią osiągać przyzwoite i stabilne wyniki w ciągu około roku. Wszystko zależy od tego, ile czasu poświęcisz, z jakich materiałów będziesz się uczyć i jakie posiadasz predyspozycje.

Prawie każdy może się nauczyć tradingu – to kwestia determinacji i włożonej pracy.

Kluczowe pytanie brzmi:
czy trading naprawdę jest dla Ciebie?

Lepiej odpowiedz sobie na nie szczerze, inaczej zmarnujesz mnóstwo czasu i pieniędzy tylko po to, by ostatecznie porzucić ten kierunek i zająć się czymś innym.

Dałem Ci przedsmak ryzyka, niepewności i pułapek...

Jeśli zdecydujesz się odpuścić na tym etapie – zrozumiem to.

Każdy powinien potrafić ocenić, czy dana branża jest dla niego, czy z jakiegoś powodu nie będzie się w niej dobrze czuł.

Zawsze szanuję ludzi, którzy podejmują świadome, przemyślane decyzje i wprowadzają zmiany w swoim życiu.

Szczęście w życiu można osiągnąć na wiele sposobów – najważniejsze to odnaleźć swój i naprawdę być szczęśliwym.

Większość Traderów, których znam, twierdzi, że aby zajmować się tradingiem zawodowo, trzeba to naprawdę kochać.

To zbyt wymagający zawód, by go nie lubić, a mimo to wykonywać skutecznie i z powodzeniem.

Warto się nad tym dobrze zastanowić...

8.1 Czy warto poświęcić sporą część życia, aby zostać Traderem?

Czy zadałeś już sobie najważniejsze życiowe pytania?

1. Jaki jest sens i cel mojego życia?
2. Jakie zasady stanowią jego fundament i jak zbudować na nich wartościową drogę, z której będę mógł być dumny?
3. Jak chcę przejść przez życie, czego doświadczyć i co stworzyć?
4. Co jest dla mnie ważne, a na co szkoda mi czasu?
5. Czy praca, która daje mi środki do życia, powinna coś tworzyć?
6. Czy w pracy chcę otaczać się ludźmi, czy odpowiada mi samotna praca przy wykresach?
7. Ludzie często pragną, by ich praca coś tworzyła, komuś służyła, była społecznie użyteczna i ważna. Czy to dla mnie również istotne?
8. Co tak naprawdę robimy, grając na giełdzie? Czy to komuś coś daje, poza tym, że jedni zarabiają, a inni tracą? Jaki sens ma ta giełda?
9. Czy warto wybrać zawód, który może tak bardzo obciążać psychicznie?
10. Gdy zamykam oczy i wyobrażam sobie najlepszą wersję siebie – kim jestem, co robię, jak zarabiam na życie?
11. Co powiedzą moi bliscy, gdy zacznę zajmować się grą na giełdzie?
12. Czy obchodzi mnie, co inni pomyślą o mnie?
13. Czy chcę, żeby wiedzieli, co robię?
14. Czy chcę, żeby podziwiali mnie za to, że gram na giełdzie i wygrywam duże pieniądze?
15. Czy mam problem z Ego?
16. Czy wybieram trading, bo czuję, że to moja pasja, czy dlatego, że chcę zaspokoić niezdrowe pragnienia – potrzebę podziwu, chciwość i marzenie o workach pieniędzy w szafie?
17. Czy chcę coś komuś udowodnić?

18. Czy trading jest dla mnie ekologiczny – dobry zarówno dla mnie, jak i dla mojego otoczenia?
19. Jak żyć, by odejść z tego świata z uśmiechem na twarzy?
20. Wymyśl jeszcze tyle pytań, ile tylko zdołasz, i odpowiedz sobie na nie szczerze. Jeśli siebie oszukasz – sam poniesiesz tego konsekwencje.

Czy opłaca się poświęcić sporą część życia, żeby być Traderem?

Tak... – Nie... – To zależy...

To poważna decyzja i nie ma na to pytanie jednej, prostej odpowiedzi. Mogę Ci jedynie powiedzieć, **dlaczego ja uważam, że to najlepszy zawód na świecie.**

8.2 Coś, czego nie da się odkupić

Kiedyś uświadomiłem sobie, że gdzieś w przyszłości istnieje data – dzień, godzina, minuta i sekunda – w której umrę.
Od tej chwili do tamtego momentu pozostało mi dokładnie: ileś dni, ileś godzin i ileś minut życia.

Wyobraź sobie ogromną – mam nadzieję – misę z ziarnami ryżu, w której każde ziarenko symbolizuje minutę Twojego życia.
Co minutę z tej misy spada jedno ziarenko.
W końcu spadnie ostatnie i nasza przygoda tutaj się zakończy.

Dlaczego o tym piszę?

Pomyśl... Twój czas ucieka. Kiedyś spadną ostatnie ziarenka ryżu z Twojej misy. Czy zamykając wtedy oczy, pomyślisz sobie: „Fajnie było"?

Nie trać czasu. Nie odkładaj marzeń na później.

Nie wiesz, czy później zdążysz.

Mogę Ci obiecać, że dołożę starań, by nie zmarnować Twojego czasu. Zadbam o to, by przedstawione rady były możliwie krótkie i precyzyjne oraz wyczerpywały w pełni poruszone zagadnienia. Chcę Ci przy okazji przekazać odrobinę refleksji i myśli nad życiem.

Filozofia – z języka greckiego – oznacza „umiłowanie mądrości".

Czy warto zostać Traderem? Po poniekąd pytanie filozoficzne. Z jednej strony zawód ten jest trudny, z drugiej – emocjonujący i satysfakcjonujący.
O trudach sporo Ci w tej książce opowiem, a satysfakcję z zarabiania pieniędzy na giełdzie zapewne sam potrafisz sobie wyobrazić – bo to właśnie popchnęło Cię do zakupu tej książki.

Jeżeli poznasz prawdziwe oblicze tradingu i nadal będziesz chciał zostać Traderem, powiem Ci, dlaczego dla mnie była to najlepsza droga.
W dalszej części znajdziesz odpowiedź, dlaczego trading – w kontekście mojej przypowieści o misce i ziarnach ryżu – jest opłacalnym wyborem.

8.3 Za ile mogę sprzedać godzinę mojego życia?

Jeśli nie urodziłeś się milionerem – jak zresztą większość ludzi – i musisz pracować na swoje życie, warto zrobić prosty rachunek ekonomiczny. Jakie mam koszty stałe życia, czego chciałbym ponad minimum socjalne i ile to wszystko kosztuje? Wyjdzie Ci kwota, którą musisz co miesiąc zarobić.

Załóżmy, że na jedzenie potrzebujesz oszczędnie 500 $, a na mieszkanie, samochód i różne zachcianki – łącznie 2500 $.

W sumie potrzebujesz co miesiąc w zaokrągleniu 3000 $.
Chcesz pracować 8 godzin dziennie przez 5 dni w tygodniu, co daje około 18 $ na godzinę (policzyłem z lekkim zapasem).
To jest plan, w którym ciągle musisz pracować, bo co miesiąc masz nowe rachunki do opłacenia.
Żeby zarobić więcej, musisz pracować dłużej albo wynegocjować lepszą stawkę za godzinę pracy.
Przy aktualnych kompetencjach, jakie posiadasz, Twoja godzina pracy na rynku ma jakąś górną granicę, której nie przeskoczysz.

Zawsze dużo pracowałem, ale też zawsze marzyłem, by nic nie robić i godnie żyć. W końcu praca nie jest celem mojego życia. :)
Zastanawiałem się, czy mój biznes może zarabiać dwa razy więcej niż teraz. Albo nawet dziesięć razy więcej – i co musiałbym zrobić, ile czasu by to zajęło itd.
Jeżeli teraz zarabiasz tyle, ile wydajesz, to wiesz, jaka Cię czeka przyszłość.

Albo się z tym pogodzisz i będziesz czekać na cud, albo zrób plan i zacznij działać, żeby na starość nie było Ci smutno.

Nie jestem materialistą. Zawsze kieruję się jednak zasadą: obniżać koszty i zwiększać przychody, poprawiać jakość życia.

9 Różnica między Traderem a Day Traderem

To różnica jak między maratończykiem a sprinterem na 100 metrów.

Inwestor długoterminowy kupuje np. akcje firm lub ETF na indeks giełdy amerykańskiej i trzyma je miesiącami albo latami. Z tego, co pamiętam, Warren Buffett kupił akcje Coca-Coli i trzyma je już od 35 lat.

Day Trader, taki jak ja, zajmuje pozycję dzisiaj i zamyka ją tego samego dnia. Zagranie może trwać kilka minut albo kilka godzin, ale na koniec dnia – zamykając komputer – mam wszystkie pozycje zamknięte. Gdy śpię, nie muszę się martwić, co w nocy dzieje się na rynkach. Mój umysł odpoczywa.

Wady są poważne... To ciężka praca. Wymaga wielu godzin dziennie spędzanych przy wykresach, koncentracji, spokoju i panowania nad emocjami. Używam słowa „praca", bo to jak etat. Poniedziałek – giełdy ruszają, więc Day Trader zaczyna swoją robotę. Piątek – giełdy kończą pracę, Day Trader kończy tydzień i ma wolny weekend bez wykresów.

Prawie normalna robota. :)

Prawie, bo to Ty decydujesz, w jakich godzinach pracujesz, w jakie dni wchodzisz na rynek i czy dzisiaj zrobić sobie wolne. Jeśli źle się czujesz, bo dopadła Cię grypa albo coś wytrąciło Cię z równowagi, bierzesz wolne – bo trading wymaga dobrej kondycji fizycznej i psychicznej.

To specyficzna, pełnoetatowa praca, w której sam jesteś sobie szefem.

Zyski przeciętnego, dobrego inwestora długoterminowego mogą wynosić średnio około 10–15% rocznie. Jeśli ktoś przebija średnią indeksów, to jest uznawany za świetnego gracza – mówimy tu o poziomie np. 20% rocznie.

Dla Day Tradera rekordowe wyniki funduszy rzędu 20–30% rocznie to wartości akceptowalne... tyle że dla nas to wartości akceptowalne w skali miesiąca, a nie roku.

Może brzmi to dziwnie, ale tak właśnie jest.

Uświadom sobie, że 10 największych funduszy inwestycyjnych na świecie zarządza kapitałem od niemal 3 bilionów dolarów (najmniejszy w zestawieniu) do ponad 10 bilionów (największy, BlackRock). Te dane mogą się zmieniać – takie są w chwili, gdy to piszę. Mówiąc o 10 bilionach dolarów, mam na myśli:

10 000 000 000 000 USD.

W Europie 1 bilion ma 12 zer, a w USA taką liczbę nazywa się „trillion". W USA wszystko jest większe. :)

Duże kwoty powodują ograniczenia, których mały Trader z niewielkim portfelem nigdy nie doświadczy. Poruszamy się na rynkach o ogromnej płynności – nasze zlecenia nie wpływają na rynek ani na cenę.

Duży fundusz, operujący gigantycznym kapitałem, nie może wejść w rynek na kilka minut i równie szybko się z niego wycofać. Płynność jest ograniczona – to naturalna bariera dla wielkich graczy.

Drugie ograniczenie: klient przekazuje funduszowi pieniądze, inwestując w konkretny instrument finansowy. Fundusz może jedynie zamienić środki na portfel walorów – nie ma tam miejsca na fantazje maklerów. Klient kupuje jednostki, fundusz kupuje walory. Gdy klient sprzedaje jednostki, fundusz sprzedaje walory i oddaje pieniądze. To pewne uproszczenie, ale tak właśnie działa każdy ETF – a to obecnie jedna z najpopularniejszych form inwestowania przez inwestorów indywidualnych. Niskie koszty, dobra dywersyfikacja i proste zasady.

Day Trader jest jak snajper – obserwuje wykres i oddaje strzał, gdy pojawi się okazja.

Choć wszystko kręci się wokół giełdy i wykresów, to są to dwa zupełnie różne światy.

10 Jakie są stawki za godzinę tradingu i ile możesz zarobić?

10.1 Czy The Sky is the limit?

Jest u nas takie powiedzenie, że tabelka w Excelu przyjmie wszystko...
Bardzo lubię tabele, bo pozwalają mi zobaczyć, gdzie jestem, dokąd mogę dojść i ile czasu może mi to zająć.
Pamiętaj, że to obliczenia Day Tradera – inne realia niż te, w których funkcjonują inwestorzy tacy jak Warren Buffett.

Account balance ($)	Daily profit ($)	Monthly profit ($)
	1%/day	15d/mo
1 000	10	150
5 000	50	750
10 000	100	1 500
20 000	200	3 000
50 000	500	7 500
100 000	1 000	15 000
150 000	1 500	22 500
200 000	2 000	30 000
500 000	5 000	75 000
1 000 000	10 000	150 000

Jeśli potrzebujesz na życie 3000 dolarów miesięcznie, to musisz mieć ponad 20 000 dolarów na rachunku albo zarabiać więcej niż 1% dziennie. Pamiętaj, że od zysków w większości krajów trzeba odprowadzać podatki. A przy tak niewielkich kwotach raczej nie będzie Cię stać na przeprowadzkę do kraju, w którym rezydencja podatkowa zwalnia z ich płacenia.

Na tym etapie jedni mówią, że 1% dziennie to przecież nic wielkiego, podczas gdy inni szybko zauważają, że banki oferują kilka procent rocznie – więc 1% dziennie to zysk wręcz kosmiczny.

10.2 Nie będę dyskutował z Twoimi przekonaniami

Nie muszę – znam fakty ze swojego rachunku i wiem, że to nic wyjątkowego. Znam lepszych graczy ode mnie, którzy zarabiają jeszcze więcej.

Oczywiste jest, że raz trafia się lepszy dzień, a raz gorszy. Czasem rynki zachowują się, jakby chciały obsypać nas złotem, a czasem rzucają wykresem tak, jakby chciały nas ograbić.

Jeśli masz dobrą technikę, jesteś mentalnie przygotowany i mądrze zarządzasz ryzykiem, to zapewniam Cię, że w day tradingu stabilny średni wynik na poziomie 2–3% dziennie jest jak najbardziej możliwy. Pozostaje kwestia, ile dni w miesiącu wytrzymasz taką intensywną pracę, koncentrację, dyscyplinę – każdy w końcu chce spokojnie żyć.

Żeby się nie nakręcać, przyjmijmy średni dzienny zysk na poziomie 1,5%. To nie jest mało – taki wynik wymaga od Ciebie pełnoetatowego zaangażowania w trading. Pamiętaj, że mówimy o rezultatach osiąganych przez wiele lat, a nie raz na jakiś czas.

Account balance ($)	Daily profit ($)	Monthly profit ($)
	1,5%/day	15d/mo
1 000	15	225
5 000	75	1 125
10 000	150	2 250
20 000	300	4 500
50 000	750	11 250
100 000	1 500	22 500
150 000	2 250	33 750
200 000	3 000	45 000
500 000	7 500	112 500
1 000 000	15 000	225 000

Masz wtedy średnio 1500 dolarów więcej, niż wynoszą Twoje miesięczne potrzeby.

Pamiętaj, że od zysku prawdopodobnie będziesz musiał zapłacić podatek w rozliczeniu rocznym. Tak – też uważam, że podatki to skandal.
Co się stanie, jeśli co miesiąc zarobisz dokładnie tyle, ile potrzebujesz na życie, a nadwyżkę dopłacisz do rachunku i zaczniesz grać większą pulą?

10.3 To jest realna perspektywa

	Balance + profit ($)	Monthly profit ($)	Profit – expenses ($)
1	20 000	4 500	1 500
2	21 500	4 838	1 838
3	23 338	5 251	2 251
4	25 588	5 757	2 757
5	28 346	6 378	3 378
6	31 724	7 138	4 138
7	35 861	8 069	5 069
8	40 930	9 209	6 209
9	47 140	10 606	7 606
10	54 746	12 318	9 318
11	64 064	14 414	11 414
12	75 478	16 983	13 983
	89 461		

Obliczenia są w dużej mierze uproszczone – nie zakładam na przykład zwiększania kwoty zagrania w trakcie miesiąca proporcjonalnie do wzrostu depozytu.

Lepiej założyć mniej optymistyczne scenariusze, niż później mieć wygórowane oczekiwania i się rozczarować. I żeby było jasne – to nie jest tabelka dla początkującego Tradera, który dopiero poznał temat i myśli, że za rok będzie zarabiał miliony.

To zestawienie jest dla Tradera, który opanował zasady, nie jest chciwy, nie podejmuje nadmiernego ryzyka i ceni stabilny wzrost majątku bardziej niż szybką kasę.

Co zawiera to zestawienie...

Po pierwszym miesiącu zarobiłeś 4500 dolarów, opłaciłeś rachunki na życie w wysokości 3000 dolarów, a pozostałe 1500 dolarów zostało na rachunku.

W kolejnym miesiącu masz 21 500 dolarów, zarabiasz nieco więcej i również więcej zostawiasz na rachunku, ponieważ nie zwiększasz kosztów życia.

Po 12 miesiącach intensywnej, konsekwentnej pracy przy wykresach masz na rachunku ponad 89 tysięcy dolarów. W ciągu roku wypłaciłeś 36 tysięcy dolarów na życie. Łącznie zarobiłeś ponad 105 tysięcy dolarów.

Załóżmy, że zapłaciłeś wysoki podatek w wysokości 25% tak jak na przykład w Niemczech.

Po zapłaceniu podatku na Twoim rachunku pozostanie około 63 tysiące dolarów. Utrzymałeś się i potroiłeś kapitał.

Dyscyplina, konsekwencja i powściągliwość.

Co wydarzy się dalej... W ciągu kilku lat możesz mieć trudności ze zliczeniem zer na rachunku, a po kilkunastu latach spłacisz zagraniczne zadłużenie swojego kraju. :)

Tworząc symulacje w Excelu, łatwo wyliczyć przyrost kapitału do ogromnych, abstrakcyjnych wartości.

A co wydarzy się w rzeczywistości?

Zaczniesz wydawać więcej na życie i przyjemności, bo przecież nie po to się zarabia, żeby żyć skromnie – tak myśli większość ludzi.

Zaczniesz obracać większymi pieniędzmi, które będą wywoływać u Ciebie stres – to etap, przez który przechodzi większość Traderów.

Każdy z nas ma w głowie pewien „termostat", który wyznacza granicę akceptowalnych strat w pojedynczym zagraniu. Jeśli Stop Loss, czyli zlecenie zamykające stratną pozycję, wynosi rozsądne 0,5% kapitału, to przy 20 000 dolarów na rachunku maksymalny SL w jednym zagraniu to 100 dolarów.

Tyle ryzykujesz, zajmując pozycję – i tyle możesz stracić, jeśli rynek pójdzie w innym kierunku. To oczywiście uproszczenie, bo może się zdarzyć nagły skok ceny – wtedy broker zamknie pozycję po pierwszej dostępnej cenie i strata może być większa. Takie sytuacje są jednak sporadyczne.

Rok później, mając na rachunku 80 000 dolarów, Twój SL będzie wyższy. Zdobyłeś doświadczenie, wzrosła Twoja pewność siebie i zaufanie do własnych umiejętności.

Teraz grasz z poziomem SL 1% – czyli 800 dolarów na jedno zagranie.

Widzisz już, czego nie uwzględniają optymistyczne symulacje w Excelu?

Jeśli w tabelce wpiszesz milion dolarów i przyjmiesz SL 1%, to w jednym zagraniu ryzykujesz 10 000 dolarów. To kwota, którą kiedyś zarabiałeś przez trzy miesiące – a tu możesz ją stracić w minutę.

Gdybyś miał miliard dolarów, broker mógłby nie chcieć, żebyś u niego grał – bo dla niego to ogromne ryzyko. Być może postawiłby dodatkowe warunki, które dla Ciebie byłyby utrudnieniem.

Nie mam takich kwot, więc nie muszę się tym martwić. Poza odpornością na straty i umiejętnościami jest jeszcze jedno ograniczenie: rynek nie pozwoli Ci zwiększać wygranych w nieskończoność, bo do gry potrzebna jest druga strona transakcji.

Nie sztuką jest dobrze kupić – sztuką jest dobrze sprzedać.

Zbyt duże pule kontraktów lub akcji wpływają na rynek. Dlatego nie da się grać bardzo dużymi kwotami, nie wywołując reakcji rynku.

To czysto teoretyczne rozważania – w praktyce żaden z nas raczej nie zetknie się z takim problemem.

Choć przyznam – chciałbym go mieć. :) Kupiłbym piękną wyspę, helikopter i cieszył się każdym wschodem i zachodem słońca.

Swoje marzenia wymyślasz sam.

Nikt nie powinien mówić Ci, co powinno być Twoim celem – a tym bardziej marzeniem.

Zastanów się tylko nad kosztem ich realizacji.

Jeśli moim celem byłoby posiadanie własnej wyspy i całej luksusowej otoczki, musiałbym najpierw zarobić naprawdę duże pieniądze. A żeby zarobić duże pieniądze, musiałbym poświęcić dużo czasu.

Może się okazać, że osiągnę ten cel dopiero w wieku, w którym już nie chcę siedzieć na żadnej wyspie – bo jestem zwyczajnie stary.

Czy nie lepiej być szczęśliwym wcześniej?

Ja stawiam sobie mniejsze, prostsze cele i szybko je realizuję. Dzięki temu jestem szczęśliwy już teraz, a moja lista małych, fajnych marzeń wciąż jest długa.

Co jakiś czas spełniam kolejne. Kroczek po kroczku.

11 Jaki cel sobie wyznaczyć i jak to zrobić, żeby zadziałało?

Piękny, ogromny cel brzmi świetnie... za to zazwyczaj słabo działa.
Większość ludzi źle wyznacza cele i widzą tego skutki.
Umówmy się na wstępie na naszą roboczą definicję dwóch pojęć: cel i złudzenie.

11.1 Cel:

Cel to coś, co chcesz osiągnąć.
To coś (materialnego lub nie), co Twój umysł postrzega jako realnie osiągalne. Możesz jeszcze nie wiedzieć, jak to zrobić, ale musisz czuć, a Twój rozum musi dawać zielone światło: „Tak, to jest osiągalne – mogę to zrealizować".

Cel powinien być świadomy i możliwy do jednoznacznego określenia. Musi być na tyle konkretny, byś w momencie jego osiągnięcia miał pewność, że właśnie się to wydarzyło.

Jeśli wyruszysz łódką w kierunku „dokładnego środka oceanu" i Twoim sprzętem nawigacyjnym będą tylko gwiazdy, nigdy nie będziesz wiedział, czy osiągnąłeś cel, czy tylko dryfujesz gdzieś po oceanie.

Osiągnięcie celu powinno być jak zdobycie Mount Everest – gdy staniesz na szczycie, zobaczysz, że wyżej już nic nie ma. Wtedy masz 100% pewności, że cel został osiągnięty.

Jeśli Twoim celem jest na przykład „szybko stracić na wadze", to taki cel jest dość mało precyzyjny, ale teoretycznie osiągalny. Wszechświat może go nawet szybko zrealizować: kupisz piękną, szklaną wagę za 200 dolarów, rozpakujesz ją i upuścisz – rozbije się na drobne kawałki. Chciałeś szybko stracić na wadze i straciłeś szybko 200 dolarów. :)

Cel powinien być określony w czasie.
Jeśli mówisz sobie, że „kiedyś skończę studia medyczne", to możesz o tym zapomnieć.

Dobrze sformułowany cel to na przykład: „W październiku tego roku rozpocznę studia i w ciągu pięciu lat ukończę je z tytułem inżyniera. W czerwcu 2030 roku odbiorę dyplom i wypiję oryginalnego szampana, którego już dziś wkładam do lodówki na tę okazję".

11.2 Złudzenie:

Ludzie bardzo często wyznaczają sobie cele, które są nierealne albo tak odległe, że nawet nie próbują ich realizować. Nazywam to „złudzeniami" – to forma oszukiwania samego siebie, pozwalająca na chwilowe poczucie ulgi. Działa to trochę jak terapia.

Ten obraz ma, moim zdaniem, niesamowity przekaz i to na wielu płaszczyznach. Możesz połknąć tabletkę przeciwbólową i przez chwilę nie czuć bólu, niestety wciąż jesteś chory, a ból w końcu wróci.

Ludzie są mistrzami w tworzeniu własnych złudzeń. Możesz kupić los na loterię i wyobrażać sobie, że wygrywasz miliony dolarów, kupujesz piękny dom i samochód, a sąsiedzi zazdroszczą Ci, gdy się wyprowadzasz.

To nie jest cel. Sam fakt pójścia po los nie jest realizacją celu – to kupowanie złudzenia.

Typical Lottery Odds – Main Jackpot		
Lottery	Win Condition	Odds
Polish Lotto (6/49)	Match 6 out of 49	1 in 13,983,816
Eurojackpot	Match 5/50 + 2/12	1 in 139,838,160
EuroMillions	Match 5/50 + 2/12	1 in 139,838,160
Powerball (USA)	Match 5/69 + 1/26	1 in 292,201,338
Mega Millions (USA)	Match 5/70 + 1/25	1 in 302,575,350

Szansa na wygraną w Mega Millions to ponad 1 do 302 milionów.

Gdybyś codziennie wysyłał los na tę loterię, to „teoretycznie" wygrałbyś raz na 828 973 lata – czyli mniej więcej raz na 8000 wieków. To nie jest realna szansa. :)
To nie może być Twój cel.

Złudzenia są złe. Choć oczywiście nie jest to prawda absolutna – są sytuacje, w których złudzenia potrafią zdziałać cuda.

Wyobraź sobie, że zawalił się na Ciebie budynek. Jesteś cały połamany, nie masz praktycznie żadnych szans na przeżycie, ale ratownik podaje Ci morfinę i mówi, że wszystko będzie dobrze. Wierzysz mu, bo bardzo tego potrzebujesz. Twój umysł tworzy pozytywny scenariusz: strażacy podnoszą dom, wyciągają Cię, trafiasz do szpitala i po kilku miesiącach wychodzisz na własnych nogach.

Planujesz, że jak tylko wyzdrowiejesz, zostaniesz Traderem – bo zawsze o tym marzyłeś i w końcu przeczytasz tę książkę, którą kiedyś kupiłeś od SherlockTrades.com. :)

I to jest dobre złudzenie. Bo zajmuje Twój umysł czymś pozytywnym. Nie musisz mierzyć się z tym, co czujesz, że jest nieuniknione, a z czym jeszcze nie jesteś gotów się pogodzić.
Większość złudzeń to **ucieczka** od przykrej rzeczywistości w zmyślony świat, który nigdy nie zaistnieje w Twoim życiu.
To strata czasu na chwilowe, niskiej jakości przyjemności.

Jeśli jest Ci ciężko i nie masz siły, by wymyślić i uwierzyć w cel, który byłby dla Ciebie dobry – doskonale to rozumiem.

W życiu bywa różnie. Czasem jest naprawdę ciężko.
Nie uciekaj w złudzenia. To jak sięganie po narkotyki czy alkohol tylko po to, by na chwilę poczuć się lepiej.
Zamiast tego zrób coś innego.

11.3 Kaizen: wyznacz sobie jeden mały cel

Niech to będzie np. posprzątanie jutro jednej półki w kuchni.
Tylko jednej.
Następnego dnia, jeśli uda Ci się ta mała bitwa z półką, zaplanuj, że przez najbliższy tydzień codziennie poświęcisz 5–10 minut na uporządkowanie małego fragmentu pokoju czy mieszkania.

Po tygodniu usiądź, popatrz, co się zmieniło w Twoim otoczeniu, i zaplanuj kolejny tydzień. Jeśli poczujesz się na siłach, niech to będą dwie półki dziennie albo 15 minut sprzątania czegokolwiek.
Powieś na ścianie plan swoich dokonań i zacznij małymi krokami zmieniać coś na lepsze w swoim życiu.
Kto wie – może Ci się spodoba, może poczujesz się lepiej w domu, może uwierzysz, że małymi krokami można dokonać wielkich zmian.

Małe sukcesy dają dużą satysfakcję.
Małe kroki dają wiarę, że możemy osiągnąć znacznie więcej.

Przegrywają tylko ci, którzy się poddali. Jeśli się nie poddasz, nigdy nie będziesz czuł się przegrany.

Lizbona w Portugalii to niemal koniec Europy. Pekin w Chinach wydaje się dla Europejczyka być na końcu świata.
Przejście z Lizbony do Pekinu wydaje się niemożliwym spacerem dla zwykłego człowieka.
No właśnie...
Jeśli wierzysz, że coś jest niemożliwe, to masz rację – **dla Ciebie będzie niemożliwe na 100%.**

Jeśli jednak spojrzysz na trasę w Google Maps, okaże się, że to 16 412 km i około 3767 godzin marszu.
To nadal sporo, ale to już konkretna liczba – nie odległość w latach świetlnych.
Jeśli jesteś w stanie maszerować godzinę dziennie, pokonasz tę drogę w około 10 lat.
A jeśli będziesz szedł 10 godzin dziennie, przejdziesz ją w ciągu roku.
Według Google Maps to jest wykonalne:

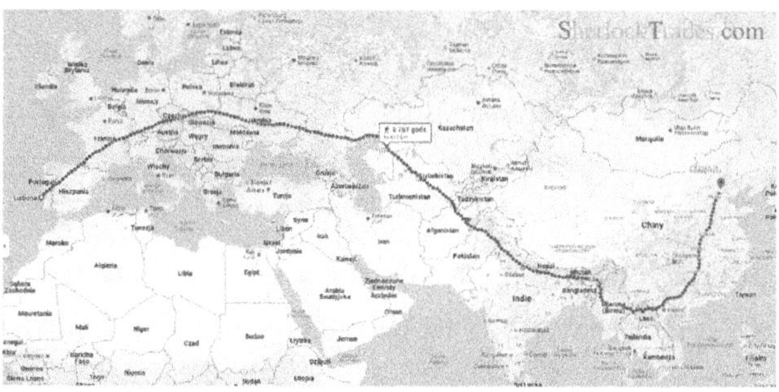

Gdy pomyślę, że samochodem przejechałem około 800 tys. km, to wychodzi, że prawie 50 razy pokonałem taką trasę. Szok, ile życia można spędzić w drodze...
Naprawdę możemy zajść bardzo daleko, jeśli wyznaczymy sobie realne cele i dobrze zaplanujemy trasę – tak, aby każdy kolejny krok był możliwy do wykonania.

11.4 Co zrobić, żeby cel naprawdę zadziałał?

Trzeba dobrze go wybrać.

11.4.1 Zasada Wielkiego **DLACZEGO** (The Big Why Rule)

Cel, który ma moc przyciągania, musi być dla nas emocjonująco ważny – musi być obietnicą czegoś ekscytującego, czego naprawdę pragniemy.
Potrzebujesz mocnego powodu, dlaczego chcesz go osiągnąć.

Samo „chcę zarobić milion dolarów” nie ma mocy.
Jeśli jednak zapytasz siebie **„Po co?”**, może się okazać, że chodzi o zapewnienie rodzinie bezpieczeństwa finansowego, gdyby kiedyś Ciebie zabrakło.
To jest potężne **„dlaczego”** i właśnie dlatego taki cel działa.

11.4.2 Cel musi być realny i osiągalny

Jeśli nie widzisz sensu w jego realizacji, nie ruszysz z miejsca.
Im bardziej realny i osiągalny cel, tym mocniejsza motywacja.
Zbyt odległy cel nie działa.
Jeśli np. planujesz, że za 5 lat przejdziesz na emeryturę dzięki tradingowi – warto mieć taki plan, ale rozbić go na mniejsze etapy. Skup się na pierwszych krokach. Odległy cel może pozostać gdzieś w tle.
Ważne, by za każdym mniejszym celem stała też nagroda – coś, co bardzo lubisz, lecz otrzymasz to dopiero po jego osiągnięciu.

11.4.3 Formułuj cel pozytywnie

„Chcę być zdrowy” działa. „Nie chcę być chory” – nie.
W sumie to działa, ale kompletnie nie tak jakbyśmy sobie tego życzyli. Opowiem o tym szczegółowo w dalszej części książki.

11.4.4 Cel musi zależeć od Ciebie

„Będę spacerować godzinę dziennie” to dobry cel.
„Sąsiedzi będą klaskać, jak będę spacerować” – to nie działa, bo nie masz wpływu na sąsiadów.

11.4.5 Cel powinien wzbudzać emocje i dać się zwizualizować

Jeśli czegoś nie widzisz, nie czujesz, nie ma to dla Ciebie znaczenia – to nie jest Twój cel.
Możesz się do czegoś zbliżyć przypadkiem, ale to nie będzie świadome osiągnięcie celu i nie liczyłbym na takie przypadki.

11.4.6 Cel musi być naprawdę Twój

Znasz to uczucie, gdy ktoś mówi: „W tym roku masz mieć piątkę z matematyki"?
Masz cel – ale to nie Twój cel. To czyjaś ambicja.
To nie działa.
Cel musi wypływać z Ciebie – z Twoich potrzeb, pragnień i marzeń.
Tylko wtedy będzie Cię naprawdę napędzał.

Złym przykładem celu byłoby postanowienie: „Chcę zarabiać 20 tys. dolarów miesięcznie, bo teściowa tego oczekuje, a sąsiedzi wtedy będą mnie podziwiać".
Taki cel wywołałby we mnie wewnętrzny bunt.
Nie zgodziłbym się na to. Nie będę dla zadowolenia teściowej obniżał moich dochodów do 20 tysięcy. :)
Oczywiście żartuję, zapewne wiesz, o co chodzi. :)

11.4.7 Cel musi być w zgodzie z Tobą

To może brzmieć banalnie, jednak każdy z nas ma wewnętrzny zestaw zasad, których złamanie powoduje dyskomfort psychiczny. Możemy to nazwać wyrzutami sumienia. Nieważne, jak bardzo „niemodne" to dziś brzmi – tak właśnie działa nasz umysł.

To kwestia uczciwości i zasad etycznych, które każdy z nas ma zakodowane. Cel musi być z nimi zgodny, inaczej stanie się dla nas destrukcyjny.

Jeśli cel jest sprzeczny z Twoimi zasadami i tożsamością, zaczniesz go podświadomie sabotować.

Często celem ludzi są pieniądze. Chcą być Traderami, bo widzieli na filmie, że Trader to zarabia kupę kasy.
To nie zadziała, jeśli celem są tylko pieniądze.
Trading to pełnoetatowy zawód. To pasja, hobby, styl i filozofia życia. Jeśli postrzegasz trading jako piękną grę rynkową, bycie częścią światowego rynku finansowego, coś zgodnego z etyką, ekonomią – to masz właściwe podejście i szansę na sukces.

11.4.8 Cel musi być konkretny

Zamawiając coś od życia, nie mów „chcę być szczęśliwy" ani „chcę coś fajnego na urodziny".
Wszechświat nie wie, o co Ci chodzi, i może przysłać cokolwiek.
To tak, jakbyś dzwonił do restauracji i powiedział: „Przyślijcie coś". Zamiast tego wybierasz konkretne danie, dodatki, określasz czas dostawy.

Z celami jest dokładnie tak samo.
Jeśli potrafisz je sobie wyobrazić z taką intensywnością, że aż ślinka cieknie – jesteś na dobrej drodze.

11.4.9 Pozwól działać swojej podświadomości

Uspokój się na chwilę, zamknij oczy i daj się poprowadzić wewnętrznemu obrazowi szczęścia.

- Co robisz w tym obrazie?
- Gdzie jesteś?
- Kto jest obok Ciebie?
- Co posiadasz?
- Jak się czujesz?
- Czy widzisz tam siebie jako Tradera?

Ten obraz może być wskazówką i odpowiedzią. Jeśli ten obraz napełnia Cię spokojem i radością – to może być dobry cel.

11.5 Ale dlaczego...

Bardzo lubię tę starą, znaną historyjkę...

Młody chłopiec siedzi na pomoście i z uśmiechem łowi ryby.
Do pomostu podpływa luksusowy jacht. Wysiada z niego biznesmen w garniturze, patrzy na chłopca z pobłażaniem.
– Co robisz, chłopcze?
– Łowię ryby. Dzisiaj dobrze biorą.
– A czemu nie łowisz więcej? Mógłbyś sprzedać je na targu.
– Ale po co...?
– Zarobiłbyś. Mógłbyś kupić lepszy sprzęt, potem łódkę.
Z czasem miałbyś większą łódź, potem kuter. Zatrudniłbyś ludzi.
Po latach miałbyś flotę.
Zarabiałbyś miliony!
Chłopiec spojrzał spokojnie.
– A co potem?
– No potem... mógłbyś przejść na emeryturę, wyprowadzić się nad morze, siedzieć sobie z uśmiechem, łowiąc ryby z pomostu...
Chłopiec tylko się uśmiechnął.
– Ale przecież właśnie to robię.

Lepiej, gdy to my sami wyznaczamy swoje cele, niż gdy robi to za nas przypadkowy biznesmen.

12 Dlaczego tak zachwalam bycie Traderem?

Bo będąc Traderem, czuję, że naprawdę jestem panem swojego losu.
Bo Trader nie ma limitu, ile może zarobić za godzinę swojej pracy.
Nawet z niewielkim kapitałem można osiągnąć stawkę godzinową porównywalną z pensją na pełnym etacie.
Im większy masz kapitał, tym więcej zarabiasz średnio na godzinę.

W jakiej innej pracy możesz zarobić w jeden dzień tyle, ile inni przez cały miesiąc?
To właśnie w tym zawodzie – wymagającym i bez szefa nad głową – możesz w stosunkowo krótkim czasie dojść do poważnych pieniędzy.

Dodatkowo masz to niesamowite poczucie, że jesteś spryciarzem.
Wchodzisz na rynek, obserwujesz, wyłapujesz ruchy dużych graczy i jak surfer łapiesz falę – zarabiając na niej pieniądze.

Jesteś jak nałogowy hazardzista, który nauczył się wygrywać z kasynem.

To jak zdrowy nałóg, który przynosi Ci zyski. :)
Twoja samoocena rośnie, bo jesteś tym gościem, który w najtrudniejszych zawodach wciąż staje na podium.
Gdy przejdziesz już przez etap nauki i popełniania błędów, zapewniam, że czeka Cię mnóstwo satysfakcji.

A co dalej?
Twój mózg działa na pełnych obrotach – a to bardzo korzystne, szczególnie w starszym wieku.

Pozostajemy bystrzy na dłużej.
Mój ostatni krok to stopniowe budowanie w pełni pasywnych dochodów – opartych na nieruchomościach, ETF-ach i innych narzędziach w ramach dywersyfikacji.
Będzie z tego całkiem wygodna, wczesna emerytura – o ile rynki i zdrowie dopiszą.

13 Reminiscences of a Stock Operator

Ta książka to lektura obowiązkowa.

To opowieść o życiu legendarnego spekulanta Jessego Livermore'a, który kilkukrotnie dorobił się fortuny (m.in. w 1907 i 1929 roku) i równie spektakularnie bankrutował. Ciekawostką jest to, że jego prawnuczka może być niektórym znana z mediów.

Sam czytałem tę książkę trzykrotnie, a do tego dwukrotnie słuchałem jej w wersji audio.
Na pewno jeszcze do niej wrócę.
Lubię przypominać sobie historię Livermore'a – bo to, jak się zakończyła, jest dla mnie cenną lekcją i przestrogą.
Nie zdradzę więcej...
Życzę Ci dobrej lektury i wielu wartościowych przemyśleń.

Ten przykład ma Ci uświadomić, jak wielkiego szacunku i pokory wymaga giełda.
To miejsce wielkich możliwości, ale również ogromnego ryzyka.
Historii o milionowych zyskach zakończonych bankructwem jest mnóstwo.
Niech Twoja historia będzie inna.
Osiągnij spokojny, stabilny sukces i ciesz się dobrym życiem.

14 Dla równowagi... 11 376% w rok

Wiem – sam bym tak chciał rok w rok.
W 1987 roku Larry Williams wygrał konkurs World Cup Championship of Futures Trading.
Zamienił 10 000 dolarów w ponad 1,1 miliona w ciągu roku, osiągając wynik 11 376%.
Dziesięć lat później jego córka Michelle Williams, mając zaledwie 17 lat, również wygrała ten konkurs, osiągając 1000% zysku.
Jeśli w rozdziale 8 moje wyliczenia wydawały Ci się niewiarygodne, bo wychodziło z nich około 500% zysku z kapitału początkowego, to 17-letnia Michelle udowodniła, że to możliwe.
Teraz pewnie pomyślałeś: „Gdybym tylko miał takiego Larry'ego w rodzinie..."
Da się to jakoś załatwić? :) Czytaj dalej – możesz się zdziwić.
Sprawdź też, jakie wyniki osiągają inni:
https://www.worldcupchampionships.com/world-cup-trading-championship-standings

Top Futures Trading Performances (1984–1988)			
Year	**Name**	**Return**	**Category**
1988	David Kline	148%	Futures
1987	Larry Williams	11,376%	Futures
1986	Henry Thayer	231%	Futures
1985	Ralph Casazzone	1,283%	Futures
1984	Ralph Casazzone	264%	Futures

Wielu Traderów notuje świetne wyniki, mimo że nie startują w żadnych zawodach.

Start w konkursie to dodatkowa presja, która potrafi popchnąć do niepotrzebnego ryzyka.
Może kiedyś, jak przejdę na emeryturę i zacznę się nudzić, też wezmę udział. :)

15 Kilka procent Traderów regularnie zarabia

Wpisz w wyszukiwarkę, jaki odsetek Traderów zarabia, a ilu traci pieniądze na rynku Forex.
To kolejna przestroga.
Zawód, który sobie wybrałem i który tak polecam, nie należy do łatwych ani przyjemnych. Nie opowiadam Ci bajek, że bez wysiłku zostaniesz milionerem, mając niewielką wiedzę, małe zaangażowanie i startując od kilku dolarów.

Osiągnięcie celu, jakim jest regularne zarabianie na giełdzie, jest jak najbardziej możliwe. Nie łudź się jednak, że stanie się to bez wysiłku.
Poświęć czas na dokładne przestudiowanie każdego rozdziału tej książki, bo każdy z nich zawiera fragment fundamentu, który musisz zbudować, by stać się Traderem gotowym na codzienną walkę z rynkiem.
Ciekawych rzeczy dowiesz się również ze statystyk dotyczących tzw. „przeżycia" Traderów na rynku.
Możesz teraz przejść do kolejnego rozdziału albo chociaż przeczytaj moje podsumowanie na końcu tych danych. :)

15.1 Statystyki przeżycia Traderów

Na podstawie danych od brokerów, regulatorów i innych źródeł, można przyjąć następujący obraz:

15.1.1 Po 1 roku:

- 80–90% Traderów traci pieniądze i opuszcza rynek.
- Pozostaje 10–20%, z których większość wciąż nie osiąga regularnych zysków.

15.1.2 Po 2 latach:

- Na rynku utrzymuje się 5–10% aktywnych Traderów.
- Jedynie 3–5% z nich osiąga stabilne zyski – czyli takie, które przewyższają koszty i czas poświęcony na trading.

15.1.3 Po 5 latach:

- Tylko 1–3% z początkujących osiąga regularną rentowność.
- Część z nich to byli pracownicy banków i funduszy, część to samoucy z żelazną dyscypliną i dobrze działającym systemem.

Te dane pochodzą z różnych źródeł.
W niektórych badaniach wykazano, że w Stanach Zjednoczonych tylko 1–2% Day Traderów osiąga po 12 miesiącach zarobki wyższe niż płaca minimalna.
W gruncie rzeczy to dobra wiadomość – większość graczy siada do rynku bez przygotowania, licząc, że są genialnymi dzieciakami, które ograją starych wyjadaczy. :)
Tacy gracze również są potrzebni – z radością witamy ich pieniądze na rynku.
Wybacz, to może trochę złośliwy komentarz starych graczy, którzy działają na rynku od lat. Może jednak dobrze, żebyś wiedział, jak naprawdę postrzegani są nowi uczestnicy tej gry.

15.2 Statystyki a przyczyny porażek

Co mówią dane na temat przyczyn niepowodzeń początkujących Traderów?

- Brak strategii i konkretnego planu działania
- Brak zarządzania ryzykiem i kapitałem
- Overtrading – czyli nadmierna aktywność i uzależnienie od działania
- FOMO (Fear of Missing Out) – strach przed tym, że coś Cię ominie
- Zbyt wysoka dźwignia finansowa
- Emocje: chciwość, strach, zemsta
- Brak cierpliwości – pogoń za „złotym systemem”
- Lekceważenie aspektu psychologicznego

Co mogę Ci o tym powiedzieć?

15.2.1 Brak strategii i planu

To chyba oczywiste – jeśli siadasz do wykresów bez planu: kiedy wejść w rynek, kiedy z niego wyjść i na jakiej podstawie to robisz, to Twoje szanse na sukces są znikome.
Jeśli nie masz dokładnie zaplanowane, co i jak musisz mierzyć (np. geometrie Fibonacciego), na jakie sygnały czekasz, jakie statystyki wspierają Twoje zagrania – nie widzę szans, byś mógł w dłuższym terminie wygrać.
Ja takich szczęściarzy nie znam.

15.2.2 Brak zarządzania ryzykiem i kapitałem

Powiem wprost: jeśli nie masz planu zarządzania ryzykiem i kapitałem, to Twoje szanse na sukces wynoszą dokładnie ZERO. Opowiem o tym szczegółowo w dalszej części książki.

15.2.3 Overtrading (nadmierna aktywność)

Wyobraź sobie dwie postacie: pierwsza to skupiony, cierpliwy snajper, czekający na idealną okazję do oddania jednego celnego strzału. Druga – to rozbiegany facet z kałasznikowem, który strzela na oślep, gdzie popadnie.
Pierwszy to profesjonalny Trader. Drugi to gracz, którego za chwilę „rynek odstrzeli".
Podstawą skutecznego tradingu jest skupienie i niewielka liczba precyzyjnych zagrań – dokładnie zgodnych z Twoją strategią.

Wiem, że to mocne porównanie. W rzeczywistości na rynku nikt do nikogo nie strzela. Traderzy rywalizują rozumem, strategią, statystykami i kapitałem.

To gra o pieniądze – oparta na jasnych, znanych i akceptowanych zasadach. Przypomina ruletkę: z tą różnicą, że w kasynie przewagę ma kasyno, a w tradingu Ty możesz mieć przewagę statystyczną.
Jeśli przegrasz, bo złamałeś własne zasady – pretensje miej tylko do siebie.
Gdy grasz zgodnie ze strategią, a i tak pojawiają się straty – postępujesz profesjonalnie. Graj dalej. Jeśli Twoja strategia jest statystycznie poprawna, w długim terminie zarobisz.

15.2.4 FOMO (Fear of Missing Out)

Strach przed przegapieniem okazji, zysku, wielkiego ruchu. Rynki były wczoraj, są dziś i będą jutro. Okazje też.
Prawdziwe okazje pojawiają się rzadko. Jeśli co chwilę masz wrażenie, że „to już" – to klasyczne FOMO.
Spójrz na wykres jednominutowy – hossa i bessa pojawiają się tam wiele razy dziennie. Masz mnóstwo okazji, nie musisz łapać każdej. Obserwuj rynek, poczekaj na potwierdzenie końca aktualnego ruchu i dopiero wtedy planuj wejście.
Nie będę w tej książce uczyć Cię dokładnie, jak zajmować pozycje – to obszerny temat idealny na drugą część tej książki. Zdradzę Ci jedno: pogoń za samym dołkiem i szczytem rzadko się opłaca.

Nie chcesz łapać pcheł, kiedy zawodowcy polują na wielkie ryby.

15.2.5 Zbyt duża dźwignia

„Zbyt duża dźwignia" nie jest właściwym problemem. Problemem jest brak zasad zarządzania ryzykiem i kapitałem, co skutkuje zbyt dużą stratą na jednym zagraniu.

Dźwignia to tylko narzędzie. Można ją używać dobrze lub źle. Dla doświadczonego Tradera dźwignia to przydatne narzędzie, które pozwala trzymać mniej swojego kapitału na koncie brokera. Dla niedoświadczonego Tradera to narzędzie, które ułatwia przekraczanie granic dopuszczalnego ryzyka. Dlatego potocznie mówi się, że dźwignia jest zła. To nie sama dźwignia jest zła, tylko sposób jej używania jest w większości przypadków nieodpowiedzialny i ryzykowny.

15.2.6 Emocje: chciwość, strach, zemsta

To fundament problemów w tym zawodzie. Tam, gdzie pojawiają się pieniądze, emocje szaleją. Znajdziesz o tym więcej dalej – bo to kluczowy problem każdego Tradera. Całkowite wyeliminowanie emocji nie jest rozwiązaniem.

Celem jest opanowanie emocji na tyle, by móc podejmować logiczne, racjonalne decyzje i konsekwentnie trzymać się strategii. Chciwość popycha Tradera do zwiększania ryzyka. Strach powstrzymuje od zagrań, nawet gdy analiza i strategia wskazują, że należy zająć pozycję. Zemsta, próba odegrania się i odzyskania pieniędzy straconych wcześniej przez własne błędy to absurd – rynek nie wie o naszym istnieniu, więc nie zauważy naszej zemsty ani krucjaty. To tylko iluzje w naszej głowie. :)

15.2.7 Brak cierpliwości (szukanie „złotego systemu")

To trochę jak pogoń za Świętym Graalem. Zamiast skupić się na istocie problemu, początkujący Traderzy szukają prostych, magicznych rozwiązań reklamowanych jako „pewne zagrania" czy „superskuteczne systemy".

Oczywiście zaczynając, trzeba poznać, co rynek oferuje i jakimi metodami grają inni.

Tylko jak wybrać mądrze spośród tylu propozycji?
To dobre pytanie i spory problem dla kogoś, kto dopiero wchodzi w ten świat.
Wierzę, że jeśli uważnie przeczytasz tę książkę, znajdziesz w niej prawdziwą wartość i odpowiedzi na stawiane tu pytania.

15.2.8 Zaniedbanie aspektu psychologii

Bez pracy nad psychiką nie przetrwasz na rynku. Opanowanie emocji to fundament. Po kilku stratach Trader bez przygotowania psychicznego wpada w panikę, przestaje logicznie myśleć, a umysł przełącza się w tryb „walcz albo uciekaj", w którym zanika racjonalna analiza.

Wielu Traderów osiągnęło to przed Tobą i ich sukces nie był dziełem przypadku. Droga jest przetarta. Wystarczy ciężka praca nad sobą, rozwój i konsekwentne kształtowanie siebie.

Z perspektywy czasu wszystko wydaje się proste i oczywiste. Na początku drogi mamy wrażenie, że potrzebujemy magicznych zaklęć, tajemnic strzeżonych przez smoki i jakiejś wiedzy tajemnej. A tymczasem nie ma żadnych magicznych rozwiązań. Wszystko jest proste i oczywiste. Kształtowanie się ceny to mechanizm znany od tysięcy lat. Trzeba go zrozumieć, nauczyć się go obserwować na wykresie, opanować kilka tematów jak teoria fal Elliotta, poziomy Fibonacciego i można budować fundamenty własnej techniki, opierając się na sprawdzonych metodach.

16 „Nie chcę być biedny” – to zły cel!

16.1 „Nie” mówimy nie!

Popracujmy chwilę nad tym, co dzieje się w Twoich myślach – zarówno tych świadomych, które w miarę kontrolujesz, jak i nieświadomych, które należą do Ciebie, ale działają według własnych zasad.
Czy wiesz, że jeśli postawisz sobie taki cel:
„NIE chcę być BIEDNY, spróbuję zdobyć bogactwo”, to Twoje szanse na uniknięcie biedy właśnie drastycznie zmaleją.
Dlaczego? Bo to zdanie zawiera trzy fundamentalne błędy w kontekście wyznaczania celów.

Podświadomość nie rozumie słowa „NIE”.

Na poziomie świadomym Twój mózg doskonale rozumie logikę tego słowa. Cel to coś, do czego dążymy w przyszłości i za jego realizację odpowiada przede wszystkim podświadomość.
Problem! Twoja podświadomość nie rozpoznaje słowa „NIE”.
To nie jest metafora – to rzeczywisty mechanizm działania mózgu.

Załóżmy, że masz nawyk: film + cukierki. Film trwa, a Ty powtarzasz sobie w myślach: „Nie jem cukierków... nie wezmę... nie zjem...” Jeśli jesteś skupiony i świadomie kontrolujesz ten proces – może się uda. Jednak kiedy film Cię wciągnie i przestaniesz kontrolować uwagę, Twoja ręka sięgnie po cukierka automatycznie. Dlaczego? Bo Twoja podświadomość zakodowała: „jem cukierki, jem cukierki, jem cukierki”. Niechcący – właśnie to jej przekazałeś.

Nie myśl o różowym słoniu... No i co? Właśnie o nim pomyślałeś. To działa zawsze tak samo – nasza podświadomość ignoruje słowo „nie” i skupia się na obrazie, który za nim stoi.
„Nie rób tego” – dla podświadomości to brzmi jak: „rób to”.
„Nie chcę pracować na etacie...” Ups – właśnie to zaczynasz sobie programować.

Tak długo, jak te słowa krążą w naszym świadomym umyśle, to wszystko ma sens. Jak tylko wpadną do podświadomości... ups. Jeśli chcesz być bogaty, twórz w swojej świadomości obrazy bogactwa.
Zamiast mówić o biedzie, przywołuj w myślach to, czego pragniesz, nie to, czego chcesz uniknąć.

Zobacz film „The Secret", poczytaj, co o prawie przyciągania pisze Joe Vitale. Twój umysł działa obrazami – mówiąc „bieda", widzisz biedę, a przecież to nie jest Twój cel.

Uważaj na zwrot: „spróbuję..." Co się dzieje, gdy mówisz: „Spróbuję otworzyć drzwi"? Zaczynasz próbować, a nie otwierać. Nie mów: „Spróbuję zostać Traderem" albo „Spróbuję zdobyć bogactwo".

Jestem Traderem. Staję się bogatym Traderem.

Czy to nie lepszy, silniejszy przekaz dla Twojej podświadomości? Jeśli czujesz, że to Twoja droga, działaj z pełnym zaangażowaniem. Nie próbuj. Po prostu zrób to.

16.2 Wiara i przekonanie

Żeby programowanie swojego umysłu podświadomego zadziałało, musisz wierzyć w to, co mówisz, i Twój stan emocjonalny musi to potwierdzać.
Gdy mówisz: „Nie chcę", „spróbuję" – wysyłasz sygnał, że sam w pełni nie wierzysz, że to jest możliwe. A skoro w to nie wierzysz, nie jesteś w stanie przekonać ani innych, ani – co najważniejsze – samego siebie.
Zacznij od znalezienia dowodów i argumentów, które pokażą Ci, że Twój cel jest realny. Gdy przekonasz swój świadomy umysł, Twoja podświadomość zacznie szukać sposobów, by ten cel zrealizować.

Mów pewnie, jednoznacznie i pozytywnie o tym, co chcesz osiągnąć.
Jeżeli do jakiejś deklaracji masz obiekcje, bo czujesz, że to nie jest prawda i Twój **umysł się buntuje**, gdy wypowiadasz afirmację: „Jestem bogaty", a w kieszeni masz tylko na jedną zupkę chińską. Zamień to na pozytywną i prawdziwą deklarację, np.: „Staję się bogaty".
Jeszcze nie jesteś, ale pracujesz nad tym, więc stopniowo stajesz się bogatym człowiekiem.

Wyobraź sobie, że masz w ręku los na loterię z wygraną, która już czeka na odbiór. Gotówki nie ma jeszcze w portfelu, ale czujesz, że już jest – to przesądzone. Bo się nie poddasz.

16.3 Wyobraź to sobie i poczuj

Czy miałeś kiedyś moment, gdy muzyka, zapach albo smak przywołały intensywne wspomnienie?
Właśnie tak działa podświadomość. Nie zapamiętuje długich opisów, znakomicie za to koduje wrażenia zmysłowe: obraz wymarzonego domu, kolor auta, zapach nowej skórzanej tapicerki. To te szczegóły zostają w głowie.

Dlatego wieczorem, w ciszy, usiądź i wyobraź sobie dokładnie to, czego pragniesz. Poczuj to wszystkimi zmysłami, jakbyś już to miał i cieszył się tym naprawdę.

Wizualizacja, która wywołuje prawdziwe emocje, to jeden z najskuteczniejszych sposobów wzmacniania celu.

16.4 Ekologia

Zadbaj, by ten cel był „ekologiczny". Dobry nie tylko dla Ciebie, ale też dla bliskich, przyjaciół, ludzi wokół – sąsiadów, sprzedawców, współpracowników.
Dlaczego to takie ważne?

Bo każdy normalny człowiek chce doświadczać dobra i czynić dobro. Jeśli poczujesz, że Twój cel jest dobry, nie będziesz miał wewnętrznych oporów, by go pragnąć i do niego dążyć.
To dlatego w jednym z rozdziałów odpowiedziałem na pytanie: Czy trading to uczciwe zajęcie?
Oczywiście – tak, zdecydowanie tak.

16.5 Chcę być bogaty i to szybko

To tak, jakbyś wydał komendę swojemu podświadomemu autopilotowi:

„Chcę dolecieć gdzieś, za jakiś czas”.

Czy Twoja podświadomość ma w ogóle szansę doprowadzić Cię do wymarzonego celu po takim poleceniu? Takie zdanie to tylko życzenie – jakbyś składał zamówienie w sklepie internetowym, bez określenia, co konkretnie zamawiasz, bez podania adresu, terminu dostawy i bez płatności.

16.6 Optymalizacja i działanie

Jeśli dostrzegasz, że Twój umysł i myśli dotąd nie działały dla Ciebie optymalnie, to już wiesz, nad czym musisz popracować. Programowanie podświadomości przypomina rozmowę z komputerem. Twoja podświadomość potrzebuje konkretów, precyzyjnych danych i właściwych poleceń.
Mów o przyszłości tak, jakby już się działa – masz plan, pracujesz, robisz postępy. To tylko kwestia czasu.

Dość rozmyślań. Czas działać. **Zrób to.**
Możesz wizualizować, afirmować i myśleć pozytywnie, ile chcesz – ale jeśli nie ruszysz się z miejsca, nic się nie zmieni.

16.7 Masz w rodzinie Traderów – albo... ich sobie wyobraź

Brzmi trochę jak zalecenie do badań psychiatrycznych? Może, ale skoro to działa...

Robert Kiyosaki napisał świetną książkę „Bogaty ojciec, biedny ojciec". Pamiętam, że ponad 20 lat temu zrobiła na mnie duże wrażenie i czytało się ją z przyjemnością. Bohater książki nie miał w rodzinie kogoś, kto mógł być jego mentorem, ale znalazł sobie taką osobę. **Ty też możesz**... nawet jeśli miałaby istnieć tylko w Twoim umyśle.

Większość z nas nie ma w rodzinie zawodowych Traderów, od których można się uczyć. Fajnie byłoby mieć takie wsparcie – wiele spraw byłoby łatwiejszych. Wyobraź sobie, że Twoi dziadkowie albo pradziadkowie byli wybitnymi finansistami, którzy w genach przekazali Ci mądrość i talent do zarządzania pieniędzmi. Czy nie byłoby wspaniale czuć, że masz to we krwi?

Czy gdybyś w najbliższym otoczeniu miał kogoś, kto jest bogatym Traderem i chce Cię uczyć prowadzić... czy nie byłoby lżej?

A teraz inny obrazek. Jest noc. Siedzisz sam i oglądasz przerażający horror. Czujesz lęk i napięcie? Czy te emocje są prawdziwe? Jeśli tak – to znaczy, że fale dźwiękowe z głośnika i piksele na ekranie wystarczyły, by Twój mózg uwierzył w coś, co nie istnieje naprawdę.

Ten film powstał kiedyś w studiu, grają w nim aktorzy, wszystko było reżyserowane. A jednak Twój mózg dał się nabrać.

Dlaczego?

Bo przez tysiące lat człowiek postrzegał jako rzeczywistość wyłącznie to, co widział i słyszał tu i teraz. Dlatego mózg automatycznie uznaje to, co widzi i słyszy, za prawdziwe.

W grudniu 1895 roku w Paryżu bracia Lumière pokazali ludziom pierwszy film. Zaraz potem zaprezentowali swój legendarny obraz – wjazd lokomotywy na dworzec...

Po setkach tysięcy lat nagle nasz mózg zaczął otrzymywać fałszywe obrazy i dźwięki – a ewolucja jeszcze nie zdążyła nauczyć podświadomości, jak odróżniać fikcję od rzeczywistości.

Zdarzyło Ci się kiedyś podczas filmu gwałtownie cofnąć głowę, bo zobaczyłeś coś niebezpiecznego? Przecież to tylko film, nie rzeczywistość – a jednak Twój „mózg gadzi" rozpoznał zagrożenie życia i uruchomił automatyczną reakcję ucieczki. Twój organizm przeżywa emocje tak, jakby to, co dzieje się na ekranie, działo się naprawdę.

Robisz to samo, grając w emocjonujące gry. Pomyśl teraz o dzieciach spędzających długie godziny, walcząc z zombie na ulicach wirtualnych miast. Jakie obrazy zapisują się w ich głowach? Jakie to może mieć konsekwencje dla ich postrzegania rzeczywistości i codziennego życia?

To dowodzi jednej praktycznej rzeczy: nasz mózg łatwo oszukać. Jeśli masz poczucie, że byłoby Ci łatwiej, gdybyś miał innych przodków, lepszych doradców, mentorów czy kochających rodziców – zapoznaj się z NLP.

Chcesz mieć w głowie doradcę takiego jak Larry?

Możesz. Są ludzie, którzy wierzą, że są Napoleonem albo Elvisem. Jeśli wyobrażony doradca ma Ci pomóc – stwórz go. Czemu nie?

Skoro nasz mózg ma taką moc, uwierz, że jesteś w stanie wprowadzić drobne korekty do swoich wspomnień – jeśli tylko naprawdę jest Ci to potrzebne.

Zastanawiasz się, czy w dalszej części znajdziesz rozdział o modyfikowaniu wspomnień?

Sam nie próbowałem przerabiać własnej pamięci, ale podczas tradingu wyobrażałem sobie, że mój nauczyciel stoi za mną i spokojnie obserwuje to, co robię na wykresie.

To było dziwne uczucie, czułem się pewniej i odczuwałem presję jego oceny. Starałem się bardziej niż gdybym był „sam".

Czułem się wtedy mniej więcej tak:

Nasz umysł potrafi nas zadziwić. :)

Wśród Traderów są nie tylko Panowie, dlatego w tym miejscu zaszalałem i mamy dwie wizualizacje. :)

Na drugim obrazku zapewne tak właśnie czuje się moja żona, gdy idzie ze mną porozmawiać po tym, jak odkryła, że znów zapomniałem poodkurzać – mimo że obiecałem. :)

16.8 Gdzie szukać rozwiązań...

Dla mnie prawdziwie przełomowym odkryciem ponad 20 lat temu było NLP – Neurolingwistyczne Programowanie. NLP w praktyce pozwala skutecznie pracować nad przekonaniami i zamieniać je na takie, które są dla nas korzystne.

Pomaga też precyzyjnie definiować cele i programować nasz umysł tak, by skutecznie przyciągać i realizować to, czego naprawdę chcemy.

Tym, co mnie ostatecznie przekonało do NLP, były zapisy sesji terapeutycznych prowadzonych przez Richarda Bandlera, współtwórcę tej metody. Jeśli, tak jak ja, lubisz dobre thrillery psychologiczne, to te sesje mogą Ci się spodobać. To była jak podróż w głąb ludzkiego umysłu – odkrywanie, gdzie zainstalowane są destrukcyjne mechanizmy i usuwanie ich natychmiast, bez potrzeby lat terapii.

Dla mnie to było niesamowite. Richard podczas jednej sesji usuwał z umysłów pacjentów fobie, z którymi bezskutecznie zmagali się od lat. Dzięki NLP przełom następował czasem po jednej rozmowie.

Kiedy trafiam na coś tak prostego, genialnego i skutecznego, czuję się jak świnka, która właśnie znalazła drogocenną truflę. :)

Możesz przez lata zmagać się ze swoimi ograniczającymi przekonaniami – albo rozprawić się z nimi jak Bruce Lee, wykopując je ze swojej głowy.

Te techniki działają jak magiczna różdżka – pozwalają zmieniać i poprawiać programy w Twojej głowie tak, by wspierały Cię, a nie przeszkadzały.

Nie będę już dłużej zanudzał tym tematem. Jeśli czujesz, że to dla Ciebie ważne – zgłębisz i zastosujesz tę wiedzę. A jeśli nie, to za jakiś czas wróć do tego rozdziału i zastanów się, jaki program w Twojej głowie sprawił, że nie wybrałeś tego, co mogłoby przyspieszyć Twoją drogę do sukcesu...

Można zaprowadzić konia do wodopoju, ale nie da się go zmusić, by pił.

Piszę o tym przysłowiu, ponieważ większość ludzi coś przeczyta, stwierdzi, że to świetne i odłoży na później. A to „później" często znaczy: nigdy.
Nie pozwól sobie na takie kosztowne błędy.
Straconego czasu nie da się odkupić. Jeśli skorzystasz z internetu, z pewnością znajdziesz to, czego naprawdę potrzebujesz.

Sprawdź nazwiska takich autorów (dotyczących NLP, przekonań, prawa przyciągania):

Richard Bandler – współtwórca NLP, klasyk w pracy nad przekonaniami i zmianą wewnętrznych reprezentacji. Przeczytałem wiele jego książek. To, co opracował Richard, uważam za przełomowe dla każdego, kto naprawdę nad sobą pracuje.

Joe Vitale – kluczowa postać w popularyzacji prawa przyciągania. Przedstawia praktyczne podejście do zmiany przekonań i manifestacji. Kiedyś pobrałem z internetu pirackie nagranie jego wykładów. Dało mi ogromną wartość, więc od razu odszukałem legalną wersję tych materiałów i ją kupiłem. Żeby się odwdzięczyć, kupiłem także wszystkie dostępne książki, które napisał – chciałem mieć poczucie, że oddaję coś w zamian za wartość, jaką otrzymałem. To uczucie jest dla mnie warte znacznie więcej niż wydane pieniądze.

Mark Joyner – prosty, logiczny system wyznaczania i realizowania celów, elementy NLP oraz „odprogramowanie chaosu".

Rhonda Byrne – autorka „Sekretu", który połączył NLP, wizualizację, afirmacje i duchowość w prostym, przystępnym przekazie. Jej film oglądałem wielokrotnie – zawsze pozytywnie mnie nastraja i mobilizuje do działania.

Tad James – NLP, programowanie przyszłości, wizualizacja celów, linia czasu.

Esther & Jerry Hicks – źródło filozofii Abraham-Hicks; systematyczne podejście do wibracyjnego przyciągania, afirmacji i zmiany punktu przyciągania.

John Assaraf & Murray Smith – praktyczne zastosowanie prawa przyciągania w biznesie; połączenie NLP i neuropsychologii.

William Arntz, Betsy Chasse, Mark Vicente – twórcy filmu i książki What the Bleep Do We Know!?, badającej związek między świadomością, fizyką kwantową a kreowaniem rzeczywistości.

Ihaleakala Hew Len (we współpracy z Vitale) – Ho'oponopono, czyli duchowe oczyszczanie przekonań, które blokują proces przyciągania.

Osobiście uczestniczyłem w szkoleniach NLP w Polsce u dwóch najbardziej znanych trenerów w tej dziedzinie. Jednego z nich chcę tu wymienić – jego książka jest dostępna w wersji audio. Dla osób z Polski mogą to być bardzo wartościowe dwie godziny spędzone z praktyczną wiedzą. Niestety Andrzeja nie ma już z nami.

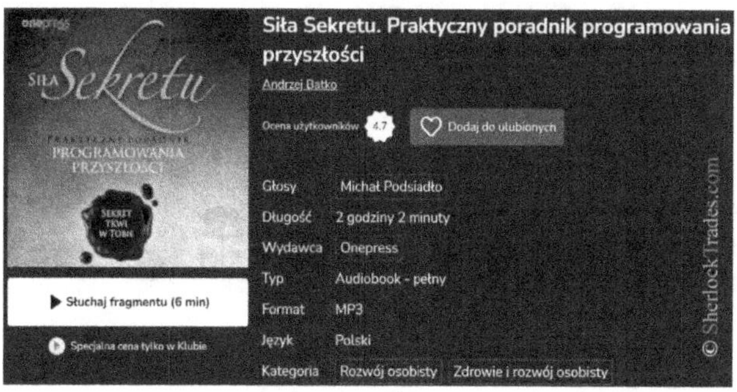

16.9 Wiesz, że większość ludzi nic z tym nie zrobi?

Ludzie często mówią, że nie podoba im się ich życie i że muszą coś zmienić. A co robią po takim stwierdzeniu? Nic!
Jeśli naprawdę chcesz wprowadzić zmiany w swoim życiu, musisz wiedzieć, z jakim przeciwnikiem masz do czynienia – i to we własnej głowie.

W uproszczeniu: nasz mózg rozwijał się w toku ewolucji stopniowo – od podstawowych funkcji niezbędnych do przetrwania aż po te bardziej „ambitne". Wybacz, jeśli moje opisy biologii nie zawsze są naukowo idealne, ale w tradingu liczy się efekt, a nie biologiczna poprawność. Wszystko, co piszę o działaniu mózgu, jest prawdziwe z praktycznego punktu widzenia – teorie zostawmy neurochirurgom.

Istnieje kilka wersji na temat tego, jak powstał nasz mózg. Według jednej – powstał w jeden dzień i był to szósty dzień stworzenia świata. Druga mówi o ewolucji trwającej miliony lat. Tą drugą wersją się zajmiemy.

Pamiętaj – twórz dobre nawyki. Podążaj prosto do celu.
Nie pozwól, by emocje sprowadziły Cię na manowce.

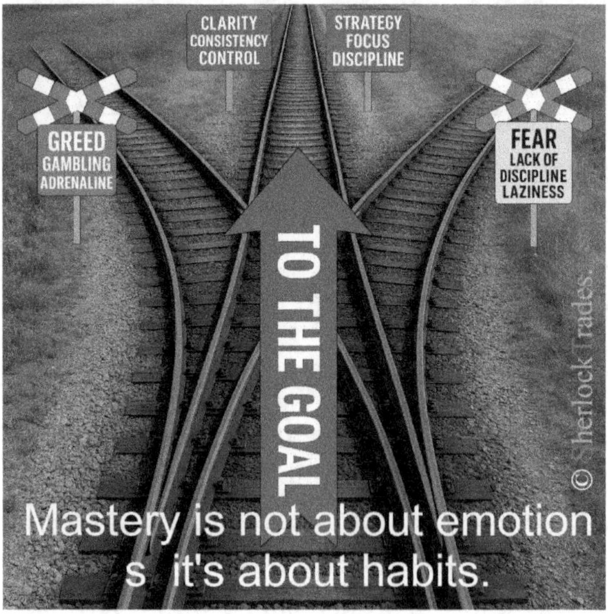

17 Ile tak naprawdę mamy mózgów?

17.1 Mózg gadzi – w czym nam przeszkadza?

Około 500 milionów lat temu u naszych przodków ukształtował się pień mózgu, znany jako tzw. mózg gadzi.

To właśnie ta część odpowiada za podstawowe funkcje życiowe i instynkty umożliwiające przetrwanie. Fakt, że nasze serce bije nawet w stanie nieprzytomności, że oddychamy, kaszlemy, reagujemy na bodźce dźwiękowe i wzrokowe – to wszystko zasługa tej najstarszej części mózgu.

Z punktu widzenia rozwoju najistotniejsze są instynkty przetrwania.

Mózg gadzi nie analizuje ani nie rozważa – działa szybko i automatycznie.

17.1.1 Walcz albo uciekaj!

W sytuacji postrzeganej przez mózg jako zagrożenie mózg gadzi uruchamia prosty mechanizm: walka albo ucieczka.

Mózg gadzi nie pyta naszego świadomego umysłu, czy to, co postrzega jako zagrożenie, faktycznie wymaga jego reakcji. Działa bez ostrzeżenia – i właśnie dlatego często sabotuje nasze działania.

Widziałeś kiedyś ludzi tak zestresowanych przed egzaminem, że zawracali i nawet nie próbowali go zdać? A może psa przypartego do muru, który rzuca się na człowieka, bo nie ma innego wyjścia? On też ma mózg gadzi – te same instynkty przetrwania co my.

Pierwotne mechanizmy sprawiają, że wszystko, co nieznane, budzi w nas lęk.

Zmiana wywołuje w nas lęk, jakby stanowiła zagrożenie życia.

17.1.2 Strach przed zmianą

Nowa szkoła, praca, mieszkanie, związek – każda zmiana wywołuje mniejszy lub większy niepokój. Im więcej zmian przeszedłeś, tym mniej się ich boisz – bo Twój mózg „nauczył się", że one nie są śmiertelne, niekoniecznie bolesne, a czasem wręcz przyjemne.

Lęk przed zmianą hamuje rozwój. Jeśli nie podoba Ci się Twoje życie, masz dwie opcje: zaakceptować je lub przełamać strach i zaryzykować zmianę. Ewolucja pokazuje, że zmiany są dobre – pozwalają przystosować się do życia.

Zmiany są naturalne i wpisane w naszą egzystencję: rodzimy się, rośniemy, zmieniamy. To nieuniknione. Nie warto bać się zmian, tylko dlatego, że bezmyślny mózg gadzi tak na nie reaguje.

Zmiany nastąpią, czy tego chcemy, czy nie.

Nie możemy w pełni kontrolować zmian, ale możemy kontrolować naszą reakcję na nie.

To, co mądry człowiek powinien zrobić w takiej chwili, to przeanalizować zmianę.

Podstawowe pytania, które warto sobie zadać przy analizie zmiany:

- Czy ta zmiana może mnie zabić?
- Czy może pogorszyć jakość mojego życia i jeśli tak, to w jakim stopniu?
- Czy jest odwracalna, czy ostateczna?
- Jakie dokładnie mogą być jej konsekwencje?
- Czy da się ją cofnąć i jakie byłyby tego koszty?
- Jeśli okaże się nietrafioną decyzją – czy mam plan B lub C? Co mogę wtedy zrobić?
- Zrób plan rozpisany na etapy. Zastanów się, kiedy uznasz, że zmiana nie przynosi oczekiwanych efektów i co wtedy zrobisz, by zastąpić ją lepszym rozwiązaniem. :)

Na pewno potrafisz dorzucić do tej listy jeszcze kilka trafnych pytań. Kiedy odpowiesz sobie na te kwestie, stworzysz plan – główny, awaryjny i plan odwrotu – wtedy zmiana przestaje być czymś nieznanym i niepewnym. Zamiast tego staje się logiczną, zrozumiałą ścieżką ewolucji Twojego życia.

Skoro ta zmiana Cię nie zabije – nie musisz się jej bać ani przed nią uciekać. Możesz nawet ją polubić.

Mózg gadzi odpowiada również za wiele naszych nawyków. Niektóre z nich są dla nas szkodliwe.

Czynności, które wielokrotnie powtarzamy, stają się schematami działania – jak automatyczne programy, które uruchamiają się pod wpływem impulsu. Kiedy świadomy umysł nie musi się nimi zajmować, przekształcają się w instynktowne odruchy. Zdarza mi się zastanawiać, czy zamknąłem drzwi – bo robię to automatycznie i nie rejestruję tego w świadomości. Czasami celowo „oznaczam" ten moment w pamięci, żeby później nie mieć wątpliwości.

Ile razy zdarzyło Ci się pomyśleć po wyjściu z domu: „czy wyłączyłem żelazko?", „czy zakręciłem gaz?"? Działamy często nieświadomie, jakbyśmy żyli, działając na „autopilocie".

Skoro potrafimy zakodować nawyki głęboko w nieświadomych obszarach mózgu, warto zadać sobie pytanie: jak je zmienić?

Nie chcemy przecież być niewolnikami własnych złych nawyków. Większość z nich sami sobie zaprogramowaliśmy i był to długi proces.

Skoro raz udało się coś „wgrać" do naszego pierwotnego mózgu, to znaczy, że **można też zapisać coś nowego**.

To może nie być tak proste, jak zmiana pliku na dysku, jednak skoro to dla nas ważne – musimy włożyć w to trochę wysiłku.

Jak zmieniać nawyki?

W tym miejscu dobrze jest mieć nawyk samodzielnego szukania rozwiązań :) – tak, by nie być zależnym od tego, czy autor tej książki poruszy dalej to zagadnienie, czy nie. :)

Jakie jeszcze psikusy potrafi robić nam nasz gadzi mózg?

W psychologii opisano zjawisko widzenia tunelowego.

Nazwa pochodzi od wady wzroku, w której pacjent widzi wyraźnie tylko to, co znajduje się dokładnie przed nim, a jego pole widzenia jest znacznie zawężone – nie dostrzega niczego poza punktem, na którym się koncentruje.

W kontekście psychologicznym widzenie tunelowe oznacza ograniczenie percepcji w sytuacji nadmiernego skupienia na jednym problemie. W takim stanie nie dostrzegamy tego, co dzieje się wokół – ani możliwości, ani rozwiązań.

A co robi nasz mózg gadzi w sytuacji silnego stresu?

Ten pierwotny system przejmuje kontrolę. W takim stanie nie myślimy logicznie, nasza percepcja się zawęża, a organizm skupia całą energię na jednym celu: przetrwać.

Zauważ, jak proste i oczywiste staje się wszystko, gdy zaczynamy rozumieć, jak działa nasz „komputer pokładowy".

Trader, patrząc na wykres, przeżywa silne emocje – stres i wiele intensywnych wrażeń. Reakcją na to jest aktywacja mechanizmów obronnych w mózgu. Kiedy mózg gadzi przejmuje kontrolę, przestajemy myśleć logicznie.

Nie jesteśmy w stanie wymyślić nic rozsądnego, bo uruchamia się tryb przetrwania: walcz albo uciekaj.

Dlatego właśnie psychologia w tradingu to podstawa.

Bez niej nie ma szans na sukces, bo nasz mózg – próbując nas chronić – doprowadzi nas do bankructwa.

Jakie jest rozwiązanie?

Mózg gadzi przejmuje stery w momentach skrajnych emocji.

Rozwiązanie jest zaskakująco proste: musisz tak prowadzić swój trading, żeby nie dopuszczać do skrajnych emocji.

Brzmi prosto, prawda?

Jeszcze nie omówiliśmy zasad zarządzania ryzykiem, poziomu SL i innych kluczowych elementów. W dalszej części książki wszystko powoli złoży Ci się w kompletną całość i stanie się odpowiedzią na poruszane tutaj problemy.

W tradingu nie chodzi o to, by Trader był herosem, który znosi ogromne obciążenia i mimo stresu potrafi nadal logicznie analizować rynek i podejmować dobre decyzje.
Nie ma sensu działać wbrew naturze.
Lepiej ją rozumieć i postępować tak, by stała się naszym sprzymierzeńcem.

Wyobraź sobie, że prowadzisz samochód w zimowych warunkach. Pada śnieg, droga jest śliska. Jedziesz powoli, bo warunki są trudne. Nie grozi Ci nic poważnego – zachowujesz ostrożność, mózg nie odczuwa stresu, a mózg gadzi nie przejmuje kontroli. Wszystko jest pod Twoją kontrolą. Spokojnie zmierzasz do celu.

A teraz wyobraź sobie młodego kierowcę w tych samych warunkach. Myśli, że jego stare auto to rajdówka klasy WRC, a on sam – Tommi Mäkinen [16]. Emocje buzują, adrenalina rośnie, mózg przestaje logicznie myśleć.
Taki scenariusz zbyt często kończy się tragicznie. Na drodze to może oznaczać śmierć, a w tradingu – bankructwo.
Zauważasz analogię do młodego, napalonego na grę Tradera?

Statystyki są jednoznaczne: kierowcy do 24. roku życia znacznie częściej giną w wypadkach. Ryzyko śmiertelnego zdarzenia drogowego jest u nich około dwukrotnie wyższe niż u kierowców starszych.
Pamiętam, jak ponad 30 lat temu robiłem prawo jazdy.
Ojciec mówił mi, że młodzi kierowcy w pierwszym roku mają drobne stłuczki – bo jeszcze uczą się techniki i popełniają błędy.
Za to w drugim, trzecim, czwartym roku mają poważne wypadki.
Dlaczego? Bo nabrali pewności siebie i wydaje im się, że są mistrzami kierownicy.
Dlaczego kierowcy jeżdżą szybciej niż sugerowałby rozsądek i przepisy? Bo chcą poczuć adrenalinę i emocje.

Trader musi zadać sobie jedno ważne pytanie:
Po co zajmuję się tradingiem?
Jeśli dla emocji – życzę Ci szczęścia.
Jeśli dla zysków – to, trading ma być nudny.

Zarabianie pieniędzy na giełdzie powinno przypominać wizytę przy bankomacie – spokojne i systematyczne wyciąganie plików banknotów. Bez pośpiechu, bez zachłanności – za to pewnie i regularnie.
Zrozumienie tej zasady zajęło mi sporo czasu, bo – jak sam o sobie mówię – „nie jestem powoli jeżdżącym kierowcą". Zawsze kochałem jazdę samochodem. Wizualizowałem sobie, jak można szybko pokonać zakręt, widziałem w wyobraźni, jak wyprzedzać tam, gdzie inni odpuszczali. Moja wyobraźnia nigdy mnie nie zawiodła i mimo szaleństw nigdy nie miałem wypadku. Miałem szczęście. Z czasem pojawiła się rodzina – dalsze ryzykowanie życiem na drodze byłoby już nie tylko głupotą.

W tradingu było podobnie – w pewnym momencie dotarło do mnie, że muszę dokonać wyboru: **albo pieniądze, albo emocje**.
Giełda nie daje jednego i drugiego. Wybrałem pieniądze.
Uwierz mi – zmiana podejścia wcale nie była łatwa.

17.2 Co robi nasz mózg ssaczy?

Około 200–300 milionów lat temu, gdy byliśmy prymitywnymi ssakami, zaczął się kształtować tzw. mózg ssaczy.

Nowsza od gadziej część naszego mózgu to układ limbiczny (ciało migdałowate, hipokamp i inne struktury).
Pojawiły się emocje – a to one odpowiadają za sporą część problemów Tradera.
Poza emocjami pojawiła się zdolność zapamiętywania i tworzenia więzi. Więzi to zachowania stadne, opieka nad potomstwem, uczenie się i rozwój.
Zaczęła się też „walka o terytorium" i społeczne zależności. Myślę, że to wtedy pojawili się pierwsi „politycy". :)
Świat przestał być prosty.

Mózg ssaczy, czyli układ limbiczny, odpowiada przede wszystkim za emocje, motywację i zapamiętywanie emocjonalne.
To właśnie on steruje naszymi reakcjami emocjonalnymi, które często wyprzedzają logiczne myślenie i mają ogromny wpływ na nasze zachowania i decyzje.

Z punktu widzenia Tradera problem polega na tym, że dwa najdawniej ukształtowane obszary naszego mózgu generują... „same kłopoty".

Chcielibyśmy działać zgodnie z analizą i zasadami, ale jeden mózg zachowuje się jak małpa w cyrku, a drugi jak dinozaur, który – jeśli go obudzisz – albo ucieka, albo demoluje dom.
Nie chcę zamieniać tej książki w poradnik o programowaniu mózgu, więc tylko wspomnę, co praktycznego możemy uzyskać dzięki tej warstwie naszego „komputera pokładowego".

Co może Ci się realnie przydać:

17.2.1 Kotwiczenie emocji (anchoring) [17]

Masz jakieś proste zachowania, które zmieniają Twój stan emocjonalny?

U mnie działa na przykład to, że gdy czuję narastające napięcie – siadam prosto w fotelu, robię głęboki wdech i powolny wydech, jednocześnie prostując ręce, jakbym odpychał coś od siebie.
To mnie wycisza i pomaga złapać dystans.

Gdy robię się zmęczony, wstaję, sięgam po dwa ciężarki, które leżą przy biurku, udaję przez chwilę, że walczę z Tysonem – i od razu poprawia mi się krążenie, a zmęczenie znika na jakiś czas.

17.2.2 Zmiana submodalności

Masz w pamięci obraz sytuacji, która była dla Ciebie stresująca? Pojawiają się w nim jakieś osoby? Czy są duże, głośne, dominujące? Właśnie tym zajmują się submodalności – czyli właściwości obrazu w Twojej wyobraźni, które wpływają na to, jak silnie coś przeżywasz. Poszukaj dobrej książki o NLP i naucz się, jak samodzielnie zmieniać obrazy w swojej głowie.

Możesz w wyobraźni:

- oddalić tych ludzi,
- zamienić obraz na czarno-biały,
- zmniejszyć ich rozmiar,
- sprawić, że będą wyglądać trochę śmiesznie.

Załóż im w wyobraźni czapki klauna. :) Na koniec powoli oddal ten obraz tak daleko, że ledwo będziesz go widzieć. Zobaczysz, że emocje z nim związane zmaleją – dokładnie tak, jak sam obraz.

A teraz przykład:

Wyobraź sobie, że boisz się pająków i właśnie widzisz jednego z tych pogromców much. :) Twoja wyobraźnia maluje go jako potwora.

Co masz z tym zrobić?

Nie wiem – to Twoja fantazja. :)

Ja zrobiłbym tak: wyobrażam sobie, że przechylam głowę – a pająk przechyla swoją. Odchylam ją w drugą stronę – on też.

Potem prostuje głowę i... uśmiecha się do mnie.

Brakuje mu dwóch zębów z przodu i wygląda komicznie.

Pająk macha do mnie jedną łapką, potem kolejnymi.

Zaczyna tańczyć, obraca się i okazuje się, że ma na sobie majtki w groszki.

Czy na tym etapie nadal byś się go bał? :)

To oczywiście duże uproszczenie, ale właśnie w taki sposób można radzić sobie z tym, co mamy zapisane w głowie.

17.2.3 Reframing (przekształcanie ramy znaczeniowej)

Na czym to polega? Wchodzisz w pozycję i po chwili SL zamyka zlecenie ze stratą. Myślisz: „Jestem głupi... jak mogłem znów przegrać?”
Zamiast tego zmień ramę znaczeniową. Pomyśl: „OK, kupiłem bilet i tym razem zamiast zysku dostałem lekcję”.
Sprawdź, czy zagranie było technicznie uzasadnione, i szukaj kolejnego miejsca do wejścia.

Zamiast skupiać się na stracie, **myśl konstruktywnie**: SL zadziałał, wejście technicznie było poprawne i miało sens – czyli strategia działa. SL uciął stratę, a Ty możesz dalej działać.

Ja, gdy coś tracę (nie tylko na giełdzie), mówię sobie: „OK – kupiłem sobie lekcję. Żyję, jestem zdrowy, nic mi się nie stało. Jest dobrze”. Skoro już za coś zapłaciłem, warto wyciągnąć z tego wnioski.

Albo: łapię się za głowę, uśmiecham i myślę: „Ale ja byłem głupi”. Z drugiej strony „głupie błędy” to domena młodych – tak 18–20 lat. To by znaczyło, że mój mózg – mimo 52 lat na karku – nadal działa jak u młodziaka. Uśmiecham się i zamieniam to w pozytywną, wewnętrzną pogawędkę.

Pamiętaj: **jeśli coś już się stało – nie warto się w tym taplać**. To nic nie daje, poza marnowaniem czasu i podnoszeniem kosztów emocjonalnych. Odetchnij. Zastanów się, jak zamienić to w coś wartościowego, i ruszaj dalej do celu.

Historia z mojego życia:
Kiedyś moja żona pojechała nowym autem (miało dwa tygodnie) i po godzinie dzwoni zmartwiona:
– Rozwaliłam samochód.
Pytam:
– Nic Ci się nie stało?
– Nic.
– No to świetnie. Olej auto.

Pomyśl tak: gdybyś nie wjechała w tego gościa, może na następnym skrzyżowaniu wjechałby w Ciebie TIR. Może to, co się stało, uratowało Cię przed czymś znacznie gorszym.
Nie wiesz, co miałoby się wydarzyć dalej – ale skoro już coś się wydarzyło, to nie roztrząsaj, tylko przejdź do realizacji planu: telefon do ubezpieczyciela. Laweta. Kawka. Relaks.
Skoro rozbicie auta jest już faktem, to nie ma sensu tego dalej roztrząsać. Jedyne, o czym warto w tym momencie rozmawiać, to co zrobić dalej.

I żebyś nie pomyślał, że w tamtym okresie mieliśmy mnóstwo aut i utrata jednego nie robiła na mnie wrażenia. To było nasze pierwsze auto, kupione całkowicie nowe w salonie – i to na kredyt. Rozbicie go było dla nas przykre, ale to przecież tylko samochód.

Mojej żonie nic się nie stało – i to było dla mnie ogromną radością. Auto to tylko kupa metalu – są ich miliony. A moja żona jest tylko jedna.

Kiedy moja żona widzi, że jestem przygaszony, zwykle pyta:
– I co? Kończysz już się taplać w błotku, czy jeszcze trochę?

17.2.4 Time Line Therapy

To ciekawa technika, jednak szczerze mówiąc – nigdy jej nie opanowałem. Nie czułem, że jest mi potrzebna, więc nie będę opisywał szczegółów, których sam nie stosuję.

Informacyjnie: to jedna z metod NLP służących do uwalniania starych emocji i ograniczających przekonań.
Pozwala zlokalizować źródło trudnej emocji (np. lęku, złości, żalu, poczucia winy), uwolnić ją bez konieczności przeżywania traumy, a następnie przekształcić powiązane z nią przekonanie lub decyzję.

Jak ja to robię? Ja wolę brać byka za rogi, przeżyć traumę tak, aby jej przeżywanie mi się znudziło, i dojść do etapu, w którym nie czuję już wobec tego problemu żadnych emocji.
To trochę jak w terapii EST [18] – nie chodzi o unikanie bólu, ale o to, by go przeżyć i sprawić, że przestanie mieć dla nas znaczenie.
Kiedy się czegoś boisz, za pierwszym razem to intensywne uczucie.
Za piątym – mniej. A za dwudziestym piątym zaczynasz się nudzić, a nie bać.
Wolę taką, nieco brutalniejszą opcję zmiany emocji z przeszłości.

17.2.5 Swish Pattern

Technika Swish Pattern polega na zamianie niepożądanej reakcji emocjonalnej na dany bodziec na reakcję pożądaną.
To jedno z moich ulubionych narzędzi NLP – świetnie sprawdza się w praktyce, dlatego poświęcę mu nieco więcej uwagi. To oczywiście nie znaczy, że inne techniki NLP są mniej ważne albo że nie będą dla Ciebie bardziej użyteczne. Po prostu ta konkretna technika wielokrotnie mi się przydała i uważam, że warto ją znać.

Swish Pattern to technika NLP służąca do:
- zmiany niechcianej reakcji emocjonalnej,
- przełamywania niekorzystnego nawyku,
- przekierowania automatycznego schematu (np. lęku, złości, prokrastynacji) na stan pożądany.

To trochę jak przełączenie zwrotnicy w mózgu: zamiast iść utartą, szkodliwą ścieżką, umysł zaczyna tworzyć nowy automatyzm.

Jak to działa – przykład:

Za każdym razem, gdy chcesz wejść w pozycję, czujesz strach.

Odkładasz decyzję, mimo że sygnał z Twojej analizy wykresu jest czytelny i jednoznaczny.
Zamiast działać zgodnie z planem, siedzisz i patrzysz, jak rynek odjeżdża bez Ciebie.
Wiesz, że miałeś rację, ale nic nie zrobiłeś.
Zamiast zysku – frustracja, zmarnowany czas i stracona okazja.

Jak sobie z tym poradzić stosując technikę Swish Pattern?

KROK 1

Zidentyfikuj obraz, który wyzwala Twoją blokadę.
Zamknij oczy i wróć myślami do momentu tuż przed kliknięciem „kup" lub „sprzedaj". [19]
Co widzisz? Może swój grymas twarzy, ekran z wykresem, może pojawia się napięcie w ciele lub myśl: „A jeśli znów stracę?"
Ja widziałem wtedy tylko jedno: sumę na rachunku, która z każdą chwilą malała.
Bałem się, że znów stracę. A potem kolejny raz. I kolejny.

W mojej głowie pojawiał się czarny scenariusz..., który torpedował moje marzenia.

To jest mój obraz „stary" (trigger [20]).
Jak wygląda Twój?

KROK 2

Stwórz obraz pożądany. Wyobraź sobie siebie w tej samej sytuacji jako osobę spokojną, skoncentrowaną, pewną siebie i swoich analiz.

Widzisz na wykresie klarowny sygnał zgodny z Twoją strategią. Masz dokładnie obliczoną wielkość pozycji. Czekasz cierpliwie, a gdy warunki się zgadzają – wchodzisz.

Rynek od razu rusza w przewidzianym przez Ciebie kierunku.
Saldo na rachunku rośnie. Zabezpieczasz pozycję.
W korekcie dostrzegasz kolejną okazję – wchodzisz ponownie.
Zysk przyrasta dwa razy szybciej.
Po kilku godzinach masz już tyle otwartych zyskownych pozycji, że mógłbyś spokojnie pojechać na wakacje do końca miesiąca.
Czujesz się jak król życia.

Widzisz sygnał końca trendu, zamykasz wszystko.
Z monitora dobiega dźwięk monet i oklaski z trybun.

Wygrałeś.
Perfekcyjna analiza, doskonałe wejście i prowadzenie pozycji.
Masz pełną satysfakcję.

Zasłużyłeś na chwilę relaksu.

KROK 3

Umieść obrazy jeden na drugim.

Na środku mentalnego ekranu wyświetl obraz wyzwalający lęk – Twój stary obraz.

W rogu, na przykład w dolnym prawym, umieść malutką miniaturkę nowego obrazu – spokojnego, pewnego siebie Ciebie, odnoszącego sukces.

Miniaturka powinna być bardzo mała, wielkości znaczka pocztowego.

KROK 4

W ułamku sekundy nowy, pozytywny obraz błyskawicznie się powiększa i zasłania cały ekran, przykrywając negatywną wizję. Usłysz w głowie dźwięk: „SWISH!" – to moment zmiany.

Stary, negatywny obraz gwałtownie maleje.

W myślach lub na głos powiedz: „SWISH!" – jakbyś przełączał mentalny przełącznik.

W tej samej chwili nowy, pozytywny obraz rośnie i zajmuje cały ekran.

Stary obraz znika, jakby został wciągnięty w tunel lub pochłonięty przez ciemność.

Wylatuje poza mentalny ekran, kurczy się do mikroskopijnego punktu i całkowicie znika.

KROK 5

Powtórz wszystko 5–7 razy.

Powtarzaj cały proces możliwie szybko. Za każdym razem zaczynaj od starego obrazu – SWISH – i pojawia się nowy.

Mózg się uczy: stary bodziec = nowa reakcja.

KROK 6 – Test

Wyobraź sobie sytuację wyjściową moment, który wywoływał Twój stary obraz (trigger).

Czy automatycznie pojawia się nowy stan?

Jeśli tak – gratulacje, reakcja została nadpisana.

Jeśli nie – czy przynajmniej osłabła?

Powtórz ćwiczenie tyle razy, ile trzeba.

Pamiętaj – swój umysł programowałeś latami.

Nie dziw się, że nie zawsze zmiana następuje od razu, jak za pstryknięciem palcami.

Efekt:

Trader z nowym, lepszym programem w głowie.

Zamiast lęku – spokój.

Zamiast paraliżu – pozytywne nastawienie.

Jesteś gotów do dalszego tradingu – skupiony, skoncentrowany, w trybie polowania na prawdziwe okazje.

17.3 A co robi nasz „Einstein"?

Neokorteks, inaczej kora nowa lub izokorteks, to zewnętrzna warstwa mózgu ssaków, odpowiedzialna za wyższe funkcje poznawcze.

To Twój analityk i architekt sukcesu.

Potrafi zaplanować drogę do celu, lecz często przegrywa z emocjami i instynktem, jeśli nie jest wystarczająco aktywny.

To najbardziej rozwinięta, „najnowsza" ewolucyjnie część mózgu.

Znana Ci najlepiej, bo używasz jej niemal bez przerwy – od przebudzenia do zaśnięcia.

Za co odpowiada nasz „Einstein"?

- Świadome myślenie i logika
- Planowanie i podejmowanie decyzji
- Analiza, wnioskowanie, przewidywanie skutków
- Uczenie się, język, rozumienie symboli
- Samokontrola emocji (jeśli jest aktywna)

Chcesz wyciszyć gadzie impulsy i emocje ssaka?

Uruchamiaj Einsteina: zadawaj pytania, oddychaj świadomie, planuj, analizuj.

Użyj nowego mózgu, by nauczyć stare – nowych sztuczek.

Twoje instynktowne, podświadome impulsy pchają Cię do działania tak, jak robiłeś to wcześniej.

To Twój świadomy umysł może Cię zatrzymać i powiedzieć: „To nie jest dla Ciebie najlepsze. Zrób to inaczej – mądrzej".

To właśnie Twój „nowy mózg" – dzięki sprytnym trikom opisanym w tej książce – może zmieniać stare programy, odruchy i nawyki. Musisz tylko trochę pomyśleć, trochę popracować – a potem sam się zdziwisz, jak wielki sukces możesz osiągnąć.

Napisanie mądrego planu, jego realizacja i... gotowe – nowe, lepsze życie.

No niestety – plan może być nowy, ale to nadal ten sam Ty.

Ten, z którego nie jesteś zadowolony. Właśnie dlatego czytasz tę książkę.

Przyczyna rodzi skutek.

Uświadom sobie negatywny skutek – a dotrzesz do jego przyczyny. Wyrwij przyczynę z korzeniami, a znikną i skutki.

18 Nie jesteś wynikiem swoich wyborów

Nie brzmi to może zbyt dumnie, gdy człowiek uświadamia sobie, że to, co robi, to w większości jego nieświadome, automatyczne wybory. Nie ma większego znaczenia, jak to brzmi, liczy się, jaka jest prawda i co nam daje jej poznanie.

18.1 Zmiany w naszym mózgu

Kiedy powtarzasz jakieś zachowanie, wzmacniasz określone połączenia nerwowe. Mózg fizycznie zmienia swoją strukturę, tworząc trwałe „ścieżki".
Dotyczy to zarówno:

- nawyków ruchowych (np. jazda autem)
- emocjonalnych (np. reagowanie lękiem)
- poznawczych (np. myślenie w stylu „to się nie uda")

Z czasem te szlaki zaczynają dominować. Stajesz się produktem własnych pętli zachowań.

18.2 „Jesteś wynikiem swoich nawyków"

To nie tylko mądre powiedzenie, ale neurobiologiczny fakt.
Twój mózg, Twoje decyzje, Twoje życie – to układ powtarzalnych wzorców zachowań, które z czasem stają się automatyczne.
Wydaje Ci się, że jesteś tym, kim jesteś, bo sam dokonywałeś takich wyborów? Że to Twój umysł po analizie racjonalnie podjął te decyzje?

Nie.

Większość ludzi nie staje się tym, kim chce, tylko tym, kim pozwoliły im się stać ich nawyki, lęki, otoczenie i nieświadome wzorce.
To, co nazywamy „wyborami", często jest tylko uzasadnieniem tego, co i tak zrobiliśmy pod wpływem emocji, przekonań z dzieciństwa, potrzeby przynależności albo unikania bólu.

Świadomość jest często tylko rzecznikiem prasowym decyzji, które już zapadły głębiej.
Szacunki psychologów i neurobiologów są zgodne: zdecydowana większość decyzji w życiu człowieka nie jest podejmowana świadomie.

Przybliżone proporcje:

- Świadome, analityczne decyzje: ~5%
- Automatyczne, nawykowe, intuicyjne decyzje: ~95%

Źródła tych 95%:

- nawyki (wyuczone zachowania),
- heurystyki (skrótowe reguły myślenia),
- wartości i przekonania zapisane w dzieciństwie,
- emocje, które uruchamiają schematy działania,
- podświadome reakcje na bodźce środowiskowe.

Większość „wyborów" to de facto reakcje na określone warunki – automatyczne i błyskawiczne. Świadome decyzje angażujące rozważanie opcji, analizy i logikę są rzadkie i kosztowne energetycznie.
Skoro już sobie to uświadomiłeś, może warto rozważyć, czy w ramach tych 5% świadomego wpływu nie byłoby mądrze zacząć przeprogramowywać tę maszynę, która losuje za Ciebie wybory?
Jeśli zaczniesz pracować nad podświadomymi programami, które podejmują decyzje za Ciebie, masz szansę świadomie zmierzać tam, gdzie naprawdę chcesz.
Jeśli nie jesteś zadowolony z miejsca, w którym dziś jesteś – może to ostatni moment, by zmienić zakończenie własnej historii.

18.3 „Będziesz wynikiem swoich poprzednich wyborów"

Masz jakąś ulubioną drużynę sportową, której kibicujesz od dziecka i jesteś jej wierny, nawet jeśli kolejny sezon kończy na ostatnim miejscu?

A może masz telefon z ugryzionym jabłkiem i kolejny też będzie z tej samej firmy, bo przecież „już się przyzwyczaiłeś"?
Kupujesz buty jednej marki, bo są „najlepsze", choć nigdy nie sprawdziłeś innych?

„Konsekwencja" – niby Twój wybór, a często to pułapka.

Jeśli raz konsekwentnie wybrałeś źle, będziesz z dużym prawdopodobieństwem nadal konsekwentnie wybierał źle.
Jeśli raz złamałeś zasady, łatwiej będzie Ci łamać kolejne.
To nie jest złośliwość losu – to mechanizm w Twoim mózgu.
Działa jak nawyk, jak automatyczna reakcja, jak pogląd przyjęty bez weryfikacji.

Zacznij to kwestionować. Możesz się zatrzymać, zastanowić i wybrać to, co świadomie – w wyniku racjonalnej analizy – uznasz za dobre dla siebie.
Skoro wybierasz kolejny raz drogi telefon tylko dlatego, że dziesięć lat temu kupiłeś pierwszy z tej firmy, to z szacunku do swojej inteligencji przynajmniej raz zadaj sobie pytanie:
„Dlaczego ten, a nie inny?"

Wiem – już słyszę, jak Twój mózg zasypuje mnie argumentami, dlaczego to najlepszy wybór.
Czy nie powinno być odwrotnie? Najpierw argumenty, potem decyzja? Czy Twoja decyzja nie była przypadkiem emocjonalna i automatyczna? Tylko dlatego, że raz coś wybrałeś, dziś wybierasz to samo – żeby nie męczyć się analizą.

A skąd wiesz, że ten pierwszy wybór był trafny?
Może warto to jeszcze raz przemyśleć – zanim znów wydasz 900 $ na nowy telefon, choć stary działa jak nowy i służy wyłącznie do przesuwania palcem po ekranie.

Wiem, że odbiegam od tradingu, a to przecież książka o tradingu. Ale...
Ten sam mechanizm działa identycznie przy zawieraniu transakcji. Dlatego potrzebujesz gotowych scenariuszy, checklist i wcześniej wybranych schematów. Takich, które mają statystycznie potwierdzoną skuteczność.

Mózg nie lubi analizować – lubi oszczędzać energię.
Będzie Ci podpowiadał skróty i uproszczenia.
Twoim zadaniem jest zapanować nad tym procesem i zamienić improwizację w działanie zgodne ze schematem.
Po setkach powtórzeń nowy nawyk stanie się automatyczny.
Jednak zanim to się stanie – musisz wykonywać swoją robotę: odpalać checklisty, analizować, porównywać.
Dopiero wtedy Twoje statystyki mają sens.

Jeśli grasz zgodnie z konkretnym scenariuszem (np. X, Y, Z) i masz 100 takich transakcji, to możesz zobaczyć średni R:R i sprawdzić, czy dany scenariusz daje przewagę.
Jeśli zagrania są chaotyczne, bez trzymania się zasad – nie masz jak tego ocenić.
Jeśli jednak zbudowałeś swoją strategię uczciwie i rzetelnie, możesz mieć pewność wynikającą ze statystyk.
A wtedy możesz zwiększać depozyt, skalować pozycje i... zarabiać więcej – bez emocji, stresu i adrenaliny.
Bo masz pewność.

Jeśli jednak pominiesz checklisty i olewasz statystyki – zostaje Ci tylko przekonanie, a nie wiedza. Twoja podświadomość to wie.
Zacznie Cię ostrzegać: stresem, napięciem, adrenaliną.
Uznałeś, że gra o kasę musi wiązać się z emocjami?
To w takim amoku walczysz z rynkiem, coraz częściej działając „intuicyjnie" – aż trafisz na świecę, która zmiecie Cię z wykresu.

Musisz wybrać, jak chcesz żyć i zarabiać.

Ja wolę wiedzieć, że jutro będzie spokojny, przewidywalny dzień.
Że nie będzie pułapek, że będzie robota jak zawsze.
Lubię tę nudną, spokojną rutynę, która daje zysk większy niż moje wydatki.
I mogę to robić przez 10 albo i 20 lat.

A Ty?
Jak chcesz spędzić kolejne 10–20 lat?

18.4 Wąskie gardło Twoich możliwości

Pomyśl, co wiesz, co umiesz, jakie masz możliwości, potencjał i co chciałbyś osiągnąć. Między Twoim potencjałem a realizacją marzeń jest droga do przebycia.
Na tej drodze zazwyczaj pojawia się jakieś wąskie gardło.
To może być brak wiedzy, umiejętności albo zasobów.
Może nie masz odpowiednich środków.
Może po prostu nie wiesz, co dokładnie Cię blokuje.
Pierwszy krok to uświadomić sobie cały obraz sytuacji.

Zdefiniuj precyzyjnie:

- Co Cię ogranicza?
- Co spowalnia?
- Co powstrzymuje Cię przed osiągnięciem wymarzonego celu?

Wiesz, jakie jest najczęstsze „wąskie gardło" u ludzi?

18.4.1 Zasady

Masz określone zasady i teoretycznie całe Twoje postępowanie w życiu powinno być z nimi zgodne.
Możesz mieć zasadę: nie palę papierosów.
Realizacja bywa różna – dlatego sam fakt ustalenia sobie dobrych zasad to za mało.
Trzeba jeszcze skutecznie wprowadzić je w życie.

18.4.2 Monitoring

Obserwujesz swoje działania i wyłapujesz momenty, w których są one niezgodne z Twoimi zasadami.
To, co zapisujemy w „Zasadach", jest zazwyczaj wynikiem racjonalnych przemyśleń i zwykle nie brzmi ekscytująco.
W praktyce często wybieramy to, co przyjemne, a nie to, co mądrze sobie ustaliliśmy.
Dlatego potrzebujemy zorganizować dział kontrolingu.

18.4.3 Kontrola

Twój dział kontroli wrzuci na wagę z jednej strony to, na co masz w danej chwili ochotę, a z drugiej – Twoje zasady i wszystko, co przez lata zbudowałeś w swojej psychice:
czynniki wpływu, które zdecydują, czy złamiesz zasady, czy jednak postąpisz zgodnie z nimi.
Co przeważy? Co wybierzesz?

18.4.4 Samodyscyplina

Tego chyba nikomu nie trzeba tłumaczyć. :)
Znasz takie stany jak lenistwo, brak motywacji, słaba systematyczność, myśl „nie dam rady", odkładanie i porzucanie celów?

Dlaczego więc, skoro masz marzenie – np. zostać Traderem i żyć wolno, bez etatu, bez ograniczeń – nadal tego nie realizujesz?
Samodyscyplina to nie magia, lecz efekt działania wielu wzajemnie powiązanych czynników – zarówno krótkoterminowych impulsów, jak i długofalowych fundamentów Twojej skuteczności.
Zrozumienie tej sieci czynników wpływu pozwala lepiej zarządzać własnymi reakcjami i nawykami.
Odpowiedni, trwały zestaw takich czynników sprawia, że zmiany i nowe nawyki zostają na stałe.
Zanim go wypracujesz, musisz stosować rozwiązania tymczasowe – krótkoterminowe czynniki wpływu, które pomogą Ci realizować plan.

18.4.5 Krótkoterminowe czynniki wpływu

To czynniki, które wpływają na nas „tu i teraz", często poza naszą świadomością:

- Wpływ innych ludzi i otoczenia – wsparcie, ale też presja społeczna, normy grupowe, atmosfera miejsca, emocje wywoływane przez ludzi.
- Efekty psychologiczne – emocje, nastroje, przekonania, iluzje poznawcze.
- Poziom aktualnej silnej woli – ograniczony zasób energii psychicznej.
- Sposób odpierania pokusy – strategie, jak unikać, ignorować lub opóźniać gratyfikację.
- Pożądanie rezultatu – jak bardzo czegoś chcemy i jak to wpływa na naszą motywację i działania.
- Chwilowe poczucie skuteczności – subiektywna ocena, czy damy radę.

To wszystko wpływa na naszą samodyscyplinę – czyli zdolność do działania i realizacji planu osiągnięcia celu.

18.4.6 Długoterminowe czynniki wpływu

To fundamenty naszej trwałej zdolności do utrzymywania samodyscypliny:

- Standardy i monitoring – wewnętrzne reguły i umiejętność kontrolowania własnych działań.
- Generalne poczucie skuteczności – przekonanie o własnej sprawczości.
- Nawyki – zautomatyzowane wzorce zachowań.
- Poziom silnej woli – indywidualna zdolność do opierania się pokusom. Ile ich wytrzymam? Jak ją wzmacniać? Może np. dobrze się wyspać przed tradingiem.
- Wrażliwość układu nagrody – jak mocno działają na nas bodźce nagradzające. Jak zorganizować system nagród, który motywuje do działania.

- Mentalny obraz siebie – kim myślimy, że jesteśmy, i jak to wpływa na nasze decyzje. Jeśli widzisz siebie jako skutecznego, zdyscyplinowanego Tradera – to ogromny atut.

Te głębsze czynniki budują „środowisko wewnętrzne" sprzyjające lub utrudniające działanie z dyscypliną.

18.4.7 Nastaw się na proces

Zmiany w życiu to zazwyczaj długi proces.
Nawet jeśli podejmiesz decyzję błyskawicznie, utrzymanie zmiany na dłuższą metę bywa wyzwaniem.
Możesz wyrzucić paczkę papierosów do kosza – ale głód nikotynowy zostanie z Tobą jeszcze długo.

Jak dobrze zacząć?
Codziennie rano, pijąc kawę lub herbatę, zrób szybki przegląd swoich celów, zasad i postanowień.
Zrób sobie checklistę. Przypomnij sobie, co jest dla Ciebie ważne i po co dziś wstałeś z łóżka.

Znajdź każdego dnia 15–30 minut na coś, co Cię rozwija – książka, wykład, webinar, cokolwiek związanego z Twoim celem. Najlepiej, jeśli dotyczy to wąskiego gardła, które sam u siebie zdiagnozowałeś.
Wprowadzaj małe zmiany, nowe nawyki: 5–10 minut medytacji, poranny spacer – cokolwiek, co rozrusza Twój umysł i ciało.
Im więcej takich drobiazgów wdrożysz, tym łatwiej będzie budować większe, trudniejsze nawyki.

Spróbuj też wprowadzić nawyk szukania dobrej literatury z zakresu psychologii i rozwoju osobistego. To, co właśnie przeczytałeś, pokazuje Ci, czego naprawdę warto szukać głębiej.

18.5 Wprowadź w swoje życie jeden łatwy, nawyk

Wprowadź jeden nowy nawyk. Nie musi być istotny. Może być mało ważny – byle był łatwy do wprowadzenia. To pozornie nieistotne działanie może zdziałać więcej, niż mogłoby się wydawać.

Dlaczego? Bo jego wprowadzenie nie wymaga wielkiego wysiłku, nie aktywuje silnego oporu, a pozwala stworzyć nowe ścieżki w mózgu.
A gdy raz powstanie w mózgu nowy schemat działania, kolejne zmiany przychodzą łatwiej – bo masz już „szyny", po których pojedzie następny nawyk.
Nie zaczynaj od wielkiej zmiany.
Zacznij od jednej drobnej rzeczy. Nawet banalnej.
Zrób to raz, potem drugi, trzeci... aż stanie się normą. Potem dorzuć coś trudniejszego.

Małe rzeczy nie budzą oporu, a budują w Tobie zdolność do większych zmian.
To działa.

18.6 Przeładowanie informacjami

Liczba danych, jakie Twój mózg musi przetwarzać, jest zbyt ogromna, byś mógł świadomie analizować każdą sytuację i na tej podstawie podejmować decyzje.
Spójrz za okno. Ile detali ma obraz, który widzisz? Ile to byłoby gigabajtów danych, gdybyś miał zapisać każdy szczegół tego widoku na dysku?

W naszym mózgu znajduje się obszar zwany jądrem podstawy – to on odpowiada za automatyzację zachowań. To tam zapisują się nawyki i tam właśnie znajduje się klucz do sukcesu.
Wystarczy je odpowiednio zaprogramować.
Mózg upraszcza wszystko i wychwytuje jedynie to, co uznaje za istotne. Ale... to nie do końca prawda. :)

Jeśli na obrazie zobaczysz biegnącego w Twoim kierunku wściekłego psa, mózg natychmiast go wyłapie – bo masz zapisany wzorzec psa jako ALERT zagrożenia życia.
Nagle nie widzisz świata – widzisz psa. Analizujesz kierunek jego biegu, oceniasz, czy rzuca się na Ciebie, czy na kota czającego się pod płotem.

Nie robisz tego dlatego, że kieruje Tobą mądrość. Twoim życiem kierują odruchy i nawyki.

Od dziecka, zupełnie nieświadomie, ktoś lub coś zainstalowało w Tobie małe „programiki" na każdą okoliczność.

Pojawia się impuls, znajomy trigger – baza danych się aktywuje, następuje dopasowanie i uruchamia się program reakcji nr 11 305. Za chwilę robisz dokładnie to, co zwykle.

Te programy to Ty. One prowadzą Cię przez życie – dokładnie tak, jak dotąd.

Chyba że... uświadomisz sobie, że Twój mózg nie wychwytuje tego, co naprawdę ważne, tylko to, co masz zapisane jako ważne.

Spotykasz coś istotnego – ale przechodzisz obojętnie, bo nie było tego w Twojej bazie danych, a nie byłeś wystarczająco skupiony i otwarty na nowe możliwości.

Nie podoba Ci się to, kim jesteś i jak żyjesz?

Uświadomiłeś to sobie, zrozumiałeś, skąd to się wzięło – i zaczynasz szukać rozwiązań, jak to zmienić.

Jak przeprogramować siebie na lepszego człowieka.

Świat jest pełen ludzi, których złe nawyki i mentalne programy zaprowadziły w miejsce, gdzie wreszcie powiedzieli: „Nie tak chcę żyć". Ten moment świadomości to początek zmiany.

To świadome wyłapywanie swoich automatycznych reakcji i zastępowanie ich nowymi. Jeśli coś kiedyś zapisało się w Twojej głowie – można to nadpisać. Wgrasz tam nowy program raz, drugi, trzeci... i w końcu stary przestanie istnieć.

Staniesz się nową wersją siebie.

Jesteś wynikiem – ale nie jesteś zamkniętą księgą, w której nie da się dopisać nowych rozdziałów.

To Ty zdecydujesz, jak skończy się Twoja historia.

Od tego, ile pracy włożysz w pisanie „swojej książki", zależy, czy zakończenie będzie legendarne i stanie się wzorem dla innych – czy będzie to przeciętna historia, jakich są miliardy, i ostatecznie trafi do recyklingu, bo nikt nie będzie chciał jej czytać.

Jeśli nie jesteś zadowolony ze swojego życia – zacznij zastanawiać się, które programy w głowie warto zmienić.
Twój mózg to jak maszyna losująca liczby.
Pojawia się trigger – maszyna losuje jakiś numer i masz reakcję.
Twoje zadanie: poznać, jakie reakcje są pod danymi numerkami, i podmienić je na takie, które będą działać na Twoją korzyść.
Tak, by niezależnie od tego, jaki numer padnie – to był Twój krok naprzód.

18.7 Chcesz dobrą wiadomość?

Poczytaj książki Daniela Kahnemana, Joe Dispenzy i innych naukowców, którzy analizują nasze zachowania.
To nie osobowość decyduje o działaniach.
To działania kształtują osobowość.

Jeśli codziennie podejmujesz decyzje:

- leniwe – stajesz się leniwy,
- odpowiedzialne – stajesz się odpowiedzialny,
- agresywne – stajesz się konfliktowy.

Ty nie masz nawyków. Ty nimi jesteś.
I to jest ta dobra wiadomość:
To Ty – jeśli się trochę napracujesz i naprawdę się nad tym zastanowisz – możesz to zmienić. Możesz stać się lepszym człowiekiem, lepszym Traderem, a w efekcie mieć lepsze życie.
Jedna drobna zmiana potrafi naruszyć cały system Twoich przyzwyczajeń. Jedna banalna rzecz – np. poranny prysznic i pościelenie łóżka – może uruchomić efekt domina i wymusić reorganizację całego „oprogramowania".

Zmieniaj codziennie coś drobnego – a za rok będziesz zupełnie innym człowiekiem.

Zdziwisz się, jak daleko można zajść, robiąc tylko małe kroki.

19 Zacznij działać...

Jeśli chcesz na własne oczy zobaczyć najwspanialszy film – nie wystarczy, że napiszesz genialny scenariusz i schowasz go do szuflady.

Wyobraź sobie, że stoisz na początku długiego korytarza.

Korytarz na pierwszy rzut oka wydaje się pusty.
Gdy ruszysz przed siebie, okaże się, że co kilka kroków pojawiają się drzwi – a za każdymi z nich kryją się nowe możliwości.
Jeśli będziesz stał w miejscu i czekał, aż ktoś przyniesie Ci coś wartościowego, możesz się nie doczekać.

Rusz się, idź, działaj – rób cokolwiek, byle nie stać bezczynnie i nie liczyć na cud z nieba.
Nawet jeśli popełnisz błędy – to dobrze (byle nie takie, które kosztują głowę).
Wiele razy robiłem rzeczy, które wydawały się mało ciekawe, ale dzięki nim poznawałem ludzi, odkrywałem inspiracje i znajdowałem nowe drogi.
Na tym polega życie – czasem błądzimy po omacku, aby w końcu trafić na to, co było nam pisane.

Przypomniała mi się stara żydowska opowieść:
Stary sklepikarz codziennie modli się do Boga:
– Jahwe, pozwól mi wygrać na loterii!
– Jahwe, błagam Cię, daj mi wygrać!
– Jahwe, całe życie Ci służę – spraw, żebym w końcu wygrał!
Mija wiele lat, aż pewnego dnia z nieba rozlega się głos:
– Mosze, daj mi szansę – kup choć raz los!

Trader, który godzinami analizuje wykresy i czeka na znak z nieba, też niczego nie wygra, jeśli nie „kupi losu" – nie podejmie decyzji, ryzyka i nie sprawdzi, co się stanie.
Myślę, analizuję i jeśli to, co widzę, zgadza się z moją strategią – działam.
Na początku korytarza stoisz i masz **Pragnienie**.
Powstaje w Twoim umyśle konkretna **Wizja**.
Układasz **Plan**, jak ją zrealizować.
Podejmujesz **Działanie** – bez tego nic się nie wydarzy.
A gdy ruszysz i zaczniesz otwierać kolejne drzwi, czeka Cię **Rezultat** – nagroda za trud i wyjście ze strefy komfortu.

Najbardziej znany gatunek rekina – żarłacz biały – musi być w ruchu, żeby oddychać. Gdyby się zatrzymał, umarłby z braku tlenu.
Z ludźmi jest podobnie. Jeśli tylko stoisz i marzysz o zmianach, nic się nie wydarzy. Będziesz tak stał, aż skończy Ci się tlen?

20 Od czego zacząć? Zastanowiłeś się dobrze?

Napisanie krótkiej książki, która naprawdę zmienia życie, wcale nie jest łatwe.
Tyle tematów chciałbym poruszyć, zgłębić, rozwinąć – mam jednak świadomość, że zbyt wiele treści może zniechęcić. Jeśli utoniesz w gąszczu dygresji już na początku, żadna zmiana się nie wydarzy.
Napisałem „zacznij działać...", ale poczułem odpowiedzialność – trochę jak rodzic. Czy po tym zdaniu ruszysz w dobrym kierunku? A może przez moje słowa trafisz w ślepą uliczkę i zmarnujesz czas, zanim się zorientujesz, że to nie była właściwa droga?
Dlatego moja sugestia jest prosta:

Zanim zaczniesz działać, przeczytaj tę książkę do końca.

Jeśli poczujesz taką potrzebę – przeczytaj ją ponownie.
Zrób notatki, przemyśl je, a dopiero potem opracuj plan działania.

Twoje działania mogą iść w kilku kierunkach jednocześnie:

- rozwijaj się w tradingu,
- dla równowagi czytaj coś inspirującego z psychologii,
- analizuj swoje nawyki i zmieniaj je – jeden po drugim.

Skoro to nawyki zdecydują, kim się staniesz, to powinny być zawsze na szczycie Twojej listy. Identyfikuj je i modyfikuj.
Zaprogramuj swojego autopilota tak, by zaprowadził Cię tam, gdzie naprawdę chcesz się znaleźć.
Jeśli to zaniedbasz, to tak jakbyś pozwalał, by w tle Twojego życia działała wroga partyzantka – sabotując Ci drogę, wysadzając mosty i utrudniając każdy krok.
Ułatw sobie życie.
Zrób ten „trud" pracy nad sobą – bo to najprostsza z realnych dróg do celu.

21 Jak ma wyglądać Twój trading?

21.1 Czy tak?

Wiesz. Już wiesz, jak działa Twój mózg i co robi w tej chwili.
Na pewno nie analizuje opcji ani nie rozważa alternatywnych scenariuszy. W takim stanie myślenie jest zablokowane, a podejmowanie dobrych decyzji staje się niemożliwe.
Nigdy nie dopuść, byś na wykresie znalazł się w takim stanie.
Nigdy!
To naprawdę proste.

Pomyśl, dlaczego ludzie uciekają przed niedźwiedziem i walczą o życie? **Bo weszli do lasu nieprzygotowani** – bez planu, bez świadomości zagrożeń, bez broni i bez zabezpieczenia.

Tak samo jest z Traderami, którzy otwierają pozycje bez analizy, bez wyczucia momentu, bez konkretnego planu, bez strategii i bez solidnego SL.
A potem dzieje się to, co musiało się stać. I żadna książka o psychologii Tradera wtedy nie pomoże – bo Twój los leży już w łapach niedźwiedzia.
W tradingu masz przewagę:
Zawsze możesz zamknąć pozycję, wyłączyć komputer i zapytać sam siebie:
„Co ja właśnie zrobiłem?"

21.2 A może jednak tak...

Ta mała rybka Labroides dimidiatus nauczyła się przetrwać wśród oceanicznych drapieżników.

To przykład idealnej symbiozy – mutualizmu, z którego obie strony czerpią korzyści i nie wyrządzają sobie szkody.

Traderzy detaliczni są jak te małe rybki.

Nie walczymy z rekinami. Nie polujemy na wielkie ryby.

Płyniemy z nimi i korzystamy z fal, które tworzą.

Jak?

- Obserwujemy, dokąd zmierzają najwięksi gracze.
- Przyłączamy się i płyniemy w tym samym kierunku.
- Gdy coś stanie im na drodze, oni będą walczyć – nie my.
- A jeśli przegrają, szukamy nowego lidera i płyniemy z nim.

Niech małej rybce nie wydaje się, że jest rekinem.

Pływamy z rekinami, nie przeciwko rekinom.

22 Trading i życie – czy to ma sens?

W bardzo dużym uproszczeniu:
Trader musi stać stabilnie na dwóch nogach – na jednej nie da rady, bo w końcu się przewróci.

My, nasze życie prywatne i zawodowe – jesteśmy jak obraz złożony z miliona puzzli.
Jeśli kilku z tła zabraknie, świat się nie zawali.

Najważniejsze elementy muszą być jednak na miejscu, bo bez nich nie będziemy kompletni.

22.1 Psychologia, puzzle i motorówki

O tym właśnie jest cała ta książka. To najważniejsze, co musisz w sobie wykształcić i pielęgnować – skuteczny umysł Tradera.
Twój umysł nie działa w próżni podpiętej wyłącznie do wykresu.
Masz życie prywatne i tam też sporo się dzieje.
To wszystko musi ze sobą współgrać.
Trading to skomplikowany i wymagający zawód. Wymaga zadbania o wiele aspektów – technicznych i psychologicznych, zawodowych i prywatnych.

Jeśli masz wspaniałą motorówkę, która potrafi pędzić z zawrotną prędkością, żeby móc się nią cieszyć, musisz zapewnić jej spokojną taflę wody.

Bo jeśli wypłyniesz w sztorm i trafisz na 20-metrowe fale, zatoniesz – bo ta łódź powstała do wyścigów, nie do walki z żywiołem.

Twoje życie to układanka. Żeby działać skutecznie, musisz mieć wszystkie kluczowe puzzle na swoim miejscu. Jeśli czegoś brakuje – w tradingu albo w życiu prywatnym – uzupełnij te luki. To jeden z najprostszych sposobów, by ułatwić sobie drogę do celu.

22.2 Życie zawodowe Tradera a życie prywatne – Yin i Yang

W wieku 22 lat, studiując na Politechnice w Poznaniu, uznałem, że szkoda mi czasu na nudne studia i przeniosłem się z trybu dziennego na zaoczny. W weekendy miałem zajęcia, a resztę tygodnia poświęcałem na prowadzenie swojej małej firmy.
Od tamtego czasu – przez ponad 30 lat – nieprzerwanie prowadziłem różne firmy i wciąż szukałem tego, co sprawi, że będę mógł powiedzieć:

„Jestem szczęśliwy".

Podział życia na sferę prywatną i zawodową?
Jak dla mnie to Bzdura!

To sztuczny konstrukt – każdy wie, że życie prywatne wpływa na zawodowe, a zawodowe na prywatne.

Doba ma 24 godziny.
Załóżmy, że śpisz 7 godzin. Zanim pójdziesz spać – godzina. Jak wstaniesz – kolejna godzina na prysznic, kawę i wejście na obroty.
Zostaje 15 godzin.
Typowy człowiek w naszym rejonie pracuje 8 godzin, żeby zarobić pensję. Dodajmy do tego czas dojazdu – i robi się 9-10 godzin.
Zostaje 5-6 godzin życia.
Zakupy, jedzenie, przeglądanie „ważnych" newsów o celebrytach, politykach, może jakiś serial albo film... i jeszcze przewijanie palcem po ekranie smartfona...
Zostaje niewiele i najczęściej chcemy już sobie tylko odpocząć. Tę niewielką resztę godzin, które zostają nam na prawdziwe życie, często marnujemy, a następnego dnia czeka nas ta sama rutyna.

Dlaczego – moim zdaniem – warto być Traderem?
Dla mnie podstawą szczęścia człowieka jest równowaga i spełnienie w życiu prywatnym. Dla każdego szczęście oznacza coś innego.

Dla mnie to szczęśliwa rodzina: partnerka życiowa, która jest moim najlepszym przyjacielem, oraz dziecko, które rozwija się i staje wartościowym człowiekiem.

Rodzina to fundament mojego szczęścia – na nim mogę budować sukcesy zawodowe. Bez niej nie wiem, czy miałbym siłę pokonywać przeciwności. Bez spokoju i stabilizacji w życiu prywatnym trading może być wyjątkowo trudny psychicznie.

Nie twierdzę, że to niemożliwe – jednak z pewnością wymaga to dodatkowego wysiłku.

Wszystko zależy od perspektywy.

Dla jednego coś będzie wsparciem, dla drugiego – przeszkodą.

To, co dziś jest trudne, jutro – po pracy nad sobą – może być łatwe.

Jest takie powiedzenie:

„Ponieważ nie wiedzieli, że to niemożliwe – po prostu to zrobili”.

Jeśli masz konkretny cel, nic Cię nie zatrzyma.

Zawsze znajdzie się jakieś rozwiązanie. To zdanie oczywiście nie jest w 100% prawdą.

I co z tego? :)

Jeśli założysz, że możesz wszystko – może faktycznie możesz.

A jeśli uznasz, że się nie uda – to na pewno się nie uda.

Wiara czyni cuda.

Nieważne, w jakim momencie życia jesteś.

Jeśli masz trudniej niż inni – po prostu będziesz musiał bardziej się postarać. I może to właśnie dzięki temu odniesiesz sukces. :)

Może jakby było łatwo, to byś się nie wysilił i nie osiągnął czegoś wyjątkowego?

Życie zaskakuje.

Ten fragment dedykuję mojemu przyjacielowi Chrisowi „Yossel”.

Wspieraliśmy się przez lata w różnych biznesach.
Teraz obaj jesteśmy Traderami i nadal wspieramy się mentalnie.
To, jakich zmian w swoim życiu dokonał i nadal dokonuje Chris, to temat na osobną książkę. Jeśli powiesz, że masz jeszcze trudniej niż on – szczerze wątpię. Chris i ja jesteśmy żywym dowodem, że w życiu bywa naprawdę ciężko. Jeśli jednak człowiek ma w sobie siłę i upór, może zawalczyć o swoje życie i wygrać.
Nie mówię tu o wegetacji, ale o prawdziwym upadku i budowaniu wszystkiego od zera – w warunkach, pod którymi większość by się załamała, poddała i poszła do jakiejkolwiek pracy, zapominając o marzeniach.
Nigdy nie zgadzaj się na życie bez marzeń.
Zawsze wstawaj z kolan i ruszaj dalej – sprawdzaj, co los skrywa dla Ciebie za kolejnymi drzwiami.

Tylko śmierć może nas zatrzymać.
Wiem, brzmi to dramatycznie – ale jak inaczej mówić o takich sprawach? Może gdybym był pisarzem i miał talent, to bym potrafił to ładniej ująć. :)

22.3 To w końcu opłaca się być Traderem, czy nie?

Z mojego punktu widzenia: **zdecydowanie TAK.**
Wszystko, co piszę, to MOJE prawdy, MOJE przekonania, MÓJ punkt widzenia. Ty możesz je poznać – ale o swoim celu i drodze do niego decydujesz sam.
I to Ty ponosisz za to odpowiedzialność. O odpowiedzialności będzie osobny rozdział – bo to temat fundamentalny.

A jak wygląda życie Tradera, który osiągnął poziom pozwalający mu żyć z tradingu?

- Nie masz nad sobą szefa.
- Nie musisz nigdzie wychodzić ani dojeżdżać.
- Możesz wynająć biuro na trading room albo – jak ja – przeznaczyć jeden pokój w domu na swoje „stanowisko dowodzenia" – zdjęcie wrzucę później, tylko nie przeraź się. :)

- Nie musisz nikogo słuchać.
- Jesteś wolnym człowiekiem i sam decydujesz o swoim życiu.
- Mieszkasz, gdzie chcesz – potrzebujesz tylko swojego stanowiska i internetu.
- Chcesz grać – grasz. Nie chcesz – nie grasz. Robisz to dla siebie. (Ja na przykład piszę teraz książkę, bo miałem na to ochotę).
- Potrzebujesz czasu wolnego – bierzesz go. Jeśli nie musisz zarobić konkretnej kwoty do końca miesiąca – możesz sobie na to pozwolić.
- Sam ustalasz sobie godziny pracy. Możesz zacząć o 8 rano CET, jeśli chcesz złapać ruch na DAX i Londynie. Możesz ranki mieć wolne i startować ok. 12-13 po południu, gdy USA wchodzi na rynek. Jak chcesz, możesz cały dzień mieć wolny i zaczynać wieczorem, gdy rynek się uspokaja, a trwa jeszcze amerykańska sesja. Od 18 do 22 też można całkiem fajne pieniądze wyjąć. Jedyne, czego nigdy nie próbowałem, to siedzenie po nocach i gapienie się na walkę Japończyków ze świeczkami. :) Zobaczysz nocny wykres i zrozumiesz, czemu wtedy wolę spać.
- Robisz coś, czego większość ludzi nie rozumie. Klikasz – i masz pieniądze. To elitarne zajęcie, które może dawać satysfakcję. Trzeba tylko uważać, żeby nie popaść w syndrom Boga – bo to się zawsze źle kończy. :)
- Trading zmienia sposób patrzenia na życie – moim zdaniem na lepsze. Rozwinę to w jednym z kolejnych rozdziałów.
- Masz możliwości...
- Masz pieniądze – możesz pomóc komuś, kogo problem da się rozwiązać pieniędzmi.

Zapamiętałem kiedyś mądre zdanie:
„Jeśli masz problem, który można rozwiązać pieniędzmi – to nie masz problemu, masz wydatek".

„Jeśli masz problem, który można rozwiązać pieniędzmi, ale ich nie masz – to masz problem".
Dlatego lepiej pofatygować się trochę i zadbać o to, żeby w życiu mieć pieniądze.

- Masz czas – więc możesz być przy kimś, kto Cię potrzebuje. Czasem obecność to największa pomoc.
- Masz czas i pieniądze – więc możesz robić, co tylko chcesz. :)
- Z wiekiem zaczynasz rozumieć, że istnieją rzeczy bezcenne, które jednak... mają swoją cenę. Na przykład zdrowie.

Mając pieniądze, możesz lepiej zadbać o zdrowie i szczęście – swoje i bliskich. I to właśnie jest prawdziwa wartość pieniędzy.

Same pieniądze nie mają żadnej wartości.
Dopiero to, co dzięki nim możesz kupić, ma wartość.

To Ty decydujesz, czy zamienisz je na coś wartościowego – czy przepuścisz na bzdety.
Argumentów „za" można mnożyć... Czy są też jakieś wady?

22.4 Wady zawodu Tradera

Kiedy czytasz o wolności, pieniądzach i spełnianiu zachcianek, możesz się zastanawiać:
„Skoro to takie świetne, to czemu nie wszyscy zostają Traderami?"

No właśnie... Tam, gdzie są ogromne zalety – muszą być też poważne wady.

Jak wspomniałem wcześniej – to jeden z najtrudniejszych zawodów na świecie.
Początkowo chciałem je tylko wymienić i wrócić do nich później, ale...
Nie zostawię Cię z listą, która miałaby Cię jedynie przestraszyć.
Rozprawimy się z tymi wadami od razu – tutaj i teraz.

22.5 Poważne wady, choć głównie dla początkujących

22.5.1 Stres

Kładziesz na stole swoje pieniądze i nigdy nie wiesz, czy zarobisz, czy stracisz. To właśnie ta niepewność generuje stres.
Gdy po jednym stratnym zagraniu przychodzi kolejne... i kolejne – zaczyna robić się mało zabawnie. Statystycznie to nic nadzwyczajnego, lecz emocje nie działają jak chłodna matematyka.
Pamiętasz, jak w ruletce czerwone wypadało 30 razy z rzędu?

Zawsze znajdzie się ktoś, kto uzna, że po tylu razach postawienie na czarne to pewniak. Emocje wyłączają zdolność logicznej analizy. Chciwość pcha nas w głupie decyzje.

Nieważne, ile razy wcześniej wypadło czarne czy czerwone – prawdopodobieństwo wygranej pozostaje takie samo.
Dlaczego? Bo na kole ruletki jest 18 czerwonych, 18 czarnych i jedno zielone „0".
To właśnie to jedno pole daje matematyczną przewagę kasynu.
W wersji europejskiej (z jednym zerem) szansa na wygraną przy obstawieniu koloru to 48,65%.
W amerykańskiej (z zerem i podwójnym zerem) – tylko 47,37%.
Skoro kasyno ma przewagę... **jaki jest sens grać?**

Wniosek jest prosty:

Gramy tylko wtedy, gdy mamy przewagę statystyczną.
Jeśli jej nie mamy – jesteśmy dawcami kapitału.

Jak okiełznać stres?

Stres to emocja – a każda emocja niesie informację.
A skoro to informacja, to trzeba ją potraktować jako sygnał:
Czujesz stres – zatrzymaj się i zacznij analizować sytuację.
Najczęściej stres pojawia się wtedy, gdy ryzykujemy zbyt wiele.

22.5.2 **Stres** – typowe zagranie dawcy kapitału

Zgodnie z Twoim MM powinieneś stawiać maksymalnie 0,5–1% kapitału na SL. Ale... widzisz idealną okazję. Wykres wygląda zbyt pięknie, by jej nie wykorzystać.
Tylko frajer by nie wykorzystał takiej okazji. :)

Stawiasz na ***SL 10% depo*** *– bo przecież:*
„kto nie ryzykuje, ten nie pije szampana".

Złamana strategia? A jakże.

Twoja strategia może i nie była ekscytująca, lecz dawała przewagę.

Tymczasem Ty ulegasz pokusie, bo wydaje Ci się, że to pewniak. Zaślepiła Cię wizja zarobienia szybko dużych pieniędzy.
Rynek nie pojechał tam, gdzie chciałeś. **Zaczyna się stres**.
Spadają, a mieli rosnąć...
Najpierw lekki dyskomfort...
Potem ściska Cię w brzuchu, masz pot na dłoniach.
Mówisz sobie: „Spokojnie, zaraz odbije".
Patrzysz – cena niebezpiecznie blisko SL.
Myślisz (a właściwie udajesz, że myślisz):
„Przesunę go troszkę, przecież jak mnie wywali, to na 100% zawrócą...".

Zmieniasz SL. Teraz ryzykujesz już **15% depo**.
Cena nie zawraca. **Ból fizyczny**. Serio.
Pieką dłonie, bije serce, czujesz gorąco.
Myślisz tylko: „Jak wyjść na zero...".
Już nie chodzi o zysk. Marzysz tylko o tym, by wyjść na zero, zamknąć komputer i odpocząć od giełdy. Marzysz, żeby to cierpienie się skończyło.

Ostatnia „logiczna" decyzja:
przesuwasz SL do 20% i **dorzucasz drugą pozycję**.
Bo jak odbije, to może szybko wyjdziesz na zero i po problemie...

Rynek rzeczywiście zawraca – przez chwilę.
Prawie jesteś na zero i... **bum. Czerwona świeca**.
Znów gorąco.
Trzeba było zamknąć. Może jeszcze... jeszcze kawałek...
Spadają dalej.
Masz ponad **30% straty**.

W pokoju absolutna cisza. Słyszysz bicie swojego serca.
W Twojej głowie piekło: pioruny, huragany, chaos.

Wyłączasz SL, bo boisz się, że wybije Cię shakeout. [21]
Lepiej sam zadecydujesz niż dać się wywalić cieniem świecy.

Znajomy stan?
Masz ochotę rzucać kubkami, kląć, krzyczeć na cały rynek.
Twój depozyt **spadł o 50%.** I to jest... no właśnie.
Masz dość.

Einstein w Twoim mózgu dawno uciekł.
Małpa szaleje. T-Rex chce gryźć.

I nagle przypominasz sobie mądrą radę: „Gdy czujesz stres – myśl”.
Jak? :)
Kiedy właśnie masz **60% straty** i chcesz modlić się i przeklinać jednocześnie?
Obiecujesz sobie: „Jak tylko wyjdę na zero, rzucę to w cholerę...”.

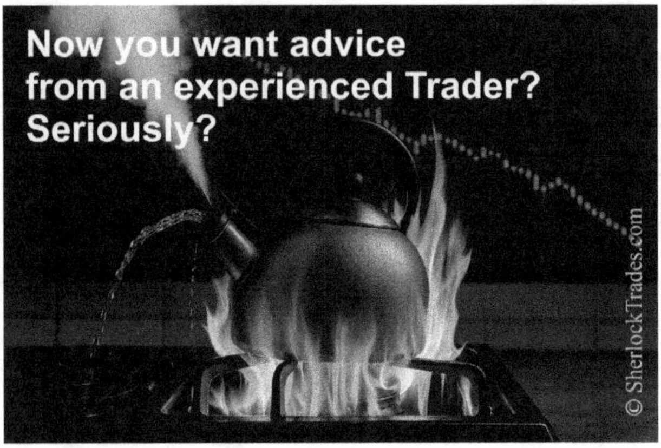

Masz dość.
Twój rachunek spadł do 33% wcześniejszego kapitału.

Zamykasz wszystko. Wyłączasz komputer. Nie czujesz już nic. Może tylko bezsilność. I to jedno zdanie krąży Ci w głowie:

„Jak mogłem być TAK GŁUPI?!”
Stracić w jeden dzień prawie 70% kapitału...

Czujesz to teraz, czytając?
Stres. Ból. Żal. Utrata nadziei. Zwątpienie w siebie.

Zastanawiasz się: czy to w ogóle ma sens?
Poczuj to.
Bo jeśli zdecydujesz się naprawdę poczuć to na własnym rachunku – uwierz, **pożałujesz**, że nie posłuchałeś tej rady.

Przerobiłem to.
Wersja z zamknięciem na 70% straty to wersja optymistyczna. Zazwyczaj jesteś już tak zmęczony, że naprawdę wszystko Ci jedno: czy odbije, czy pojawi się „Margin Call” [22], czy broker po cichu zamknie Ci najbardziej stratne pozycje, a Ty zostaniesz na koniec z garścią drobnych i toną żalu?
Uwierz mi – **NIE CHCESZ TEGO PRZEŻYĆ**.

Bądź mądry.
Ucz się na cudzych błędach, za cudze pieniądze.

Miało być o okiełznaniu stresu, a wyszło o spalonym czajniku. :)
Jak naprawdę okiełznać stres?

22.5.3 **No Stress** – zagranie profesjonalnego Day Tradera

Wyobraź sobie, że nie jesteś już młodym, napalonym Traderem głodnym adrenaliny, emocji i szybkich zysków.
Masz doświadczenie. Spokój. Dystans.
Patrzysz na wykres, widzisz znajomy sygnał. Decyzja: **wchodzisz**.

Ustawiasz ***SL na 1%.***
1%, bo przecież wygląda jak ***pewniak. :)***

Jak setki innych pewniaków, które już widziałeś.
Rynek zamiast odbić – wybija Twój SL.
Tracisz 1%.

Aby stracić 70%, musiałbyś równie źle wejść jeszcze 69 razy z rzędu. OK, to uproszczenie – bo przy każdej stracie grasz coraz mniejszą pozycją. Więc musiałoby to być znacznie więcej niż 69 strat z rzędu. Nawet w ruletce czarne nie wypadało tyle razy.

Wypadłeś z rynku. Spoko. To w końcu część strategii.
Patrzysz na wykres:
„Pokażcie, chłopaki, co tam malujecie...”
Analizujesz: czy dobrze oceniłeś sytuację? Czy błędnie zinterpretowałeś układ świec?
Z tej perspektywy widzisz: to wcale nie było takie pewne zagranie.

Decydujesz:
Poczekam. Aż się wyklaruje. Aż będzie jasne, że to nowy kierunek.
Nie szukamy już longów. Gramy shorty.

Widzisz rosnącą siłę spadków. Korekta wzrostowa na niskim wolumenie.
To zapowiada się dobrze.
Korekta dotarła do geometrii – w szczycie pojawił się piękny, wyraźny „two bar reversal”.
Cena lekko spadła, potem znów zaczęła rosnąć. Wolumen niewielki, a na górze pojawiła się spadająca gwiazda z akcentem – nieco wyższym wolumenem.
Na taki właśnie test po korekcie i mocny akcent czekałem.

Gram.

----

*Ustawiasz **SL na 1%.***
*1%, bo przecież wygląda jak zwykle – **pewniak. :)***

Jedziemy – chłopaki, spadamy...
Nie zawiedli. Cena elegancko się osuwa.
W pewnym momencie przestaje spadać i zaczyna niepokojąco rosnąć. Wolumen we wzroście jest niski – to tylko korekta. Czekam.
Na szczycie korekty znowu świetny sygnał. Cena doszła do poziomu wcześniejszego dołka.
Co robię?
Dokładam do pieca.

Pierwsze zagranie jest już ładnie na plusie – zabezpieczam je TP na +1%.
Drugie otwieram podwójną stawką z SL -2%, bo widać ogromną siłę w spadkach.

Jeśli rynek zawróci, na nowej pozycji stracę 2%, ale na pierwszej zyskam 1% – czyli całościowe ryzyko wciąż 1% zgodnie z moim MM. Mógłbym też ustawić nowe zagranie na -1% albo zabezpieczyć wcześniejsze TP wyżej, np. na +2%, ale... naprawdę czuć moc w tych spadkach.
Krótko po drugim wejściu – BOOM – długa, agresywna czerwona świeca.
Pięknie.
Zabezpieczam pierwszą pozycję na R:R 1:3 (Risk:Reward).
Jeśli zawrócą – mam zarobione 3%. Odjechali daleko, więc jestem spokojny.
Na drugiej pozycji już ponad 1:2 – zabezpieczam na zero, tak na wszelki wypadek.

Cena spada dalej.
Kolejna korekta, brak konkretnego miejsca i sygnału, więc **nie dokładam.**
Na pierwszej pozycji już R:R 1:10 – przesuwam **TP na +5%.**
Na drugiej – przesuwam **TP na 1:1**.

Czekam.
Zobaczymy, co dalej namalują.
Kurde... współczuję tym, którzy nadal trzymają longi.
Na tej długiej czerwonej to musiało boleć.

Rynek jedzie dalej, choć jakoś tak niemrawo...
Impuls spadkowy wyraźnie się wypala.
Widać pierwsze oznaki popytu.
Dobra, **podciągam TP** na obu pozycjach – zysk już konkretny, **szkoda byłoby oddać**. Ewidentnie słabnie podaż, a na „młotkach" pojawiają się solidne wolumeny.

Czas się zwijać z kasą.
Nie będę czekał na korektę – zamykam z ręki.
Pierwsze zagranie: R:R 1:12 – +12%, pięknie.
Drugie: „tylko" 1:8, ale zagrałem tu podwójną stawką, więc +16%.
Łącznie +28% przy ryzyku całkowitym 1%.

Rozegrane perfekcyjnie. Dobry dzień.
To jedno zagranie dało mi 28% zysku, a to oznacza, że mogę sobie pozwolić na 28 pełnych SL w kolejnych zagraniach na „ich" koszt.
Teraz mogę polować bez stresu – gram ich pieniędzmi.

Pięknie. :)
Jak nie kochać tej gry? :)

To było świetne wejście.
Wczoraj było ciężko: dwa zagrania stratne, trzy ledwo na zero, jedno takie sobie...
Za to dziś rynek wynagrodził mi cierpliwość.
Czas na nagrodę. Spacer, a potem jakiś dobry film. Uff.

Czujesz to? Widzisz różnicę?
Jeśli masz plan, ścisłe zasady, sprawdzoną metodę i strategię – stres jest minimalny. Chyba większym stresem jest przejście przez pasy na ruchliwej ulicy...

Opanowanie stresu nie polega na tym, że stajesz się medytacyjnym guru, który siedzi w pełnym zen, nawet tracąc 70% depozytu. To można osiągnąć szybciej, lecz nie polecam – sam nie piję trunków z % i innych też nie namawiam.

Jeśli jesteś profesjonalistą i nie grasz chciwie, czyli trzymasz bardzo ograniczone ryzyko – Twój poziom stresu będzie niski.

Jedyny realnie skuteczny sposób na stres, jaki znam:
Mieć sprawdzoną metodę i dostosowywać SL do jakości swojego tradingu i statystyk.

Im lepsze masz statystyki, tym większy procent możesz postawić na SL w zagraniu.
Mówiąc „więcej", mam na myśli np. 1,5–2%.
A jeśli naprawdę jesteś mistrzem i twardzielem – może 3%.
Ja nie mam ochoty się stresować, więc preferuję 1%.
To mnie relaksuje. Na Lambo nie zbieram, więc nie muszę. :)
Jutro też jest dzień – może znów będzie dobra zmienność i wyraźny kierunek.
Dziś fajrant. Można odłożyć łopatę i odpocząć.
Ile można tak ciężko pracować. :)

22.5.4 Nauka na cudzych błędach

Są rzeczy, które warto przeżyć – i takie, które lepiej doświadczyć tylko oczami wyobraźni.
Nie wszystko trzeba przeżyć na własnej skórze.
Niektóre doświadczenia budują – inne potrafią zrujnować.
Mądrzy ludzie uczą się na błędach innych.
Potrafią sobie coś wyobrazić, poczuć, zrozumieć... i stwierdzić: „Dziękuję, ale nie chcę tego doświadczyć".
Wystarczy, że ktoś już zrobił tę głupotę.
Niektóre lekcje wystarczy przeczytać, przemyśleć... i ominąć szerokim łukiem.

Doświadczaj tego, co Cię rozwija. Tego, co daje Ci szczęście – dziś i w przyszłości. Nie musisz wskakiwać w ogień, żeby zrozumieć, że parzy. Niech inni przerabiają za Ciebie kosztowne błędy.
To są bardzo drogie studia, a dyplom z porażek nie jest przepustką do kariery.

Po co robić coś, co się nie opłaca i nie ma sensu?
Nie każda droga prowadzi tam, gdzie warto iść.

22.5.5 Chcesz przepis – milion na rachunku w miesiąc?

Zapomniałem o najważniejszym!
Niepotrzebnie rozpisuję się o trudzie, stresie i ciężkiej pracy... bez sensu.
Przecież mogłem zacząć od razu od prostszego, pewnego rozwiązania:

Jeśli chcesz – **za dobrą kawę**, powiedzmy za 20 $ (żeby nie wyszło, że Cię nie doceniam) – zdradzę Ci Sekret, który gwarantuje, że każdy, kto zastosuje moją strategię:

„No luck. No hype. Just 1 month. 1 million”.

Milion dolarów na prawdziwym rachunku w miesiąc – na prawdziwym rachunku, nie na żadnym demo. Powiedziałem „milion”? Przepraszam, miałem na myśli: co najmniej milion..

Buy Me a Coffee

https://buymeacoffee.com/sherlocktrades.com

Powiem Ci w tajemnicy, że kiedy już ogarniesz tę kawę, to na końcu – w rozdziale „Top Secret” – ukryłem szczegółowy schemat tej metody.
Ale wiesz... to tylko między nami. :)

I jeszcze jedno... **tylko dla pierwszego miliarda osób**, które postawią mi tę kawę, przewidziana jest niespodzianka – specjalne karty prowadzenia pozycji.
Nie zwlekaj, bo **liczba kart w PDF jest ograniczona** i nie wiem, czy w chwili, gdy to czytasz, są jeszcze dostępne.

I nie idź na skróty, bo to solidna praca przynosi wymarzone efekty i prawdziwą satysfakcję.

22.5.6 Presja

Jeśli masz normalną pracę i po godzinach grasz za odłożone pieniądze – wynik tradingu nie zmieni Twojego życia.
Rachunki za mieszkanie i jedzenie opłacasz z pensji.
Jeśli utrzymujesz się wyłącznie z tradingu, w Twojej głowie pojawia się presja: muszę zarabiać.
Oczywiście – jeśli masz miliardy, to nie przejmujesz się rachunkami za prąd czy gaz.
Ja miliardów nie mam i raczej mieć nie będę – bo zwyczajnie ich nie potrzebuję.
Wspominałem wcześniej o odporności potrzebnej do znoszenia presji.
Zastanówmy się, jak sami sobie tę presję generujemy.
Jako dzieci bawimy się na podwórku (no dobra – dziś raczej w smartfonach) i nie odczuwamy większej presji.

Życie jest beztroskie – przynajmniej na początku, gdy presję biorą na siebie rodzice, a dzieci są chronione przed „złym" światem.
Później przychodzi szkoła: pojawia się konkurencja, walka o pozycję w grupie, dominację i mnóstwo innych bzdur.

Kończymy szkołę i zaczyna się kolejna walka: o lepszą pracę, pieniądze, prestiż społeczny, dom w lepszej dzielnicy, lepszy samochód... lepsze coś.

Ludzie nie mają granic w wymyślaniu, co jeszcze chcieliby zdobyć.

Lista celów dających złudzenie szczęścia wydaje się nie mieć końca.

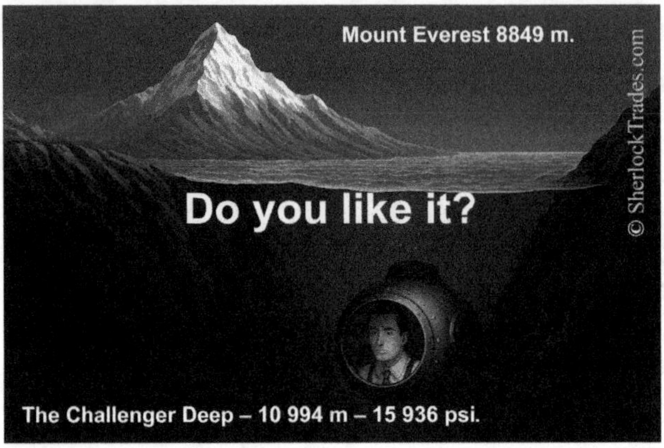

Wyobraź sobie, że z Twojej misy z ziarnami ryżu właśnie spadają ostatnie minuty życia.

Zatrzymaj się i poczuj, co w tej chwili czujesz.

Czego żałujesz? Jakie wspomnienia i obrazy z życia wywołują uśmiech?

Co było naprawdę ważne i cenne – czy zdążyłeś to osiągnąć, czy zabrakło Ci czasu, bo goniłeś za złudzeniami?

Czemu nadawałeś wielką wagę, a teraz – odchodząc – widzisz, że to nie miało żadnej wartości i tylko marnowało Twoje życie?

Co zaniedbałeś, a dziś wiesz, że było najcenniejsze?

Zastanów się, co naprawdę jest dla Ciebie ważne.

I właśnie na tym się skup.

Na resztę szkoda czasu, bo masz go ograniczoną ilość.

Kiedy skoncentrujesz się tylko na tym, co najważniejsze, **pozbędziesz się zbędnego balastu**, a Twoja łódź podwodna wynurzy się z głębin.
Presja zniknie – bo to Ty zdecydowałeś, jak głęboko zszedłeś...

Wiele źródeł presji możesz usunąć dosłownie jednym pstryknięciem palców.
Inne wymagają tylko drobnych korekt, które łatwo wprowadzić.
Są też takie, które będą wymagały większego wysiłku.

Zacznij od tego, co najprostsze – wyrzuć to bez sentymentu.
Skoro mówimy o zarabianiu na życie, zacznij od przeglądu własnych wydatków.
Może masz drogi kredyt, leasing luksusowego auta albo inne koszty, bez których spokojnie mógłbyś się obyć?
Które wydatki zaspokajają Twoje realne potrzeby, a które tylko karmią Twoje EGO?

Z tym, co trudniejsze, zmierz się w drugim kroku: zrób analizę, zaplanuj zmiany i konsekwentnie je wdrażaj.
Wiem, to brzmi prosto – a życie takie nie jest.
Czasem jednak to, co wydaje się trudne, jest tylko złudzeniem.

To, bez czego nie wyobrażamy sobie życia, często okazuje się zupełnie zbędne.

Mam 52 lata i naprawdę sporo już przeżyłem.
Czasem mam wrażenie, że ta kumulacja doświadczeń – dobrych i złych – wystarczyłaby na trzy życia.
Młody człowiek, gdy ma 20 lat, myśli, że będzie wiecznie młody, a ci, którzy mają 40–50 lat, to już starzy – i praktycznie to już się mogą się pakować. Powiem Wam w tajemnicy, że jeśli macie 20 lat, to za 30 lat będziecie mieli 50 – i wtedy stwierdzicie, że wiek to tylko liczba. **Liczy się to, co człowiek ma w głowie**.
Jedni rodzą się mentalnie starzy, inni umierają w późnym wieku, ciągle czując, że są młodzi. Nie będę zanudzał, że starszych warto słuchać. Niektórych warto – tych, którzy coś ciekawego osiągnęli.

22.5.7 Presja XXL

Opowiem Ci krótko o Polaku
Władysławie Bartoszewskim (1922-2015).

W czasie II wojny światowej był więźniem niemieckiego obozu koncentracyjnego Auschwitz-Birkenau.
Trafiło tam około 1,3 miliona ludzi – przeżyło zaledwie około 200 tysięcy.
Wyobraź sobie 20 osób, które znasz – z tych 20 przeżyłyby tylko 3.

Po wyjściu z obozu walczył o wolność ojczyzny jako żołnierz AK i działacz Żegoty. Po wojnie został aresztowany i torturowany przez komunistyczne władze Polski, uznany za „wroga ludu".

Dla osób nieznających historii Polski w dużym uproszczeniu postaram się to opisać. W 1939 roku na Polskę do spółki napadły Niemcy i Rosja. Po przegranej Niemców Polska została „wyzwolona" przez Rosjan, a w praktyce pozostała pod ich okupacją do 1993 roku, gdy ostatnie oddziały Armii Radzieckiej zostały przegonione z Polski. Dlatego część Polaków walcząc o Polskę, była jednocześnie wrogiem Polski. Tej Polski, którą rządził sobie okupant, czyli Rosja. Dziwne to były czasy, a konsekwencje odczuwamy do dziś.

Pomimo tych dramatycznych doświadczeń Bartoszewski został profesorem, publicystą, historykiem, dyplomatą, senatorem, doradcą prezydenta Polski i wykładowcą.

Często nazywano go „**głosem sumienia narodu**".
Odegrał kluczową rolę w procesie pojednania polsko-niemieckiego – mimo że sam był więziony przez Niemców w obozie zagłady.

Wyobraź sobie, jak wielki stres, cierpienie i presję znosił ten człowiek przez lata. A jednak – potrafił się podnieść.
Potrafił wybaczyć.
Dlaczego o nim wspominam?

Są dwa powody:

- **Bartoszewski** powiedział kiedyś legendarne zdanie:

  „Warto być uczciwym, choć nie zawsze się to opłaca.
  Opłaca się być nieuczciwym, ale nie warto".

  Co z tego wynika w kontekście życia i presji?

Warto znosić presję, jeśli cel naprawdę jest tego wart.
Presja to cena, jaką czasem trzeba zapłacić.
Bywa, że jest tymczasowa – i wtedy możemy powiedzieć, że znosząc ją, zapłaciliśmy w ten sposób za osiągnięcie naszego celu.
Często jednak presja trwa, a my nigdzie nie zmierzamy.
Siedzimy na dnie Rowu Mariańskiego i czujemy, jak miażdży nas ciśnienie, choć nic z tego dla nas dobrego nie wynika.
Płacimy coraz więcej, a nie dostajemy nic w zamian.
Jeśli cel jest tylko pozornie wartościowy – wyrzuć go bez żalu.
Nie warto marnować życia i znosić presji dla czegoś, co nic nie znaczy.
Opłaca się robić to, co naprawdę warto – nawet jeśli jest trudno i kosztownie.

- **Machiavelli** w swoim traktacie Il Principe z 1532 roku sformułował tezę, która do dziś bywa mottem nieuczciwych polityków:

  Cel uświęca środki.

Władysław Bartoszewski odpowiedział krótko:
„...nie warto".

Niestety zbyt wielu ludzi gotowych jest „na wszystko" byle zdobyć pieniądze... To smutne.
Wracamy na właściwe tory, koniec biegania wokół pociągu. :)

Presja i emocje są częścią życia – nie wyeliminujesz ich całkowicie. Twoją rolą jest myśleć i dokonywać mądrych wyborów. Tylko nie automatycznych – lecz naprawdę przemyślanych i świadomych.
Czasem warto znosić presję, bo prowadzi do wartościowego celu. Czasem jednak tkwimy w niej bez sensu, ślepo podążając w stronę, która niczego nam nie daje.
Bywa, że to my sami tworzymy sobie presję, budując złudzenia i żyjąc w fikcji, której wcale nie potrzebujemy.

Presja niesie informację – a naszym zadaniem jest sprawdzić, co z tej informacji dla nas wynika.
To dobry moment, by zweryfikować cel i drogę.
Czy cel naprawdę jest wart tego, by znosić taką presję?
Czy droga, którą idziemy, jest właściwa?
Czy możemy zrobić coś, co tę presję zredukuje – albo sprawi, że całkowicie zniknie?

22.5.8 Presja – Przykład 1

Naszym celem jest zarobić w tym tygodniu 5% kapitału.
Zwiększamy SL do 2% i zaczynamy odczuwać presję.
Cel może być w porządku, ale może to droga do niego jest zła – i to ona generuje stres. Może SL 1% w zupełności wystarczy, a zamiast grać z większym ryzykiem, posiedzimy przy wykresach godzinę czy dwie dłużej. Zrobimy kilka zagrań więcej, za to z mniejszym ryzykiem – i bez niepotrzebnego stresu.

Dlaczego wspominam o Bartoszewskim właśnie w tym kontekście? Bo **potrafił wybaczyć i odpuścić**. Mimo potwornych krzywd dążył do pojednania.
Wielu ludzi nigdy nie odpuszcza. Pielęgnują w sobie negatywne uczucia. Tkwią w krzywdzie, jakby była czymś cennym.
Tylko że to się zupełnie nie opłaca – nawet „na chłodno", biznesowo. Czy warto ponosić koszty, jeśli nic nie zyskujemy?
Lepiej ciąć straty, pozbywać się presji i stresu, niż taplać się w błocie bez żadnej przyjemności.

22.5.9 Presja – przykład 2

Masz trudną sytuację finansową. Nie chcesz martwić żony ani rodziny, więc bierzesz kiepską, szkodliwą pracę – bo jest lepiej płatna.

Myślisz: „To tylko na chwilę". Mija pół roku, rok...
Nie mówisz bliskim, co się dzieje. Chcesz ich chronić, zachować wizerunek tego, który „zawsze daje radę". Zamykasz się w sobie, dusisz emocje. Rodzina to czuje, ale nie rozumie, bo nic nie mówisz.

Boisz się reakcji, które sam sobie wyobraziłeś. Pod presją tych fikcyjnych scenariuszy robisz coś, co krzywdzi wszystkich.
Chciałeś ochronić bliskich, a wyszło odwrotnie – więcej szkody niż pożytku.

A gdyby tak zagrać w otwarte karty?
Powiedzieć wprost, jaka jest sytuacja.
Może nawet wziąć tę ciężką pracę, ale w atmosferze szczerości.
Wtedy presja jest inna – rozłożona na wszystkich.
Macie wspólny cel, wspólny problem do rozwiązania.
A może partner lub partnerka wpadnie na pomysł, który wszystko odmieni?

W trudnych chwilach stawiam na szczerość.
Nawet gdy sam muszę działać, czuję wsparcie – bo jesteśmy w tym razem. To buduje związek, oparty na prawdziwym partnerstwie.
Jak to u nas się mówi – razem ciągniemy ten wózek.

Zrób sobie symulację:

Wariant 1.
Mówisz, przed jakim problemem stoicie, wspólnie zajmujecie się rozwiązaniem.
Wszyscy wiedzą, o co chodzi, więc nie ma głupich dyskusji:
„A dlaczego nie mogę sobie kupić tych butów, skoro w szkole wszyscy takie mają?".
Przechodzicie przez to razem – silniejsi. I szczęśliwsi.

Wariant 2.
Męczysz się z tym sam. Historia wygląda tak, jak w opisie tego przykładu...
Ogólnie rzecz biorąc – porażka.

Wariant 3.
Mówisz o problemach, partner albo partnerka Cię rzuca, bo „Twój problem to Twój problem".
Wygrałeś... bo po co Ci partner tylko na dobre dni? :)

Pamiętaj:
Presja to objaw.
Znajdź przyczynę, przeanalizuj i zrób to, co możliwe, żeby jak najszybciej pozbyć się presji – albo przynajmniej ją zredukować.

22.5.10 Presja – przykład 3

Masz problemy finansowe.
Może przez własne błędy, a może przez pecha – np. koszty leczenia, nieuczciwych ludzi w firmie... To już nieważne.
Liczy się fakt: jesteś w trudnej sytuacji.

Podejdź do tego, jak Trader – chłodno i analitycznie.
Zrób analizę: co się wydarzyło, dlaczego, jakie są możliwe scenariusze, ile mogą potrwać, ile będą kosztować, które z nich mają sens.
Gdy ustalisz wszystkie warianty, zastanów się, **z kim warto je omówić.**
Emocje mogą zaburzać Twój osąd – a inna perspektywa może ujawnić nowe możliwości.
Poproś o pomoc.
Nie traktuj tego, jak dramat życiowy – to techniczny problem, który trzeba rozłożyć na części i rozwiązać punkt po punkcie.

Skoro już w głowie przeżyłeś cały stres, to emocjonalne koszty zostały „zaksięgowane". Wszystko, co mogło pójść źle, już się wydarzyło i należy do przeszłości.

Masz plan, ale paraliżują Cię emocje? Nie wiesz, jak ruszyć z miejsca? Jeśli nie wiesz, jak ruszyć z miejsca, to znaczy, że w głębi serca jeszcze nie zdecydowałeś się wstać po upadku.

Pytanie jest proste:
Zostajesz tam, gdzie leżysz – czy to jeszcze nie jest ostatnia strona Twojej książki?

Jeśli to jeszcze nie koniec, to nie marnuj czasu.
Rusz tyłek i weź się do roboty – teraz.

22.5.11 EST

Około 50 lat temu w USA popularny był trening EST (Erhard Seminars Training).
Dziś nie znajdziesz go już w ofertach szkoleń – to metoda kontrowersyjna i dawno wycofana. Kiedyś trafiłem na książkę opisującą sesje EST. I choć wielu ją krytykuje, ja sam wyciągnąłem z niej coś cennego – coś, co od tamtej pory stosuję w życiu.

Wniosek?
To ja jestem odpowiedzialny za wszystko, co dzieje się w moim życiu. Nawet jeśli spadnie na mnie meteoryt i urwie mi nogę – to moja odpowiedzialność.
Brzmi absurdalnie? Pomyśl: jeśli ja biorę odpowiedzialność, to ja mam władzę i to ja mogę coś z tym zrobić.

Co jeszcze dała mi ta stara książka?
Nie tworzę już w głowie złudzeń na temat swojego życia.
Jestem gotów na każdą brutalną prawdę – bo nawet najgorsza prawda jest lepsza niż wygodne kłamstwo.

Jeśli gdzieś czai się problem, mówię do niego:
„Chodź tu, ty mały gnojku, zaraz się tobą zajmę" – i rozwalam go, bo mam już po dziurki w nosie komplikacji.
Każdy problem, który stanie mi na drodze, rozwalę. Nie mam czasu i ochoty na cackanie się z problemami.

Aby to było możliwe, muszę brać na siebie pełną odpowiedzialność, konfrontować się z trudnościami od razu i bez wymówek. Jest, jak jest, będzie, jak będzie – a moim zadaniem jest zrobić wszystko, żeby było dobrze.

22.5.12 Presja – przykład 4

Jeśli spadnie na mnie meteoryt i urwie mi nogę, to i tak uznam, że to moja odpowiedzialność.
Wiem, brzmi absurdalnie – jednak pomyśl...
Jeśli to ja biorę odpowiedzialność, to znaczy, że ja decyduję i mogę coś zmienić.
Nie tracę czasu na obwinianie świata ani na użalanie się nad sobą. Biorę to na klatę i szukam rozwiązania.

Jeśli nie przeżyłem – dobrze, nie mam już żadnych zmartwień. Jeśli przeżyłem – też dobrze. Zostałem legendą: pierwszy człowiek, któremu meteoryt urwał nogę. :) Zaproszenia do telewizji, wykłady, nowy rozdział życia... :)

Widzisz, co zrobiłem? Wziąłem odpowiedzialność nie za to, co się wydarzyło, ale za swoją reakcję i zacząłem planować, co dalej robić z życiem bez nogi i z kometą w CV.
To ja wybieram, jak zareaguję.
Mogę siedzieć, płakać i użalać się nad sobą albo zrobić plan i na tej katastrofie zbudować piękną przyszłość.
To moja decyzja.

22.5.13 Wiesz, dlaczego piszę tę książkę?

Bo wiele w życiu przeszedłem. Miałem momenty naprawdę trudne do udźwignięcia. Jednak właśnie to te katastrofy i to, że zdołałem się po nich podnieść, stanąć na nogi i stworzyć sobie i bliskim dobre życie – są moim największym skarbem.
Tak... to nie dobre dni mnie ukształtowały, tylko właśnie te złe.
Gdyby nie one, nie zostałbym Traderem i nie napisał książki. Nie miałbym wewnętrznego przekonania, że mam coś cennego do przekazania dla ludzi, którzy jak ja – upadają, lecz chcą powstać.

Jeśli podejmiesz decyzję, że się podnosisz, może przed Tobą być piękne życie.
Zapamiętaj:
Łatwe życie tworzy ludzi słabych.
Trudne życie buduje ludzi silnych – o ile się nie poddadzą.

A Ty? Kim chcesz być?
Tym, który wygrał – czy tym, który się poddał?

22.5.14 Presja – przykład 5

Znasz historię o dwóch braciach bliźniakach?
Jeden został prawnikiem, drugi trafił do więzienia.
Obaj wychowali się w tych samych trudnych warunkach.
Zapytani o to, jak potoczyło się ich życie, obaj odpowiedzieli tak samo:
„Nie miałem wyboru – dorastałem w piekle".

Jeden uznał, że nie ma wyjścia, tylko gang.
A drugi – że musi się wyrwać, choćby nie wiem co.
Ten sam start. Inne decyzje. Inne zakończenie.

22.5.15 Chyba już dość tego gadania o presji. :)

Presja to sygnał. Informacja od organizmu: coś trzeba zmienić.
Gdy temat jest trudny, sięgam po podejście EST.
Nie uciekam – rozbieram temat na czynniki.
Przeżywam emocje, które się z tym wiążą.
A potem zaczynam sprzątanie.
To jak z miną przeciwpiechotną.
Możesz stać i bać się jej do końca życia.
Albo zrozumiesz zagrożenie, włączysz filmik z YouTube :) i mimo presji rozbroisz ją, wyrzucisz w krzaki – albo sprzedasz.
I idziesz dalej.

22.5.16 Niepewność

Ludzie lubią stabilizację. Pewność, że jutro będzie tak samo dobrze albo tak samo źle, jak wczoraj.

Giełda i trading to nieustanna niepewność – trzeba nauczyć się z nią żyć. Niepewność to ryzyko i zmiany. Zmiana uruchamia nasz gadzi mózg i nagle w komputerze pokładowym wybucha panika, bo obudził się T-Rex i nie wie, czy ma zjeść przeciwnika, czy uciekać.

Najciekawsze, że w życiu i tak nigdy nie ma nic pewnego.
Dziś masz stabilną pracę, powiedzmy w Enron Corporation, a jutro okazuje się, że to była iluzja i nie masz ani pracy, ani funduszu emerytalnego, bo firma prowadziła kreatywną księgowość i cała stabilizacja związana z pracą była fikcją.
Dziś masz dom. Jutro tornado zamienia go w kupę gruzu rozrzuconą po całej okolicy.
Całe nasze życie to jedna wielka niepewność.

Oglądałem kiedyś program o ludziach, którzy w latach 1800–1890 „zdobywali Dziki Zachód" w USA. Pomyśl, jak ogromne ryzyko podejmowali i porównaj to z niepewnością, którą niesie trading.
Wszystko jest względne.
Nasze ryzyko, stres i niepewność na wykresach to spore wyzwanie, aczkolwiek ludzie mierzyli się z trudniejszymi próbami.
Więc jeśli tylko naprawdę chcesz – dasz radę.

Niepewność to brak pewności co do wyniku, to wątpienie w siebie i w swoją metodę. Im gorzej jesteś przygotowany do tradingu, tym większe masz wątpliwości.
Wątpliwości generują emocje – stres, lęk, nadzieję, utratę wiary.
To z kolei prowadzi do kompulsywnych reakcji, zmieniania planów, skakania z metody na metodę.
Zamiast skupić się na technice, zaczynasz szukać potwierdzeń i cudownych rozwiązań – kolejnego Świętego Graala, który wszystko załatwi. Niepewność sprawia, że popełniasz błędy – złe wejścia, złe wyjścia, brak zagrań, bo nic nie wydaje się pewne.
Po tych błędach przychodzą kolejne: odgrywanie się, porzucanie metody, której nawet jeszcze nie poznałeś i szukanie nowej, której też nie poznasz, bo szukasz dróg na skróty.

Może lekko przerysowałem, ale wiesz już, o co chodzi. Niepewność to stały element życia – trzeba to zaakceptować i wyciągać wnioski. Jakie?
W świecie niepewności potrzebujesz sprawdzonych rozwiązań. Im bardziej trzymasz się ich konsekwentnie, tym większą masz stabilność.
Oczywiście – bez fanatyzmu.
Sprawdź, czy Twoja metoda jest kompletna i daje statystyczną przewagę. Trzymaj się zasad, które sam wybrałeś i przetestowałeś. Prowadź dziennik Tradera, analizuj statystyki, udowadniaj sobie, że Twoja metoda działa.
Wprowadzaj tylko drobne korekty i testuj ich wpływ na wyniki.

Statystyki to jedyne, co daje Ci pewność.
Nie masz statystyk – nie masz danych.
A bez danych? Pozostaje tylko niepewność.

22.5.17 Chcesz dostać Świętego Graala Tradingu?

Życie nie daje Ci żadnej gwarancji. Matematyka – to co innego. Jeśli Twoje statystyki jasno pokazują, że kapitał rośnie bez większych obsunięć, możesz sobie zrobić wykres: ile pieniędzy będziesz miał za 5 lat.

Ten wykres ma jednak jedną poważną wadę – Ciebie. :)
Czynnik ludzki to największe ograniczenie.
Tematem płynności rynku nie musimy się raczej przejmować, o ile ktoś nie chce grać na walorach niszowych z małą płynnością. Tego nie polecam.

Zrozum jedno:
Analiza statystyk to jedyne, co może dać Ci realną „pewność".
A pewność to przepustka do zysków.
Chcesz grać większą pozycją i zwiększyć wartość SL?
Musisz mieć **Pewność**.

Bez niej masz **Niepewność**. A ta oznacza stres, emocje i chaos. Emocje wyłączają Ci Einsteina, a wtedy cały misterny plan... jest nic niewart.
Matematyka. Dziennik zagrań. Statystyka.
Też tego nie lubię, ale **to jest szczepionka na emocje**.
Wiem – powtarzam się, jednak lepiej Cię znudzić niż pozwolić, żebyś to zignorował.

To właśnie jest Święty Graal tradingu:

Statystyki budują pewność.
Pewność ogranicza emocje.
Brak emocji pozwala myśleć analitycznie.
Analiza, skuteczna strategia i konsekwencja dają jakość.
Jakość gwarantuje wyniki.

Masz maszynę, do której wkładasz pieniądze i wyjmujesz je rozmnożone.
Albo użyjesz tej maszyny, albo będziesz się dalej męczył i kombinował.

Twój wybór.

22.5.18 Ciągłe niepowodzenia i porażki

Jeśli uważasz się za mądrego, nieomylnego i jesteś autorytetem w oczach innych :) – rynek szybko sprowadzi Cię na ziemię.
Wchodząc w pozycję, zazwyczaj masz większą szansę na stratę niż na zysk. U mnie często około 50% zagrań kończy się stratą lub wynikiem bliskim zeru.
Z pozostałych 50% część to tylko przeciętne zagrania z R:R 1:3.
Większość zagrań – mimo wiedzy i starań – nie daje zachwycających rezultatów.

Czy tak to sobie wyobrażasz?

Codziennie 8 godzin na ringu z rynkiem. Cios za cios.
Walka z bykiem i niedźwiedziem o pieniądze na życie.
Gdyby tak wyglądała codzienność, mało kto zostałby Traderem. :)
A jednak – dla tych, którzy odpadają – właśnie tak to wygląda.
Nie uczą się, nie czytają, nie rozwijają się.
Wchodzą na rynek bez przygotowania i liczą, że zabiorą komuś pieniądze.
To naiwność, ale każdy ma prawo do własnych błędów.

W tradingu prawdziwą porażką jest mieć dostęp do wartościowej wiedzy o psychologii i technice... i mimo to nie rozwijać się lub łamać własne zasady i przegrywać.

22.5.19 Ciągłe ryzyko...

Gra na rynku jest niemal jak hazard – każde zagranie to jak zakręcenie kołem ruletki. Masz technikę i plan, mimo to ostatecznie i tak albo wygrasz, albo przegrasz.
Ryzyko staje się dla Ciebie czymś naturalnym jak oddychanie – albo się do niego przyzwyczaisz, albo nie zostaniesz zawodowym Traderem.
Ryzykujesz, odczuwasz lęk i niepewność, mimo to działasz – bo taka jest ta gra. Nie obstawisz – nie wygrasz. Różnica między hazardem a tradingiem? W tradingu możesz mieć statystyczną przewagę. W hazardzie zawsze wygrywa kasyno.

Z czasem przestajesz czuć, że ponosisz ryzyko. Po tysiącu zagrań kolejne nie robi już wrażenia.
Wchodzisz w rynek zgodnie z planem, strategią, scenariuszem. Masz ustalony SL oparty na zasadach MM.
Wchodzisz, rynek robi swoje, zapisujesz wynik w statystykach i szukasz kolejnej okazji.
Ryzyko straty, które początkowo Cię paraliżowało, z czasem staje się nieistotne.
Ktoś powie, że to nieprawda – że gra bez SL lub z wysokim SL (3–5%) to jednak stres.
Jasne. Tylko że rozmawiamy tu o zawodowych Traderach, którzy są na rynku latami, aż do emerytury. A w tym gronie nie ma hazardzistów – Ci odpadają wcześniej, bo kończą bez kapitału.
Liczy się statystyka.
Jeśli masz przewagę i dane są po Twojej stronie, ryzyka nie ma.
Ryzykiem jesteś tylko Ty – człowiek, emocje, czynnik, który potrafi zniszczyć wszystko.

Mógłbym jeszcze dorzucić ze sto innych potencjalnych zagrożeń, ale po co psuć taki ładny „motywacyjny przekaz" jakimiś drobiazgami. :)
Jeśli jesteś czujnym analitykiem, to wiesz, że to zdanie o braku ryzyka nie jest do końca prawdziwe. :)
Patrząc na politykę... kogo dzisiaj w ogóle jeszcze obchodzi prawda? :)

Czynników niezależnych od Ciebie jest mnóstwo – tylko czy naprawdę warto w strategii uwzględniać inwazję kosmitów albo impuls elektromagnetyczny, który spali całą elektronikę? Jak chcesz się skupiać na „Czarnych łabędziach", jedź do Australii.
Dla celów edukacyjnych czasem warto trochę nagiąć prawdę – nie chodzi przecież o dogmaty, tylko o ukształtowanie ucznia.

Rodzic, który pierwszy raz puszcza dziecko na rowerze bez bocznych kółek i mówi: „Jedź, nic Ci się nie stanie!", też może nie mieć racji – zwłaszcza gdy dziecko ląduje w krzakach. Dzięki temu nauczyło się czegoś. :) Już wie, że dorośli czasem ściemniają. :)

22.5.20 Ryzyko „pewnej” inwestycji w srebro

Opowiem Ci ciekawą historię o braciach Hunt.
Bracia Hunt – miliarderzy z Teksasu, których rodzina dorobiła się fortuny na ropie naftowej – stwierdzili, że dolar to tylko papier (a technicznie rzecz biorąc, raczej szmatka z bawełny i lnu).
Po „Nixon Shock” w 1971 roku 35 dolarów przestało mieć pokrycie w jednej uncji złota. Od tego momentu możliwe było drukowanie pieniędzy „bez ograniczeń” – a to przepis na inflację.

Dziś, ponad 50 lat później, za te same 35 dolarów kupisz kawę i ciastko.
Uncja złota kosztuje, w chwili pisania tej książki, niemal 3500 dolarów. Upraszczając: jeden cent z 1971 roku ma dziś wartość zakupową zbliżoną do jednego dolara.
Wtedy za 35 dolarów kupowałeś jedną uncję. Dziś za tę samą kwotę – ułamek grama.

Bracia Hunt trafnie przewidzieli, że dolar będzie tracił na wartości. To idealny przykład na to, że mieć rację nie znaczy, że zarobisz pieniądze.
Między 1973 a 1980 rokiem skupowali ogromne ilości srebra – zarówno fizyczne sztabki, jak i kontrakty terminowe.
Zgromadzili około 200 milionów uncji.
Cena wzrosła z ok. 6 do prawie 50 dolarów za uncję.
Przez siedem lat sami napędzali hossę, tworząc popyt i kumulując pozycję.

Nawet gdyby Comex i regulatorzy nie wprowadzili ograniczeń pozycji ani tzw. „Silver Rule 7", ich zagranie i tak było trudne do zamknięcia. Z dużym kapitałem można pompować cenę waloru, ale problemem jest późniejsza sprzedaż bez wywoływania załamania kursu.

Jesse Livermore dobrze opisał ten problem w swoich wspomnieniach – jak sprzedać duże pozycje bez zrzucania ceny.
Bracia Hunt chyba tej książki nie czytali – zbankrutowali, a cena srebra runęła z prawie 50 do ok. 10 dolarów za uncję.
Ryzyko jest zawsze.
Zwłaszcza wtedy, gdy myślisz, że wszystko masz pod kontrolą.

22.5.21 Dygresja o Adolfie i współczesnej bańce finansowej

Od 1971 roku w USA trwa era rozwoju opartego na dodruku pieniędzy bez pokrycia.
„Nixon Shock" zakończył epokę Bretton Woods i zapoczątkował „złotą erę fiat money". [23]
Przez ponad 50 lat bańka finansowa rozrosła się do rozmiarów, których – w mojej ocenie – nikt już nie kontroluje.
Nikt nie wie, jak ją rozbroić ani dokąd to wszystko zmierza.
Politycy wolą podtrzymywać iluzję niż szukać prawdziwego rozwiązania.
Inflacja rośnie, kredyty są nadal udzielane.
To poważne ryzyko dla nas jako ludzi i jako Traderów.

Pomysł rozwoju na „drukowaniu pustego pieniądza" nie jest nowy. Dla przykładu: Adolf Hitler tak właśnie sfinansował ekspansję III Rzeszy, budując potęgę militarną w kraju pogrążonym wcześniej w kryzysie.

Jeśli Cię to ciekawi, poszukaj historii MEFO i Hjalmara Schachta – szefa Reichsbanku i ministra gospodarki III Rzeszy.
Zobaczysz, jak w świecie podobnym do naszego można manipulować dodrukiem pieniądza bez pokrycia – o ile ludzie nadal wierzą, że ten papier coś znaczy albo że w przyszłości ktoś spłaci dług zaciągnięty w obligacjach, wekslach itp.

Adolf miał prosty plan: pokryć swoje zobowiązania wojennymi łupami. Choć trudno uwierzyć, by taki człowiek przejmował się terminem wykupu obligacji.

To przeszłość – przerażająca, aczkolwiek pouczająca.
Pytanie aktualne: jaki plan mają dziś nasi liderzy? Kogo ograbią, co sprzedadzą, żeby ta papierowa gospodarka dalej działała?

Lepiej wracajmy do tradingu – problemów świata i tak nie rozwiążemy.
Zaróbmy sobie trochę tych bezwartościowych pieniędzy.

22.5.22 Trading to nie gra zespołowa

Jesteś Ty i jest rynek.
Tylko Ty decydujesz i ponosisz konsekwencje. Nie ma kumpli z drużyny, nie ma kibiców. Jesteś sam na sam z wykresem.
Jeśli jesteś towarzyski i nie znosisz samotności, może być Ci trudno.
Giełdowy parkiet już dawno opustoszał – dziś handlują komputery i sieć oplatająca cały świat.

22.5.23 Nie ma oklasków za wygraną

Tylko Twój rachunek wie, czy wygrałeś, czy przegrałeś.
Jeśli Twoje Ego potrzebuje podziwu, może lepiej idź na scenę – wykłady, szkolenia, światła reflektorów.
Tam znajdziesz widownię.

22.5.24 Cisza...

Skupienie potrzebuje ciszy.
Kiedy siadam do wykresów, mam spokój.
Nie gra muzyka, telefon milczy, drzwi są zamknięte.
Nie chcę emocji z radia, Bloomberga, czy CNBC.W sumie przy pełnym skupieniu i tak bym ich nie zauważał.
Może Ty masz inaczej. A może tylko Ci się tak wydaje.

22.5.25 Pieniądze szczęścia nie dają

U nas w kraju to coś w rodzaju „mądrości ludowej".
Ostatnio oglądałem z żoną serial o latach 90. i magazynie VOGUE. Skupiał się na modzie i jej przemianach.

Zwykle jestem sceptyczny wobec mody – kojarzy mi się z celebrytkami i absurdalnymi cenami, jak „torebka za 20 tys. dolarów", która wygląda jak coś z taniego bazaru.

Pieniądze szczęścia nie dają, ale zakupy... :)
To, czy ktoś zamienia pieniądze na realną wartość, czy na iluzję, to jego wybór. Jesteśmy wolni – każdy sam określa, ile coś dla niego jest warte.
Trader nie kupi szczęścia za pieniądze, ale nie znam ludzi z ciągłym deficytem pieniędzy, którzy naprawdę żyją szczęśliwie.

Co ciekawe, ten serial zmienił moje podejście do mody.
Choć dalej uważam, że płacenie fortuny za logo jest wątpliwe, to muszę przyznać, że niektóre kreacje były piękne – prawdziwe dzieła sztuki. To pokazuje, że człowiek potrafi zmienić zdanie nawet po latach – wystarczy odpowiedni impuls.
A skoro jedno przekonanie może się rozsypać, to może są też inne, których nigdy nie poddaliśmy weryfikacji?
Pewnie masz w głowie przekonania o pieniądzach i zarabianiu, które traktujesz jak swoje, choć wcale ich nie wymyśliłeś.
Często są to poglądy zaszczepione przez rodzinę, otoczenie – fundament naszej wizji świata. Trwamy przy nich... aż jakiś serial o modzie zrobi zamieszanie. :)

W kolejnym rozdziale pogadamy o emocjach.
Skąd się biorą? Czy na pewno są nasze? A może ktoś je nam wprogramował?
Może wystarczy je zakwestionować i przemyśleć?

23 Które emocje to problemem Tradera?

23.1 Chciwość – „Greed is good”

To trochę prowokacyjne stwierdzenie z legendarnego filmu zakotwiczyło w naszej branży na stałe i zazwyczaj jego przekaz moim zdaniem jest błędny.

Gordon Gekko – bohater filmu Wall Street (1987), grany przez Michaela Douglasa, podczas przemówienia do zarządu firmy powiedział:

„Greed, for lack of a better word, is good. Greed is right. Greed works”.

Chciwość to uczucie. Ono nie jest ani dobre, ani złe. Dopiero to, co zrobimy pod wpływem tego uczucia, może być dobre lub złe.

Dla Tradera chciwość generuje kilka podstawowych problemów:

23.1.1 Chciwość popycha nas do zwiększonego ryzyka

Chcemy zarobić więcej, szybciej, a najlepiej jedno zagranie i wagony z pieniędzmi już na nas czekają.

To się nie uda.

To nasze pragnienie może skończyć się zerem na rachunku i koniecznością refleksji nad swoją psychiką Tradera.
Zwiększanie ryzyka poza rozsądne, potwierdzone statystykami poziomy musi się skończyć źle.

23.1.2 Chciwość to wymysł naszego Ego

Zastanawiałeś się, dlaczego chcesz zarabiać więcej pieniędzy?
Rozumiem kwestię zaspokojenia podstawowych potrzeb. Lepsze mieszkanie, dobry samochód – to są takie normalne potrzeby człowieka. Jeśli jednak kupujesz Bugatti, a nie planujesz jeździć 300–400 km/h, to pytanie: dlaczego tego pragniesz?
Dlaczego chciałbyś mieć wielki, drogi dom, skoro potrzebujesz góra 3 pokoje, kuchnię, łazienkę i garaż na 3 auta, bo lubisz klasyki, więc masz kilka?

Jeśli nie przerobisz w sobie tego tematu, może się okazać, że sam siebie zmuszasz do czegoś, czego w sumie nie chcesz.
To by było dosyć smutne.

23.1.3 O chciwości – filmowe lekcje

W filmie Wall Street: Money Never Sleeps (2010) Bretton Woods, zapytany przez Jacoba o kwotę, przy której odpuściłby już ten bankowo-inwestycyjny biznes, odpowiada: „**More**."

Jest kilka poziomów chciwości.
Na początku najczęściej chcemy dużych pieniędzy. Gdy już ich mamy za dużo, same pieniądze przestają nas ekscytować. Zaczynamy pożądać czegoś innego – władzy, kontroli.
Dla wielu ludzi pieniądze i władza są tak ważnym celem, że chyba nawet nie zadają sobie pytania, jaki jest sens ich życia. To smutne, bo to najbogatsi i mający władzę kształtują świat, jaki mamy za oknem.

W filmie Gladiator (2000) Cesarz Marek Aureliusz chciał przekazać władzę generałowi Maximusowi, by ten przekształcił cesarstwo w republikę pod rządami senatu.
Maximus odmówił, a Cesarz powiedział:
„**Maximus, that is why it must be you**".

Wiem, że to tylko film, jednak ambicje, emocje i pragnienia, które pokazuje, są prawdziwe. Maximus nie pragnął władzy – chciał wrócić do domu i cieszyć się spokojnym, prostym życiem.

Czego Ty chcesz? Czego naprawdę pragniesz?

Ważne jest, aby określić cel zgodny z naszymi wartościami i pragnieniami.

Kiedy go znamy, łatwiej dostrzegamy, że wiele pokus to tylko **fałszywe pragnienia**, które chcą odebrać nam coś cennego i ściągnąć z naszej drogi.

23.1.4 Czym jest marketing?

Zanim podam Ci moją definicję, przytoczę dwa przykłady.

W latach 50. i 60. XX wieku na rynku jubilerskim pojawiły się **czarne perły**. Wcześniej uważano je za brzydkie, wybrakowane i przez to bardzo tanie.

Importer Jean-Claude Brouillet poprosił o pomoc w wypromowaniu ich mody znanego nowojorskiego jubilera Harry'ego Winstona.

Harry ustalił bardzo wysoką cenę i reklamował czarne perły w towarzystwie najdroższych białych diamentów.

Rynek to „kupił".

„A diamond is forever". Na początku XX wieku firma De Beers miała praktycznie monopol na wydobycie diamentów.

W tamtym czasie uważano je za niepraktyczne i zbyt drogie.

Tylko ok. **10%** pierścionków zaręczynowych zawierało diamenty.

W 1947 roku, wobec spadającego popytu, De Beers zleciła agencji N.W. Ayer stworzenie reklamy – tak narodziło się hasło „Diamenty są wieczne". Pięćdziesiąt lat później ponad **80%** pierścionków zaręczynowych miało diamenty.

Monopoliści, mając wpływ na popyt i podaż, dbali przez długie lata o utrzymanie cen diamentów.

Diament to sprasowany węgiel, mimo to mnóstwo ludzi kupiło tę reklamę i płaci ogromne kwoty za „szkiełko w pierścionku".

Marketing to sztuka kreowania w odbiorcy potrzeby, której wcześniej nie miał i oferowania produktu, który tę wpojoną potrzebę rzekomo zaspokaja.

Uważaj na reklamy, ich celem jest zabrać Ci pieniądze i wcisnąć coś, czego nigdy nie potrzebowałeś.
Zamienisz swój czas na zbędny przedmiot, a przy okazji wzbudzisz w sobie pragnienie, które nakręci chciwość.
Manipulacja sprzedawców marzeń może sprawić, że staniesz się „frajerem", który oddaje im swoje życie w postaci zarobionych pieniędzy. Wybacz dosadność, ale czasem nie ma sensu owijać w bawełnę.

Według danych z Wikipedii ceny diamentów naturalnych spadły o około 26% od szczytu w 2022 roku do początku 2025 roku, a ceny diamentów laboratoryjnych – aż o około 74%.
Czasem sama reklama nie wystarczy...

23.1.5 Buntuj się

Zdaję sobie sprawę, że przedstawiona tu definicja marketingu odbiega od tej, której uczą w szkołach.
Nie piszę tej książki po to, by przekazywać wiedzę powszechną – moim celem jest wytrącić Cię z utartych schematów myślenia.
Jeśli jakaś skrajność przedstawiona w tej książce Cię poruszyła – świetnie. To znaczy, że coś zakwestionowałeś. I bardzo dobrze.
Teraz możesz się nad tym zastanowić i sprawdzić, czy Twój automatyczny, podświadomy system wartości i ocen naprawdę Ci odpowiada.

Nie musisz się ze mną zgadzać.
Wystarczy, że zaczniesz samodzielnie myśleć i weryfikować zarówno to, co piszę – jak i to, co masz wgrane w swojej podświadomości. Jeśli mój punkt widzenia różni się od Twojego, to prawdopodobnie jeden z nas jest w błędzie. Tylko który... **:)**

23.2 Strach

Strach, lęk, stres... to wszystko wynika z braku zaufania – do systemu lub do siebie. Brak zaufania świadczy o niedostatecznym przygotowaniu. Gdybyś był przygotowany w 99%, nie miałbyś wątpliwości, że Twój system działa i przynosi zyski.
Niepewność rodzi „głupie zagrania", te prowadzą do strat i bolesnych doświadczeń, a pamięć o nich wywołuje strach.
Widzisz, gdzie leży problem?
Ciągle w tym samym miejscu:

- opanuj psychologię,
- dopracuj technikę,
- przetestuj swój system,
- sprawdź, czy jest powtarzalny oraz statystycznie zyskowny.

Gdy to zrobisz, cała reszta to formalność.
Wchodzisz na rynek, wychodzisz z pieniędzmi. Większość emocji (poza chciwością) wynika po prostu z braku przygotowania.

To jest recepta na większość problemów:
profesjonalne przygotowanie do tradingu.

23.3 Zemsta, odwet, odegranie się na rynku, odrobienie straty

Jeśli przeczytałeś poprzedni punkt, to wszystko już wiesz.
Straty, które próbujesz odrobić, wynikają z błędów psychologicznych, łamania zasad strategii albo ich braku, a także z fatalnego MM.

Nie rób głupot – nie będziesz musiał walczyć z takimi demonami. Jeśli popełnisz błąd, przyznaj się do niego. Pochyl głowę, zaakceptuj, co się stało, potem ją podnieś, przeanalizuj sytuację i zrób wszystko, by to się nie powtórzyło. Naprawianie błędu kolejną głupotą... no właśnie. Sam rozumiesz.

23.4 Nadzieja

U nas mówi się: „nadzieja jest matką głupich".
To nie zawsze prawda – w życiu bywa potrzebna i daje siłę.
Ale w tradingu?
W tradingu nadzieja zwykle **prowadzi do większych strat**.
Nie ma miejsca na czekanie, aż wykres zawróci i rynek spełni Twoje modlitwy.
Strategia nie zawiera punktu „nadzieja". Zapomnij o tym.
Wiara w sprawdzony system i własne umiejętności – tak.
Nadzieja – nie. To tylko złudzenie i oszukiwanie samego siebie.

23.5 Pewność siebie

To zaleta – o ile wynika z faktów i danych potwierdzających skuteczność Twojej strategii.
Pewność siebie w realizacji planu jest niezbędna.
Jednak jeśli oparta jest na przeczuciu, przekonaniach czy ego, może być bardzo niebezpieczna.
Źle pojęta pewność siebie prowadzi do ignorowania zasad i zwiększania ryzyka („bo mam rację, bo udowodnię").
A to prosta droga do katastrofy. Fałszywa pewność siebie potrafi zabić Tradera.
Pewność siebie oparta na złudzeniu bywa zabójcza.

23.6 Lęk przed stratą

Skrajnym przeciwieństwem pewności siebie jest brak wiary we własną wiedzę, umiejętności i skuteczność.
To rodzi lęk przed stratą.
Masz poczucie, że jeśli zagrasz, to stracisz – i ten lęk Cię blokuje.
Czy to źle? Jeśli nie wierzysz w swoją wiedzę i umiejętności, lęk jest naturalnym sygnałem ostrzegawczym wysyłanym przez Twój mózg.
Najpierw usuń przyczynę – dopiero potem graj.

Zweryfikuj swoją wiedzę, sprawdź skuteczność systemu na demo, a gdy zdobędziesz dowody, że działa – wtedy graj.
Lęk stanie się tylko nieuzasadnionym strachem, który trzeba będzie oswoić.

23.7 Żal, wstyd, poczucie winy

Przegrałeś pieniądze na rynku?
OK – nie jesteś pierwszy ani ostatni. Każdy, kto dziś zarabia, wcześniej tracił. To część procesu nauki. Na początku popełniamy błędy, uczymy się na nich, z czasem robimy ich mniej i stajemy się fachowcami.

Żal, wstyd i poczucie winy to w tradingu chore emocje.

Nie wnoszą nic pozytywnego, choć są całkowicie naturalne.
Jeśli nie jesteś psychopatą, znasz je równie dobrze jak ja.
To sygnały, które trzeba odczytać i zastosować się do ich przesłania.
Jeśli czujesz żal, to znak, że w Twojej ocenie zrobiłeś coś źle.
Wyciągnij wnioski, zmień schemat działania i nie popełniaj tego samego błędu. Wtedy żal spełnił swoją funkcję – możesz iść dalej z podniesioną głową.
Niektórzy jednak tkwią w tych emocjach zbyt długo.

Odprawiają pokutę – karzą się, zamiast wybaczyć sobie. Tarzają się w błocie, zamiast wstać i iść dalej.
Jeśli to chwilowe – OK, ale jeśli trwa latami, staje się toksyczne.
Kluczem jest umiejętność wybaczenia sobie. Zadośćuczyń, jeśli możesz. Jeśli nie – wybacz sobie, popraw się i idź dalej. Równowagę odzyskasz, robiąc coś dobrego w innym obszarze.

Trwanie w żalu to forma karania siebie. Jest to też często efekt lęku przed zmianą. Tak długo, jak tkwisz w żalu, masz wygodną wymówkę, by nie zmierzyć się z wyzwaniami, które stoją przed Tobą. Aby wyjść z tego stanu, trzeba działać: przyznać się do błędu, wprowadzić korekty, ruszyć naprzód.
Może to trudne, może się nie chce... ale lepiej działać niż się użalać.

Ja też czasem się użalam – przez minutę. :) Potem wracam do pracy, bo szkoda życia na jakieś smutki.
Wspominałem wcześniej o programie EST...
Zmierzenie się z własnymi demonami to jedyna szybka droga naprzód jaką znam i stosuję.

23.7.1 Zmyślone preteksty, żeby unikać bólu

Wiesz, że pisząc tę książkę, nie mam pojęcia, co dokładnie przeżywasz ani w jakim stopniu Twoje uczucia są uzasadnione? Może ukradłeś babci pieniądze, przegrałeś je i masz powód do wstydu – sam musisz to ocenić.

Każda rada, którą tu piszę, jest trafna – o ile nie jest nietrafna. To szczera prawda. :)

Życie i emocje to złożone kwestie. Nie istnieją proste, uniwersalne rady, które wyleczą złamane serca i połamane kości. Gwarantuję Ci jednak, że te rady działają.
Czy zadziałają w Twoim przypadku? To zależy wyłącznie od Ciebie – od tego, czy sobie na to pozwolisz i czy ta konkretna rada pasuje do Twojej sytuacji.
Tak czy inaczej – gratuluję Ci, że zacząłeś się nad tym zastanawiać. To bez wątpienia pierwszy dobry krok do zmiany.

A teraz – mój przepis na emocjonalny ból, żal, wstyd i wszystko inne, co sam sobie wymyślisz:

Przestań. Po prostu przestań.

Pomyśl: nie ma nad Tobą żadnej chmury, która wymierza Ci karę. Nie ma też żadnego przepisu prawnego, który nakazuje Ci cierpieć.
To, że tak się teraz czujesz, **to Twój pomysł**.
Skoro Twój – możesz wymyślić, że już skończyłeś.
I zająć się czymś pożytecznym.

I jeszcze jedno...
Chciałbyś wyłączyć te chore emocje tak, jak Ci powiedziałem, ale od razu pojawia się lęk? To zrozumiałe, bo jeśli sobie wybaczysz, wypadałoby coś z tym zrobić – zweryfikować strategię, podjąć kolejną próbę stania się dobrym Traderem.
Czujesz niepokój?
Boisz się, że znowu się nie uda? Że się nie nadajesz?
Fakty są takie, że prawdopodobnie zabrałeś się za trading zbyt szybko – byłeś napalony, ale nieprzygotowany.
Eureka.
Skoro już wiesz, co było źródłem problemu, to co należy zrobić?
Tak – odrobić lekcje, przetestować swoje przygotowanie na demo.
A kiedy zobaczysz w statystykach stabilne zyski, wrócisz na rynek – małymi kwotami, z minimalnym ryzykiem.

Nie rób sobie z bólu porażki wymówki.
Weź się w garść i walcz o swoje marzenia.

23.8 Nuda

O tym mówi się rzadko, ale jednym z najczęstszych problemów zawodowego Tradera jest zwyczajna, prozaiczna nuda.
Jeśli się nudzisz, zadaj sobie pytanie: co Ty tu właściwie robisz?
Trader powinien się „nudzić", bo trading nie ma być emocjonalnym rollercoasterem.
Nie przychodzisz na rynek po emocje – przychodzisz po pieniądze.
Jeśli masz inny cel, nie trać czasu na czytanie tej książki.
Nuda może oznaczać, że nie analizujesz wystarczająco wykresu.
Jeśli masz wrażenie, że byłeś przy wykresie, cena odjechała, a Ty tylko patrzyłeś, warto się zastanowić, dlaczego.
Zdolność do pełnego skupienia u przeciętnego człowieka wynosi 30–60 minut. Nie da się w pełnym skupieniu śledzić wykresu przez wiele godzin. Nuda to sygnał, że Twoja koncentracja przeszła w tryb standby.

To znak, po którym warto coś zrobić – opiszę to dokładniej w dalszej części książki.

Nuda to także sygnał, że nie powinieneś teraz klikać ani „Buy”, ani „Sell”, bo skoro się nudzisz, to znaczy, że nie analizujesz. A bez analizy zagranie będzie technicznie słabe.
Trading to nie lek na nudę – a jeśli ktoś go tak traktuje, to wybrał sobie bardzo drogie lekarstwo.

W naszym zawodzie sporo czasu upływa na czekaniu i w tym czasie nuda to częsty towarzysz. Spójrz na to inaczej: Ty się nie nudzisz, Ty odpoczywasz, czekając w gotowości na sygnał, że zaczyna się polowanie. Cierpliwość i umiejętność przeczekania do właściwego momentu to cechy doświadczonych, skutecznych Traderów. To nie nuda – to czas na przygotowanie się do akcji.

23.9 Rozczarowanie, zwątpienie

Jak pewnie sam czujesz, te emocje wynikają z niewystarczającego przygotowania i błędów w realizacji tradingu. System, który statystycznie udowodnił swoją skuteczność, nie powinien rozczarowywać ani wzbudzać wątpliwości – chyba że sam go nie realizujesz konsekwentnie, przez co wyniki są gorsze od zakładanych. Wtedy trzeba się po prostu poprawić.
Nie ma na to magicznej tabletki. Weź się do pracy u podstaw. Popraw swoje fundamenty, a gdy usuniesz przyczynę, skutki znikną.

23.10 Samotność

Wspominałem już o tym wcześniej – trading to pojedynek jeden na jeden: Ty kontra rynek. Rynek nie rozwiąże problemu samotności.
Trader potrzebuje spokoju, więc w czasie gry musi się odizolować od otoczenia. A to, jak wygląda Twoje życie poza tradingiem, zależy już tylko od Ciebie.

23.11 Perfekcjonizm

Skrajności – nawet w pozytywnych cechach – bywają zgubne. Dążenie do perfekcji może być formą ucieczki przed realnym wejściem na rynek.

Jeśli jesteś typem analityka, który boi się ryzyka i strat, możesz latami dopracowywać każdy szczegół strategii... aż zostaniesz emerytem, który nigdy nie kliknął „Buy". Nie spróbowałeś, ale za to wszystko masz dopięte perfekcyjnie zapięte na ostatni guzik.

Tylko po co... Dążenie do perfekcji? **Tak**.

Chęć osiągnięcia perfekcji? **Nie**.

Nigdy nie osiągniesz 100% przewagi statystycznej. Wystarczy 51% i praca nad tym, by zrobić z niej 52%, potem 53%... aż może do 80%. Wyczujesz, gdzie leży granica sensu – powyżej niej system staje się niepotrzebnie skomplikowany, a skuteczność zaczyna spadać.

Jeśli coś jest zbyt precyzyjne, zbyt złożone i zbyt szczegółowe, to nie będziesz w stanie tego stosować w praktyce, gdzie co minutę rysuje się nowa świeca.

Do tego dochodzi zmienna specyfika rynku, do której musimy się dopasować. Z jednej strony trzeba sztywno trzymać się zasad, z drugiej – wiedzieć, gdzie być elastycznym.

23.12 Chaos emocjonalny

Tu chyba nie trzeba wiele tłumaczyć – jeśli masz bałagan w emocjach, najpierw się z tym uporaj, zanim usiądziesz do tradingu.

23.13 Obojętność, apatia...

To brzmi jak stan człowieka, który walczył, próbował i się poddał. To zły stan w tradingu – brakuje Ci wtedy motywacji, chęci do analizy rynku, gry. Może nawet jest Ci wszystko jedno, czy wygrasz, czy przegrasz.

Najpierw porządek z głową – dopiero potem trading.

24 Emocje nie opanowują Cię bez ostrzeżenia

Nie muszę Ci tłumaczyć, jak rodzi się w Tobie emocja – doświadczyłeś tego miliard razy. Pytanie tylko: czy kiedykolwiek obserwowałeś, jak to się u Ciebie dzieje?
Kiedyś pewien znany człowiek o imieniu Jan napisał: „Na początku było Słowo..."
Pomyśl o emocji, którą ostatnio czułeś, i zastanów się, **co było na początku**. Zawsze to jest proces, który składa się z etapów. Coś usłyszałeś, coś zobaczyłeś, poczułeś zapach... Zadziałał któryś z Twoich zmysłów i uruchomił procedurę startową.
W jakim byłeś wtedy stanie? Wypiłeś właśnie dziesięć kaw? A może nie spałeś całą noc i unikasz właśnie światła?

Od teraz zrób sobie jedno proste ćwiczenie:

----

*W momencie, gdy poczujesz emocję – dobrą, złą, jakąkolwiek – **zatrzymaj się**.*

24.1 Przycisk – Pause

W tym momencie stajesz obok siebie i obserwujesz, co właśnie się wydarzyło. Jesteś profesorem analizującym przypadek, którym jesteś Ty sam.
Zanotuj – w głowie albo na kartce – w jakim jesteś stanie.

Co działo się sekundę wcześniej, jeszcze wcześniej... aż dojdziesz do pierwszego impulsu, który wywołał reakcję.
Gdy go znajdziesz, włóż go do katalogu „impulsy".
Teraz przewiń swój wewnętrzny film do przodu, krok po kroku, obserwując, jak budowała się w Tobie ta emocja.

Gdy dojdziesz do momentu, w którym wcisnąłeś Stop, zadaj sobie pytania:

- Czy to ma sens?
- Czy ta reakcja to naprawdę to, co chcesz czuć?
- Czy to, co planujesz zrobić za chwilę, to najlepszy wybór?

Impuls z początku był prawdopodobnie czynnikiem zewnętrznym, niezależnym od Ciebie. Za to każda kolejna klatka filmu to już Twoja reżyseria. Jesteś scenarzystą i – kto wie – może za moment zostaniesz także kaskaderem, rzucając do teściowej tekst: „ta zupa jest za słona". :)
A tak na poważnie... Gdy zatrzymałeś film, cofnąłeś go do źródła, przeanalizowałeś impuls i wszystkie kolejne etapy, które doprowadziły Cię do emocjonalnego stanu – to teraz odpowiedz sobie: Czy ta emocja wciąż żyje? Czy może w magiczny sposób już zniknęła? Stwórz dla siebie prostą procedurę poznawania własnych emocji. To będzie Twoje narzędzie.

Pojawiła się emocja – **STOP KLATKA!**

Stajesz obok siebie jako analityk w fartuchu profesora, z dużym zeszytem i długopisem w dłoni. Zaczynasz analizę przypadku. Przewijasz swój film scena po scenie, aż trafisz na impuls, który wszystko rozpoczął. Zatrzymujesz się na początku. Rejestrujesz szczegóły impulsu, jego źródło i kontekst.

Zapamiętujesz ten moment jako swój **trigger** – emocjonalny wyzwalacz. Gdy pojawi się ponownie, natychmiast go rozpoznasz i zrozumiesz, co chce w Tobie uruchomić.

Przyglądasz się kolejnym klatkom – analizujesz dokładnie etapy budowania się emocji.

Wróć do momentu, w którym zatrzymałeś film.

Zadaj sobie pytanie: czy naprawdę chcesz kontynuować ten stan? Czy to, co widzisz, Ci odpowiada?

Jeśli wciąż słyszysz echo tej sceny – **wycisz** je w głowie.

Rozmyj obraz: niech stanie się czarno-biały, przygaszony, zamglony.

I teraz – powoli, spokojnie, **oddalaj** ten obraz. Tak daleko, jak tylko potrafisz.

Kiedy obraz będzie już daleko, zajmij się czymś dobrym, przyjemnym dla Ciebie. Zapomnij o tej głupiej emocji.

A gdy znowu pojawi się ten sam lub podobny trigger, powiedz mu: ZNAM CIĘ! WIDZĘ CIĘ! TYM RAZEM TO JA TU RZĄDZĘ! A TY – GRZECZNIE WYCHODZISZ! :) PA, PA.

Emocje są fajne – kiedy dają przyjemność i sprawiają, że życie staje się ekscytujące.
W naszej branży emocje potrafią też rujnować nasze portfele.
W tradingu emocje są niebezpieczne... ale możesz je wykorzystać.

24.2 Jak wykorzystać fakt, że nie jesteś psychopatą?

Jesteś w trakcie tradingu, zaczynasz czuć emocje – STOP.
Zatrzymujesz film, zakładasz fartuch z napisem PROFESOR TRADER i analizujesz: co tu się właśnie dzieje?

Czy wszystkie zasady są przestrzegane w 100%, czy może coś właśnie pominąłeś i robisz świadomie coś głupiego?
Jeśli jeszcze nie wszedłeś w pozycję, możesz się odsunąć od stołu – to nic nie kosztuje – i zastanowić się, co się właściwie stało.
Analizować przecież potrafisz, Profesorze. :)
Jeśli jednak już kliknąłeś i zrobiłeś coś głupiego, pozostaje mieć nadzieję, że nie złamałeś zasad dotyczących wielkości pozycji i maksymalnego SL. Jeśli przestrzegłeś tej świętej zasady – uspokój się i pomyśl, co możesz teraz zrobić. Zawsze możesz zamknąć pozycję i przeanalizować, co się wydarzyło. Możesz też ją zostawić – o ile przestrzegasz limitu SL – i poczekać, co „namaluje się" na wykresie.

Jeśli rynek wybije Ci SL, podziękuj za lekcję – właśnie zapłaciłeś 1x SL za naukę. Jeśli SL nie zostanie wybity, powiedz sobie jasno: to było głupie zagranie, a to, że akurat się udało, to przypadek.
Tak się nie gra. Nie koduj sobie, że łamanie zasad bywa nagradzane. Dla Twojej przyszłości najlepiej by było, gdybyś w tym przypadku stracił.

Jak tresujesz psa, to nie nagradzasz go za złe zachowanie.
Obserwowanie emocji powinno stać się Twoim nawykiem.
Budowanie nawyków rozpoznawania triggerów emocjonalnych to proces tworzenia nowej wersji siebie – lepszej wersji.
Wersji Profesjonalnego Tradera. Człowieka należącego do kilku górnych procent rynku.
Twardziela, który przychodzi na rynek po swoje pieniądze. :)

Kupujesz i sprzedajesz – zarabiasz. Tworzysz rynek, tworzysz płynność. Dajesz tym, od których kupujesz, możliwość sprzedaży. Dajesz tym, którym sprzedajesz, możliwość kupna.
Czy to nie jest piękne i pożyteczne? :)

24.3 Jak zatrzymać emocje, silniejsze od Ciebie? – SIŁĄ!

Jeśli emocja jest jeszcze mała, możesz ją zatrzymać samą myślą. To, jak silne emocje potrafisz zatrzymać, to Twoja indywidualna Super Moc. :)
Jako człowiek masz – uproszczając – dwa stany:

- Stan emocjonalny: to, co dzieje się w Twojej głowie.
- Stan fizyczny: to, co dzieje się z Twoim ciałem.

Stan emocjonalny wpływa na stan fizyczny – możesz czuć gorąco, drżą Ci ręce itd. To działa też w drugą stronę!
Twój stan fizyczny wpływa na emocje – i to jest piękne. :)
Możesz trenować umysł przez lata jak mnich w Tybecie... albo po prostu wstać i pobiegać. Załatwione.

Wyobraź sobie, że jesteś bardzo smutny. Czujesz się przygnębiony. Masz depresyjny nastrój. Jak wtedy wyglądasz? Siedzisz zgarbiony, z opuszczonymi ramionami, smutną miną... Może leżysz jak zdechła ryba wyrzucona na brzeg rzeki... Wyglądasz mniej więcej tak...

Możesz oczywiście próbować odganiać złe myśli i filozoficznie pracować nad zmianą nastawienia, przypominając sobie wszystkie znane ludzkości techniki...
Albo...

Wystarczy, że wstaniesz, zaczniesz robić przysiady, skakać, śmiać się, klaskać... Gdy Twoje ciało zacznie zachowywać się tak, jakbyś był radosny, umysł się do tego dostosuje.
Zmienisz swój stan emocjonalny siłą – po prostu ruszysz się z fotela i zatańczysz jak ktoś, kto właśnie wygrał w totka.

Nasz umysł to zadziwiający mechanizm. Tak łatwo go oszukać. :)
Na szczęście możemy robić to w sposób, który nam dobrze służy. :)
Zmiana emocji pod wpływem skakania czy biegania nie jest super trwała, ale to świetny początek do stworzenia lepszego, trwalszego stanu emocjonalnego.

W wielu kwestiach najtrudniej jest zacząć.
Ta metoda daje Ci błyskawiczny, skuteczny start – możesz momentalnie poderwać swoją rakietę z ziemi i zacząć lot.
Paliwa masz na dobry start.
Dalej, żeby utrzymać ten stan, musisz coś wymyślić, ale masz już pozytywne myśli w głowie – więc jest szansa. :)

24.4 Stwórz sobie mechanizmy ratunkowe

Skoro już sporo wiesz, a dzięki tej książce zostaniesz Profesorem własnego umysłu, zaprojektuj swój system ratunkowy, który wyciąga Cię z niekorzystnych sytuacji przy wykresie.

Potraktuj to jak zabawę – zrób z tego mini-rytuał: „Restart". Ważne, żeby to był prosty, powtarzalny mechanizm, który uruchamia się automatycznie, gdy poczujesz emocjonalny zjazd.

Może to być:

Głęboki wdech, walnięcie dłonią w biurko delikatnie :)
i stanowcze słowo: STOP!

Z czasem nowy stan emocjonalny po takim rytuale zakotwiczy się na stałe i będziesz go mógł błyskawicznie przywołać – o ile nie rozwalisz biurka. :)

Gdy tylko poczujesz przy wykresie, że coś z Twoim podejściem jest nie tak... STOP – tryb „Restart" i zmiana kierunku.

Twój pociąg wraca na właściwe tory i jedzie prosto do celu, a nie w jakieś krzaki.

Nie jesteś amatorem. Nie przychodzisz na rynek, żeby taplać się w dziwnych emocjach. Jesteś zawodowcem. Masz do wykonania konkretny plan – zarobić pieniądze. Realizuj swój plan profesjonalnie albo zrób sobie dziś wolne i odpocznij.

Praca, którą włożysz w zmianę siebie, może odmienić całe Twoje życie. Tę samą technikę możesz zastosować także w innych sytuacjach życiowych. Jedna drobna zmiana, jeden mały sukces może wywołać lawinę transformacji.

Możesz stać się nową, lepszą wersją siebie. Kimś, kim naprawdę chcesz być.

25 Chemia w naszej głowie

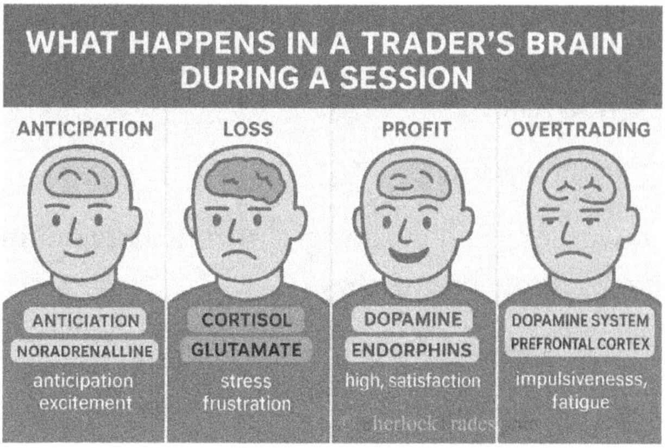

Jeśli jesteś świadomy tego, co dzieje się w Twoim organizmie, możesz aktywnie korygować swój stan. Ten, kim się stajesz po zalaniu organizmu chemią, to nie Ty – to „naćpany Ty", który nie powinien decydować o Twoich pieniądzach.

Piłeś? Nie prowadź auta.
Zalała Cię dopamina, adrenalina, kortyzol?
Nie graj. Nie podejmuj w takim stanie żadnych decyzji finansowych.

25.1 Co się dzieje w organizmie Tradera

Przeanalizujmy, co dzieje się w chemii naszego organizmu w zależności od sytuacji i stanu emocjonalnego, jaki ona wywołuje.

25.1.1 OCZEKIWANIE – „zaraz coś się wydarzy"

Neurochemia:

- dopamina (rośnie oczekiwanie nagrody, ekscytacja),
- noradrenalina (podnosi czujność, napięcie)

Efekty: przyspieszony puls, pobudzenie, osłabienie logicznego myślenia, nadmierny optymizm, podatność na FOMO

25.1.2 OTWARCIE POZYCJI – „akcja się zaczęła"

Neurochemia:

- adrenalina (reakcja walcz/uciekaj, wzrost poziomu emocji),
- kortyzol (stres ryzyka),
- glutaminian (wzrost aktywności mózgu)

Efekty: zawężenie pola uwagi, utrata racjonalnej oceny, impulsywne działanie bez analizy

25.1.3 STRATA – „pozycja idzie przeciwko tobie"

Neurochemia:

- skok kortyzolu (zwiększony poziom stresu),
- spadek dopaminy (uczucie porażki, frustracji),
- glutaminian (przeciążenie poznawcze)

Efekty: napięcie mięśni, ból brzucha, uruchomienie schematów: „odrobić stratę", „nie mogę przegrać", revenge trading

25.1.4 ZYSK / WYGRANA – silna nagroda

Neurochemia:

- dopamina (nagroda, haj, satysfakcja),
- endorfiny (ulga, błogość),
- testosteron (wzrost pewności siebie)

Efekty: euforia, poczucie genialności, wzrost skłonności do ryzyka, spadek samokontroli

25.1.5 OVERTRADING – dalsza gra po sukcesie/porażce

Neurochemia:

- przeciążenie dopaminowe (spadek czułości receptorów),
- zmęczenie kory przedczołowej (spadek kontroli, wyłączenie analizy sytuacji)

Efekty: działanie na autopilocie, brak cierpliwości, „trans hazardowy", wyczerpanie układu nerwowego

25.2 Skutki długoterminowe

Po 5–10 latach tradingu pewnie chciałbyś już tylko spokojnie zarządzać kapitałem i cieszyć się życiem. Ja mam właśnie taki plan. Gdyby każdy dzień gry na rynku kończył się u mnie emocjonalnym przeciążeniem, to po dekadzie takiej „przygody" raczej nadawałbym się do zamkniętego ośrodka psychiatrycznego niż na wczesną, zasłużoną emeryturę.
Pomyśl o tym – możesz wytrzymać dzień, miesiąc, pół roku, jednak w końcu organizm się zbuntuje i powie: „DOŚĆ!".

Sprawdź, co Ci grozi, jeśli zignorujesz ten temat.
Długoterminowe skutki emocjonalnego przeciążenia:

Mózg
Rozregulowanie układu dopaminowego, spadek logiki
Hormony
Nadmiar kortyzolu – wypalenie, bezsenność
Psychika
Nerwowość, impulsywność, drażliwość
Ciało
Przewlekłe zmęczenie, napięcie mięśniowe, problemy trawienne

25.3 Jak to zwalczać – STRATEGIE

25.3.1 FIZJOLOGICZNE:

- Oddychanie przeponowe – natychmiast obniża kortyzol
- Sen i regeneracja – odbudowa receptorów dopaminowych
- Aktywność fizyczna – wyrównuje poziomy serotoniny i endorfin

25.3.2 PSYCHOLOGICZNE:

- Dziennik emocji i decyzji – zwiększa samoświadomość
- Reguły wejścia/wyjścia i limity dzienne – chronią przed impulsywnością
- Techniki NLP / medytacja / wizualizacja – programują reakcje

25.3.3 SYSTEMOWE:

- Checklisty przed tradingiem – redukują chaos
- Plan tradingowy z limitem strat/zysków – zmniejsza efekt „chciwość vs strach"
- Przerwy co 1–2 h – reset chemiczny mózgu

Pamiętaj – nie chodzi o to, żebyś twardo i niewzruszenie znosił emocje i tłumił je w sobie.
Chodzi o to, żeby trading był pracą jak każda inna. Przychodzisz do fabryki składać Lambo, wykonujesz plan punkt po punkcie – a na koniec masz gotowe auto i możesz jechać na tor się pobawić.

25.4 Kofeina, tauryna i inne świństwa

Skoro już wiesz, że Twój organizm potrafi produkować „ostrą chemię", to pomyśl, jak mu „pomagasz", siadając do wykresów z kawą, napojem energetycznym, drinkiem... o narkotykach nie napiszę, bo się na tej branży kompletnie nie znam.

25.4.1 Co robi KOFEINA w mózgu?

- Blokuje adenozynę – neuroprzekaźnik odpowiedzialny za uczucie zmęczenia
- Zwiększa dopaminę i noradrenalinę – pobudzenie, większa koncentracja
- Podnosi poziom kortyzolu i adrenaliny – mobilizacja organizmu jak przy stresie

Skutki mogą być przyjemne, ale idą z nimi też efekty uboczne:

- nadmierne pobudzenie, drżenie rąk
- lęk, panika, impulsywność

Mała kawa (50–100 mg kofeiny) działa na mnie dobrze – nie wiem, czy to placebo, czy biochemia, ale działa. Przy dawce powyżej 200–400 mg możesz już odczuć negatywne skutki uboczne.
Jeśli jesteś zmęczony, rozwiązaniem nie jest kawa, tylko sen i regeneracja.

25.4.2 Co robi TAURYNA w mózgu?

- Stabilizuje układ nerwowy
- Wspiera koncentrację
- Reguluje poziom wapnia i elektrolitów
- Wzmacnia działanie kofeiny

Skutki mogą być pozytywne:

- działa lekko uspokajająco, zmniejsza pobudliwość neuronów
- hamuje nadmierną aktywację (antagonista glutaminianu)
- poprawia komunikację międzykomórkową
- pomaga skupić się przy dużym obciążeniu umysłowym
- wspiera serce, mięśnie i krążenie
- synergiczny efekt: dłuższa czujność, ale ryzyko nadmiernej stymulacji

Słyszałem, że połączenie kofeiny, cukru i tauryny potęguje ich działanie – unikam takich mieszanek.
Brzmi dobrze, lecz nie jestem chemikiem.
Zanim coś zastosujesz – sprawdź źródła, upewnij się, że to dla Ciebie bezpieczne.

Do moich koktajli witaminowych rzadko dodaję kofeinę – tylko czasem, jak jestem zmęczony.
Taurynę dodaję częściej, ale w małej dawce.
Nie mam zaufania do takich wspomagaczy – psychika mówi: „trochę – OK, za dużo – coś się posypie".
Więc daję trochę – ciało spokojne, głowa spokojna, działa.

25.4.3 Co robi CUKIER w organizmie?

- Szybko podnosi poziom glukozy – energia rośnie błyskawicznie
- Organizm wydziela insulinę – poziom glukozy gwałtownie spada
- Efekt: huśtawka energii i nastroju

Skutki nie są dobre:

- bezpośrednio po spożyciu: pobudzenie, krótki wzrost skupienia, złudne poczucie pewności
- po 30–60 minutach: spadek energii, senność, drażliwość, impulsywność
- przy dłuższym stosowaniu: wahania nastroju, mgła umysłowa, złe decyzje, brak cierpliwości

Cukier działa jak podtlenek azotu w silniku – daje kopa, ale zaraz potem odcina i znowu sięgasz po następną dawkę.
U nas w domu cukru nie ma. Wyeliminowaliśmy też mąkę, chleb, makarony – czyli wszystko, co jest pełne węglowodanów.

Jeśli lubisz wodę z cytryną, jak ja – mam sugestię: kiedyś kupowałem cytryny i ciągle było z tym babranie i pełno odpadków bio. Odkryłem, że można kupić bio sok z cytryny w szklanych buteleczkach (200–250 ml), bez konserwantów.
Od tamtej pory nie kupiłem już ani jednej cytryny. :)

25.4.4 OSTRZEŻENIE – CUKIER działa jak narkotyk!

Cukier działa na mózg w sposób zbliżony do narkotyków – aktywuje układ nagrody (głównie dopaminowy), wywołując szybkie poczucie przyjemności.

Efekty:

- Silna aktywacja dopaminy – jak kokaina czy nikotyna, choć słabsza.
- Tolerancja – potrzeba większych dawek, by uzyskać ten sam efekt.
- Objawy odstawienia – drażliwość, zmęczenie, zachcianki.
- Nawyki kompulsywne – sięganie po cukier mimo negatywnych skutków.
- Uzależnienie psychiczne – „poprawianie sobie nastroju” słodyczami.

Badania (głównie na szczurach) pokazały, że:

- cukier może wywołać większe pobudzenie dopaminowe niż kokaina, gdy podawany jest regularnie
- wywołuje zmiany neurochemiczne typowe dla uzależnienia

Wniosek: biologicznie cukier działa jak substancja uzależniająca – choć nie u wszystkich i nie w takim stopniu jak klasyczne narkotyki. Ile razy pomyślałeś: „Zjadłbym coś słodkiego"? To nie Ty – to Twój cukrowy ćpun się odzywał. :)

25.4.5 OSTRZEŻENIE 2 – też CUKIER!

Praca Tradera to godziny spędzane przed monitorem – zdecydowanie niezbyt zdrowy tryb życia. Jeśli dodasz do tego słodkie napoje, słodycze i jedzenie pełne węglowodanów, szybko zobaczysz ostrzeżenie... na wadze.
Lepiej zapobiegać niż leczyć.
Cukier, nasz „słodki narkotyk", zaburza naturalną regulację głodu i sytości.

Efekty:

- Zwiększa apetyt – szczególnie na kolejne słodkie i wysokoenergetyczne produkty.
- Blokuje leptynę (hormon sytości) – fruktoza zawarta w cukrze osłabia jej działanie – mózg nie dostaje sygnału, że jesteś najedzony.
- Podnosi insulinę – po skoku glukozy następuje szybki wyrzut insuliny – gwałtowny spadek cukru – głód, zmęczenie, zachcianki.
- Zaburza mikrobiom jelitowy – co wpływa na hormony głodu (grelina) i mechanizmy kontroli apetytu.
- Promuje odkładanie tłuszczu (szczególnie trzewnego) – głównie przez nadmiar fruktozy – stłuszczenie wątroby, insulinooporność.

W skrócie: cukier zwiększa łaknienie, zaburza poczucie sytości i sprzyja tyciu – nie tylko przez kalorie, ale przez zaburzenie całego systemu hormonalnego i neurologicznego kontroli jedzenia.
W uproszczeniu można stwierdzić, że CUKIER NAS **ZABIJA**.
Poczytaj sobie o tym. To trochę przerażające i warto o tym wiedzieć – zwłaszcza w naszym zawodzie, gdzie mamy mało ruchu, stres, a lodówka i szafki z jedzeniem są często kilka kroków od nas.

25.4.6 Co robi L-TEANINA (L-theanine)?

- Uspokaja bez usypiania – zwiększa fale alfa w mózgu – stan „spokojnej czujności”
- Redukuje stres i niepokój – obniża poziom kortyzolu
- Poprawia koncentrację – współdziała z kofeiną – „czysty fokus” bez nerwowości
- Stabilizuje nastrój – wpływa na serotoninę i dopaminę
- Wspomaga sen (bez otępienia w dzień) – ułatwia zasypianie, poprawia jakość snu

Brzmi świetnie, lecz nie jest to magiczne „pstryk i po problemie”. Raczej łagodne wspomaganie. Warto poczytać więcej, żeby podjąć świadomą decyzję.

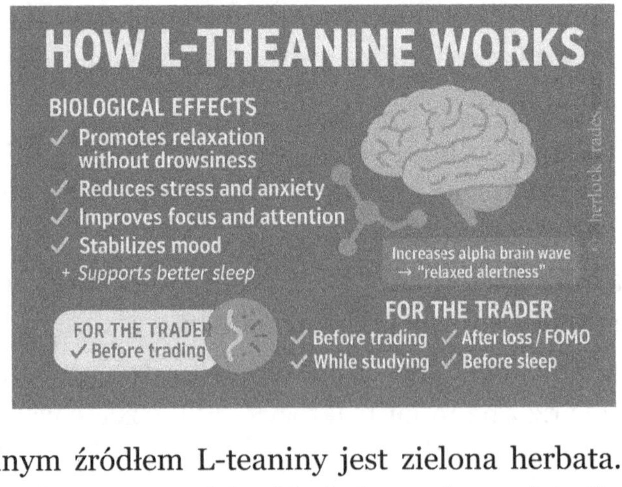

Naturalnym źródłem L-teaniny jest zielona herbata. Często ją piję – mam do tego „specjalny” kubek o pojemności 1 litra. :)
I sitko – też ogromne. :)

Tylko pamiętaj, żeby cytrynę dodawać dopiero, gdy herbata trochę przestygnie. :)

A mój kubek? To właściwie małe wiadro. :) Pasuje do niego duże sitko... na przyprawy do gotowania zup. Sprawdza się idealnie!

25.4.7 Co robi WITAMINA B6?

W moich witaminowych koktajlach ważnym składnikiem jest zestaw B-Complex, dodatkowo dorzucam osobno witaminę B6.

Dlaczego? Bo wspiera:

- Neuroprzekaźniki – pomaga w syntezie serotoniny, dopaminy, GABA
- Energię psychiczną – bierze udział w przetwarzaniu glukozy w mózgu
- Nastrój – niedobory B6 mogą powodować drażliwość i zmęczenie
- Reakcję na stres – wzmacnia układ nerwowy w trudnych momentach (np. podczas tradingu)

Mam nadzieję, że zachęciłem Cię do refleksji nad tym, co warto pić przy tradingu. Mamy naprawdę sporo możliwości – wystarczy je mądrze skomponować i możemy realnie sobie pomóc.
Pamiętaj: to długodystansowy maraton. Wspomaganie ma sens tylko wtedy, gdy jest zdrowe. Nieodpowiednie wspomagacze są czystą głupotą – to zawsze źle się kończy.
Muszę odstawić te energetyki, skoro tak piszą w mądrej książce. :)

26 Nie nakręcaj się za bardzo...

...bo w końcu Ci sprężynka pęknie.

Pierwszy odruch, gdy czytasz, że coś działa?
Kupić tego duże wiadro i sypać ile się da. NIE!

Powoli. Spokojnie. Stopniowo. Z rozsądkiem.
To nie działa tak, że dziś zaczynasz, jutro masz sukces, a pojutrze odbierasz nagrody i kupujesz sobie wyspę.

To będzie dłuższa podróż – spiesz się powoli.
Działaj konsekwentnie, nie odkładaj niczego na później, ale też nie próbuj przyspieszać na siłę.
Serio – jak podejdziesz do tego spokojnie, z zimną głową, to dojdziesz do sukcesu szybciej niż ci, którzy rzucają się od razu z zapałem na oślep.
Obserwowałem to wielokrotnie.

Pęd, żeby jak najszybciej dorwać się do wykresów i zacząć zarabiać kasę. Sam tak miałem na początku, więc naprawdę wiem, co mówię. Efekt jest taki, że siadając do wykresów, Trader ma braki w podstawach przygotowania.
Nie ma opracowanych zasad MM ani strategii, nie ma przygotowanych schematów i szablonów działania. Rzuca się na wykres jak delfin na fale. Efekt? Bolesna lekcja – i jeśli wyciągnie z niej wnioski, wraca do podstaw i nadrabia zaległości.

27 Trenuj swój mózg jak komandos

Trading przy biurku wydaje się bezpieczny, a jednak wielu Traderów wstaje z fotela wyczerpanych jak po bitwie.

Co ciekawe, niektórzy Traderzy, gdy zafundują sobie ekstremalne emocje, przeżywają to samo co żołnierze – mają syndrom stresu pourazowego (PTSD). Trochę to chyba przesada, żeby zajmować się czymś zarobkowo w takim stylu, że destrukcyjnie wpływa to na psychikę.

Spójrz na trening komandosa, który naprawdę walczy o przetrwanie. Choć jego życie jest zagrożone, wiele z jego przygotowań możesz przenieść na swój grunt.

Co robi komandos? Trenuje, by przetrwać i wykonać zadanie – mimo chaosu, presji, zmęczenia. Nie ucieka od stresu. Uczy się, jak działać pomimo niego. Nie szuka komfortu – tylko nawyków, które przejmą kontrolę, gdy zawiedzie logika. Zamień słowo komandos na Trader i przeczytaj to jeszcze raz. Trening komandosa to nie tylko mięśnie – to przede wszystkim umysł zdolny działać w najtrudniejszych warunkach.

Tak wygląda trening mentalny komandosów (trochę to szalone):

27.1 Ekspozycja na stres (stress inoculation)

Ćwiczenia w warunkach presji: hałas, ciemność, zmęczenie, huk, krzyk.

Cel to odczulić mózg – by przestał panikować, a zaczął reagować z automatu.

Przykładem może być symulacja akcji po 48 h bez snu.

27.2 Symulacje i scenariusze bojowe

- Setki razy przećwiczone reakcje: wejście, ewakuacja, reakcja na zasadzkę.
- Mózg nie podejmuje decyzji – działa z pamięci operacyjnej, automatycznie.

27.3 Trening koncentracji i percepcji

- Uczysz się wychwytywać kluczowe sygnały w chaosie: dźwięki, ruch, zmiany.
- Trenujesz rozpoznawanie wzorców i błyskawiczną ocenę sytuacji.
- Ćwiczysz czujność mimo zmęczenia i braku snu.

27.4 Trening emocji i samokontroli

- Opanowujesz strach, złość i impulsy.
- Techniki: box breathing (4–4–4–4), regulacja tętna, rozluźnianie mięśni.
- Ćwiczenia: np. strzelanie po szoku termicznym – w lodowatej wodzie.

27.5 Programowanie mentalne (mental rehearsal)

- Komandos wizualizuje każdą akcję – zanim się wydarzy.
- Mózg nie traktuje sytuacji jako „nowej", działa automatycznie.
- Ciało i decyzja stają się jednym.

27.6 Trening decyzji pod presją czasu

- Reakcja w mniej niż 2 sekundy.
- Decyzje: „atakować czy się wycofać?", „strzelać czy nie?".
- Eliminacja zawahania się – bo ono zabija.

27.7 Trening odporności psychicznej (resilience)

- Analiza własnych reakcji – dziennik, rozmowy, autorefleksja.
- Poczucie sensu: „dlaczego walczę?", „kim jestem?".
- Narzędzia: stoicyzm, medytacja, NLP – wzmacnia mentalnie.

Jak dobrze, że nie musimy uczyć się zajmowania pozycji po wrzuceniu do lodowatej wody. :) Możemy za to wyciągnąć wnioski. Stworzyć swój plan treningu, zawodowego Komandosa Tradingu.

28 DEFCON 1, 2, 3

Jeśli lubisz filmy akcji, z pewnością znasz to określenie. DEFCON (Defense Readiness Condition) to pięciostopniowa skala gotowości sił zbrojnych USA. DEFCON 1 oznacza, że albo już się zaczęło, albo zaraz ktoś naciśnie guzik i się zacznie.

Za chwilę ktoś wejdzie w pozycję. :)

My walizek z kodami do wyrzutni nie mamy, lecz system poziomu koncentracji i gotowości do działania jest nam zdecydowanie potrzebny. Jak taka skala może wyglądać w tradingu?

28.1 DEFCON 3

Rynek dryfuje, brak wyraźnego kierunku. Nie ma sygnałów spełniających wymagania mojej checklisty – nie czas na grę.

Sprawdzam inne walory – może tam coś się dzieje. Na razie DEFCON 3 – obserwacja.

Spokojnie czekam, aż wykres przemówi, że coś się zaczyna dziać.

28.2 DEFCON 2

Robi się ciekawie. Pojawiają się dynamiczne ruchy i większy wolumen – pieniądz krąży intensywnie. Mimo to nie widzę jeszcze miejsca na wejście. Trzeba czekać na klarowne sytuacje.

Czekam na wyraźne znaki na wykresie. Zaznaczam geometrie, sprawdzam, czy Teoria Fal Elliotta coś ciekawego sugeruje. W trochę większym skupieniu przyglądam się wykresowi.

28.3 DEFCON 1

Czas start! Wszystkie sygnały wskazują na zmianę kierunku i potencjalny nowy ruch. Wolumen, formacje, fale, korekta – wszystko mówi: „Skup się!".

Biorę checklistę i szukam optymalnego wejścia zgodnie z zasadami MM. Spokojnie, w pełnym skupieniu czekam na właściwą świecę we właściwym miejscu. Mam minutę na decyzję, więc cały kontekst mam już przeanalizowany.

Śledząc wykresy z pełną koncentracją, wytrzymasz pół godziny, maksymalnie godzinę. Potrzebujesz systemu sygnałów – Focus Trigger [24], które przywołują Twoją uwagę. Twój plan i strategia muszą uwzględniać czynnik ludzki.

Masz ograniczoną wydolność. Wybierz najlepszy dla siebie czas na „polowanie" i zarządzaj swoją energią. Działaj na różnych poziomach koncentracji – tak, by w momencie, gdy wszystkie sygnały krzyczą DEFCON 1, Twój mózg był wypoczęty i gotowy na maksymalne skupienie oraz analizę aż do wejścia w pozycję.

Jeżeli pojawią się sygnały do koncentracji i zajmowania uwagi, a Ty będziesz w tym momencie przemęczony, bo ostatnie 2 godziny skupiałeś się na maksa na wykresie, na którym nic ciekawego się nie działo – to będzie Ci ciężko w takim stanie zrobić dobre zagranie.

Druga ważna sprawa – jeśli zbyt długo skupiasz się na rynku, na którym nie ma żadnej klarownej okazji do zagrania, to zmęczenie zacznie Cię popychać do działania na siłę. I w końcu coś znajdziesz... tylko że będzie to słabe zagranie.

Zaplanuj więc swój poziom koncentracji z głową – na luzie, jednak świadomie. Ustal, jakie sygnały mają u Ciebie włączać podwyższony poziom DEFCON. Dzięki temu Twoje wejścia w rynek będą znacznie lepsze. Gdy pozycja już otwarta – rakieta poleciała. Możesz przełączyć na DEFCON 2 i spokojnie obserwować lot, korygując TP co jakiś czas.

29 Destrukcyjne przekonania Tradera

Jeśli nie czytałeś, polecam książkę T. Harva Ekera Secrets of the Millionaire Mind. Czyta się ją lekko i pozytywnie motywuje do działania. Opisuje też wiele blokad mentalnych, które sami sobie wgraliśmy.
Poniżej omówię podobne tematy, inspirowane jego podejściem.

29.1 Pieniądze są złe

Jeśli uważasz się za dobrego człowieka, a wierzysz, że pieniądze są złe – Twoja podświadomość zrobi wszystko, byś ich nie miał.
Będziesz „dobrym człowiekiem”... lecz biednym.
A może lepiej być dobrym i bogatym?
Dobry, bogaty człowiek może zrobić dla świata więcej niż ten, który nie ma zasobów. Pieniądz to tylko narzędzie – czasem papier, metal albo zapis cyfrowy. Sam w sobie nie jest ani dobry, ani zły.
To człowiek decyduje, co z nim zrobi.

Mój ojciec mawiał: „Prawdziwe oblicze człowieka poznasz, gdy dasz mu władzę i pieniądze”.

Mój ojciec urodził się tuż po drugiej wojnie światowej. W pełni zgadzam się z tym, co powiedział o poznaniu prawdziwego oblicza człowieka. W demokratycznych krajach nikt nie ma władzy absolutnej. Taka władza istniała w czasach monarchii, dziś mają ją tylko dyktatorzy. Wszyscy dobrze wiemy, ile „miłości i empatii” niosą ze sobą rządy dyktatorów – wystarczy spojrzeć na trzecie pokolenie rodziny, która rządzi tą mniej szczęśliwą częścią Korei.

Jeśli masz w głowie jakiekolwiek programy, które mówią Ci, że pieniądze są złe, a ludzie bogaci są źli, bo „na pewno dorobili się nieuczciwie” – to są to przekonania autodestrukcyjne. I to właśnie one będą skutecznie przeszkadzały Ci w zarabianiu na giełdzie. Pieniądze to tylko narzędzie, które stwarza możliwości. To, co z nimi zrobisz, to już Twoja decyzja i Twoja odpowiedzialność.

29.2 Duże pieniądze psują, niszczą ludzi

Jeśli naprawdę w to wierzysz – pozwól, że Ci pomogę. Wejdź na poniższą stronę i przelej mi ten „toksyczny nadmiar", który niepokojąco rozrósł się na Twoim koncie.

Jeśli mogę pomóc, zawsze chętnie pomagam. :) Jeśli mogę w ten sposób ocalić Cię przed moralnym upadkiem – tym bardziej czuję się w obowiązku. Zniosę nawet wielkie kwoty. :)

https://buymeacoffee.com/sherlocktrades.com

Nie miej wyrzutów sumienia – z radością wezmę ten ciężar na siebie. :) Jeśli w Twojej głowie siedzą takie destrukcyjne przekonania, to prędzej czy później Twoja podświadomość zadba o to, żebyś się tych pieniędzy pozbył. O ile w ogóle pozwoli Ci je zdobyć. Zrób porządek z tymi programami, żeby Twoje działania, cele i głębokie przekonania nie sabotowały się nawzajem.

29.3 Na giełdzie można łatwo i szybko zarobić dużo kasy

Teoretycznie tak... jednak najpierw zdefiniuj „łatwo", „szybko" i „dużo". Potem pokaż, co sobą reprezentujesz jako Trader: jakie masz umiejętności, doświadczenie, ile kapitału i jak wygląda Twój proces decyzyjny.

Wiara w łatwe i szybkie zyski bez realnych fundamentów kończy się irracjonalnymi decyzjami. A te prowadzą prosto do „drogich lekcji" – czyli dużych strat, które trzeba będzie później odrobić (o ile zostanie co odrabiać).

Zacznij od zweryfikowania oczekiwań. Twoje cele powinny być realistyczne i wykonalne – nie bajkowe. Złudzenia i pragnienia mają to do siebie, że często kończą się rozczarowaniem.

Jeśli popłyniesz za nimi bez namysłu, możesz skończyć roztrzaskany o skały.

Więc jak będzie? Rzucasz cały statek w pogoń za przeczuciem i złudzeniem, czy najpierw wypuszczasz małą łódkę zwiadowczą, która sprawdzi, czy piękna pieśń Syren o wielkich dochodach to prawda?

29.4 Trading to gra o sumie zerowej

Często słyszę tę „mądrą" tezę i zawsze mnie zastanawia, kto ją powtarza. Zwykle nie są to Traderzy, którzy faktycznie zarabiają – raczej ludzie, którzy chcą sobie o tym podyskutować teoretycznie.

No dobrze – odpowiem, chociaż temat sam w sobie usypia.
Otóż: trading nie jest grą o sumie zerowej. Trading dla Traderów to gra o sumie ujemnej i nie ma co się nad tym rozwodzić, bo to i tak niewiele zmienia. Skoro padło pytanie, to odpowiem.

Weźmy przykład: Gracz A wchodzi w long, gracz B w short. Obaj płacą prowizje – spread, slippage, opłaty platformy. Gracz A traci, gracz B zyskuje... a brokerzy zarabiają niezależnie od wyniku. W efekcie z puli graczy znika więcej niż tylko strata jednej strony – bo część trafia do pośredników.

Twoje zyski muszą przekraczać wszystkie koszty transakcyjne. Możesz mieć rację co do kierunku rynku, a i tak być na minusie, bo spread „zjada" zysk. To naturalne, że brokerzy zarabiają – ktoś przecież musi finansować infrastrukturę rynku: giełdy, dane, instrumenty pochodne itd. To Ty musisz wiedzieć, ile kosztuje każde wejście i czy jest perspektywa realnie wyciągnąć zysk R:R – 1:3, po odjęciu kosztów. Jeśli nie – nie wchodź w taką pozycję, bo to słaby biznes dla Ciebie. Bo wtedy nie grasz dla siebie, tylko robisz zyski dla brokera.

29.5 Albo szczęście, albo pieniądze

Nie słyszałem żadnego głosu z nieba ani nie dostałem tablic kamiennych z wyrytym przykazaniem, że muszę wybierać: albo szczęście, albo pieniądze. To kolejny absurdalny program wgrany ludziom przez tych, którzy – jak sądzę po tym haśle – pieniędzy albo nie mają, albo chcą, żebyśmy my ich nie mieli, bo im mamy oddać. :)

Jest mnóstwo biednych, nieszczęśliwych ludzi i mnóstwo bogatych, którzy też są nieszczęśliwi. Moim zdaniem łatwiej jest być szczęśliwym, mając pieniądze, niż ich nie mając.

Parafrazując znaną polską piosenkarkę Marylę:

„Lepiej płakać w Porsche niż w zdezelowanym gruchocie".

Sprawdź sobie, jakie masz w głowie programy, i spróbuj odkryć, skąd się wzięły. Utkwił mi w głowie tekst z Biblii, który czasem słyszałem na kazaniach w kościele, jak do niego jeszcze uczęszczałem:

„Łatwiej jest wielbłądowi przejść przez ucho igielne niż bogatemu wejść do królestwa niebieskiego".

Nie wiem, na jakiej podstawie stan konta miałby wpływać na opcję dostania się do Raju, choć sądząc po tym, jak skromnie wygląda choćby Watykan, sądzę, że ja z moimi drobnymi na koncie nie łapię się na określenie „bogaty". :)

Podsumowując: nie widzę żadnych argumentów za tym, że pieniądze w czymkolwiek przeszkadzają.

Bądź dobrym i bogatym człowiekiem. To bardzo dobra konfiguracja – dobro i możliwości wynikające z posiadania kapitału. Ja tę opcję wybieram z pełnym przekonaniem, że to dobra droga.

29.6 Nie jestem do tego wystarczająco mądry

Jeśli powiesz: „Nie jestem do tego wystarczająco mądry", to może się okazać, że masz rację.
Nie dlatego, że brakuje Ci mądrości.
Nie każdy nadaje się na Tradera i nie chodzi tu tylko o intelekt, ale też o cechy mentalne, odporność, zdolności analityczne, matematyczne i wiele innych.
Może masz po prostu głupi program w głowie i wystarczy go przełamać, byś był świetnym Traderem. Jednak tego dowiesz się dopiero wtedy, gdy zaczniesz się uczyć i zrobisz swoje pierwsze zagrania.
Jeśli chcesz – rusz w drogę i sprawdź, czy to ścieżka dla Ciebie.

29.7 Ropa to dobrze płaci...

Raz dobrze zarobiłeś na ropie i teraz myślisz, że ropa „Cię lubi"? Że jak będziesz cierpliwy, to znowu Ci zapłaci? Powodzenia.
Jeśli zaczniesz sobie budować przekonania i oczekiwania, to zapłacisz – i to drogo – za odkrycie, że to były tylko złudzenia.

To kolejne mity powtarzane przez Traderów. Każdy walor może dać dobre zyski albo wygenerować nam straty. To, co mogę polecić od siebie to grę na walorach o dużej płynności. Ja polecam kontakty na złoto (GC), ropę (CL), indeks Dow Jones (YM), kiedyś grałem też na EUR/USD (6E). W praktyce najlepiej mi się gra, gdy ograniczam się do maksymalnie 2-3 walorów.
Lepiej skupić się na mniejszej ilości walorów, poznać ich specyfikę, jak się zachowują, kiedy są otwarcia rynku, dane itd.

30 Czy zawód Tradera to uczciwe zajęcie?

Świat to wielki rynek – jedni sprzedają, inni kupują. Giełda jest polem, które umożliwia tę wymianę. Mam tu na myśli giełdy akcji, ETF, kontraktów terminowych – na przykład na złoto (GC – CME COMEX – Gold Futures), ropę (CL – CME NYMEX – Crude Oil), indeks Dow Jones (YM – CME – E-mini Dow Futures), czy kontrakty na pary walutowe, jak EUR/USD (6E – CME – Euro FX Futures).

Dla osoby z zewnątrz to wygląda jak gra – jak wejść do kasyna i obstawiać czerwone albo czarne: albo się wygra, albo przegra. Nikt nie twierdzi, że kasyna są nieuczciwe. Wszyscy wiedzą, że kasyno w długim okresie zawsze wygrywa, a mimo to Las Vegas wciąż stać na neonowe cuda. Ludzie akceptują te zasady, wiedzą, na co się piszą – wchodzą, przegrywają i wychodzą zadowoleni.

W naszym języku pewnym nieszczęściem jest to, że słownictwo bywa zbyt ubogie i na określenie tradingu używa się słowa „gra". A gra kojarzy się z zabawą, hazardem. Tymczasem – jak zauważył Johan Huizinga w Homo Ludens – „gra jest dobrowolną aktywnością, która odbywa się w określonych ramach czasu i przestrzeni, według dobrowolnie przyjętych, lecz bezwzględnie obowiązujących reguł".

Dla profesjonalnego Tradera gra to nie zabawa i nie suma przypadkowych wyników. Nie ma tu miejsca na nieuczciwość. Jeśli wszedłeś na rynek, straciłeś pieniądze i czujesz się oszukany, mam tylko jedną radę: dorośnij. To nie jest zabawa.

Ty jako Trader:

- Ryzykujesz własny kapitał i ponosisz tego konsekwencje. To Twoje pieniądze – masz więc pełne prawo decydować, co z nimi robisz.
- Nie manipulujesz rynkiem – jesteś zbyt mały, by cokolwiek na nim zmienić. Nie jesteś w stanie nikogo oszukać ani wprowadzić w błąd. Wykres z Tobą czy bez Ciebie będzie wyglądał identycznie.

- Twoje zyski wynikają z analizy technicznej oraz właściwego rozumienia wykresu. To tak samo etyczne, jak postawić na konia w wyścigu, znając się na koniach wyścigowych i zawodnikach.
- Grając na rynku, nie obiecujesz nic drugiej stronie. Nie sprzedajesz bajek, nie nakłaniasz nikogo do wejścia lub wyjścia z rynku. Nie masz żadnego kontaktu z innymi uczestnikami – nie możesz ich oszukać, bo nawet ich nie znasz. To czysta gra według znanych zasad.
- Twoje działania i Twój kapitał – realnie wspierają rynek, ponieważ tworzysz płynność. Dzięki Tobie ktoś mógł sprzedać, bo Ty kupowałeś. Gdyby nie Traderzy – szczególnie Day Traderzy – rynki byłyby znacznie mniej płynne, co skutkowałoby tym, że wielu ludzi nie mogłoby zawrzeć transakcji, bo po drugiej stronie rynku nikogo by nie było.

Trading, w opisanym zakresie, jest w **pełni etyczny i uczciwy**. Jeśli ktoś uważa inaczej – niech nie wchodzi na rynek i niech nie marudzi o swoich teoriach.

Ludzie często myślą zbyt uproszczonymi kategoriami: ktoś wszedł na rynek, stracił pieniądze... i już – „oszukali mnie", „okradają ludzi", „to niesprawiedliwe".

Zadajmy sobie pytanie: po co ten człowiek wchodził na giełdę? Czy nie po to, żeby „ograć" innych i wyjść z ich kasą?
W mojej ocenie trading – w którym spotykają się wyłącznie Traderzy – to jedno z najbardziej uczciwych zajęć, jakie można sobie wyobrazić.
Ale...

30.1 Gdzie Trader styka się z nieuczciwością?

Na klasycznych rynkach – akcji, kontraktów itd. – Trader taki jak Ty czy ja nie ma żadnych możliwości, żeby coś pokombinować czy zadziałać nieuczciwie.
To jednak nie oznacza, że wszystko na tych rynkach jest fair.

W 2010 roku doszło do legendarnego **Flash Crashu** – spadku indeksu Dow Jones o około 9% w ciągu 10 minut. Przyczyną było jedno źle wystawione zlecenie sprzedaży. Dodatkowo – według amerykańskich instytucji nadzorczych SEC i DOJ – do sytuacji przyczynił się brytyjski Trader, który stosował tzw. „spoofing", czyli manipulował zleceniami w celu osiągnięcia zysku.
W ciągu kolejnych 20 minut rynek prawie całkowicie wrócił do wcześniejszych poziomów.

O ile samo błędne zlecenie można uznać za pomyłkę, o tyle celowe działania w stylu spoofingu są już klasycznym przykładem manipulacji i nieuczciwego działania. Jeśli składasz zlecenie kupna i naprawdę chcesz kupić – wszystko gra. Jeśli jednak składasz zlecenie kupna tylko po to, żeby oszukać rynek i wycofujesz je, gdy cena się zbliża – to już manipulacja.

Rynek krypto... Od 2017 roku całkowicie przestałem interesować się kryptowalutami i podobnymi wynalazkami. Na początku myślałem, że bitcoin może być przełomem – alternatywą dla pieniądza fiat. Jak posłuchasz, co mówili ludzie, którzy zaczynali z bitcoinem, to naprawdę brzmiało to jak finansowa rewolucja.

W pewnym momencie zrozumiałem, że chodzi tu wyłącznie o chciwość – to kolejna bańka, jak holenderska tulipomania, tylko tym razem globalna, bo mamy internet.

Zaoferuję Ci teraz pewien interes. Możesz kupić magiczny klucz, który daje Ci dostęp do zapisu na serwerach należących do różnych ludzi, ale sam zapis nie ma właściciela – nikt do końca nie wie, kto to wszystko zaczął. Masz ten klucz i możesz dopisać nową transakcję w tym łańcuchu danych. Za możliwość posiadania jednostki 1 BTC masz zapłacić 100 000 USD. To okazja, bo podobno zaraz będzie kosztować milion.

Kupujesz więc za równowartość dwóch porządnych samochodów dostęp do kawałka zapisu w łańcuchu danych na serwerach.

Czy to uczciwe? Tak, jeśli nikt Cię nie naganiał, nie opowiadał bajek o zyskach i nie przekonywał, że zaraz cena wystrzeli.

Jeśli sam podjąłeś decyzję – to uczciwy układ. Twoje pieniądze, Twoja sprawa, co z nimi robisz.

Ludzie to ciekawy gatunek – potrafią przypisać olbrzymią wartość czemuś, co realnie nie przedstawia żadnej wartości poza ceną wynikającą ze spekulacji.

Znam ludzi, którzy grają na krypto i mają bardzo dobre wyniki – lepsze niż na tradycyjnych rynkach. To dla mnie bez znaczenia, bo liczą się dla mnie inne kryteria. Dla mnie kluczowy jest spokój, komfort stabilności i pewność, że jutro rynek złota, ropy i indeksów giełdowych nadal będzie działać. Lubię też to, że giełdy moich instrumentów w weekendy nie pracują. :)
Zadowalają mnie zyski – mój spokój ducha to wszystko, czego potrzebuję. :) Nie chcę więcej za cenę nerwów i niepewności.

Giełdy krypto? Tam masz nieuczciwe zagrania typu **pump and dump**, shitcoiny pompowane przez celebrytów albo grupy spekulantów, które sztucznie zawyżają ceny, by sprzedać to naiwniakom.

Na rynku akcji takie rzeczy działy się 100 lat temu – jednak nie w takiej skali i nie tak bezczelnie.
Dziś giełdy akcji eliminują takich graczy, choć czasem na walorach o niskich obrotach wciąż można natknąć się na podobne sytuacje.

Dla mnie to proste: nie chcę ani inwestować w coś bezwartościowego, ani tym handlować. Wolę klasyczne rynki – akcje, surowce, waluty państwowe – za którymi coś stoi.
Zdaję sobie sprawę, że fiat money – podobnie jak kryptowaluty – to bezwartościowe zapisy cyfrowe na serwerach banków. Tylko około 7% światowego pieniądza to fizyczna gotówka. Za fiat money stoi jednak siła: rząd, prawo, które sam sobie ustala, policja, wojsko, urzędy skarbowe, komornicy... To budzi „zaufanie". :)

Techniki sztucznego pompowania cen i wychodzenia przed szczytem to klasyczne nieuczciwe zagranie mające na celu zabrać tłumowi naiwnych ludzi pieniądze. Można różnie to interpretować, jednak dla mnie to nie jest uczciwa gra.

Co jeszcze uważam za skrajnie nieuczciwe?
Kiedy ktoś doskonale wie, że **jego słowa trzęsą rynkiem**, i rzuca nimi jak kostką do gry – bez żadnej odpowiedzialności.

Wyobraź sobie „fikcyjnego prezydenta" dużego kraju.
Dziś ogłasza: „Wprowadzamy cła!" – rynek wariuje, inwestorzy panikują.
Nazajutrz mówi: „A jednak nie, może innym razem". I znowu wykresy lecą jak pijane.
Jedni tracą, drudzy zarabiają – wszyscy tańczą w chaosie, który wywołał jeden człowiek.
Chciałbyś żyć w takim świecie?

Ja bym chciał... ale tylko, jeśli ten prezydent byłby moim kumplem i wysyłał mi SMS-y w stylu:
„Teraz short – zaraz coś palnę w mediach"
albo
„Odkręcam – bierz long".
Brzmi absurdalnie? Oczywiście.
I nie martw się – to tylko przykład literacki.
Wszelkie podobieństwo do realnych polityków i wydarzeń jest absolutnie przypadkowe.
To, co czytasz, ma jedynie pokazać, jak wielką siłę mają słowa na rynku – i jak łatwo moglibyśmy stać się pionkami w cudzej grze.

30.2 Spekulacja!

To słowo budzi spore emocje – najczęściej negatywne. Sprawdziłem, jak to pojęcie definiuje internet: spekulacja to działanie polegające na kupnie lub sprzedaży aktywów w oczekiwaniu na zmianę ich ceny, w celu osiągnięcia zysku z tej zmiany, a nie z ich faktycznego użytkowania, posiadania czy wartości fundamentalnej.

W czystej formie – spekulacja jest uczciwa.
Ale spekulanci? Jeśli zajmują się spekulacją „w czystej formie", to są w 100% uczciwi. Wielcy gracze zdolni kreować rynek i nim manipulować –.to niestety inna bajka. Pokazał to np. kryzys 2008.

Jeśli ktoś np. celowo skupuje srebro tylko po to, żeby sztucznie wywindować jego cenę – czyli doprowadzić do poziomu, którego – to już jest manipulacja, nie spekulacja.

My nie jesteśmy braćmi z rodziny nafciarzy – nie skupimy milionów uncji srebra, żeby na końcu zbankrutować.

Spekulacja jako **mechanizm** – to narzędzie wolnego rynku do samoregulacji cen. I właśnie dlatego wolny rynek pozostaje najuczciwszym sposobem **ustalania wartości czegokolwiek**.

30.3 Wolny rynek

Spekulacja, giełdy, Traderzy – to nieodłączne elementy funkcjonowania świata opartego na wolnym rynku. Pozostawiony sam sobie, rynek zawsze w końcu osiągnie realny poziom cen.

Nie mam Nobla z ekonomii – potraktuj więc te słowa jako moją opinię, nie jako niepodważalną prawdę. Nawet manipulacje cenowe realizowane przez spekulantów są mniejszym złem niż regulowany rynek z cenami ustalanymi przez rząd. Oczywiście świat jest bardziej skomplikowany – są wyjątki. Na przykład przeciwdziałanie monopolom firm farmaceutycznych to według mnie absolutna konieczność.

Leki są produktem „wrażliwym etycznie", bo od nich zależy zdrowie, a często życie ludzi. A zdrowie i życie ludzkie – wyceniane przez ludzi – jest dla nich najwyższą wartością.

Ciekawe, że dla korporacji zdrowie i życie ludzkie to już tylko towar i coś, na czym trzeba zarobić. Im więcej, tym lepiej i nie ma znaczenia, czy przez ten model biznesowy ludzie będą cierpieć, umierać. Oczywiście w każdej branży są wyjątki... lepiej nie będę rozwijał tego tematu, bo znam trochę za dobrze tę branżę.

Weźmy przypadek firmy, która produkuje lek skuteczny na chorobę, nazwijmy ją „Aid...". Nie powinno być dozwolone windowanie ceny o 5000%, z 13,50 $ do 750 $ za tabletkę.

Jeśli cena 13,50 $ była opłacalna, to podnoszenie ceny o 736,5 $, mimo że ludzie muszą to kupić, żeby żyć, jest etycznym problemem.

Inny przypadek: lek na „Wils...". Kosztował 1 $ za tabletkę, po czym cena wzrosła do 300 $ – to wzrost o 30 000%. Roczna terapia kosztuje setki tysięcy dolarów. Możesz płacić albo umrzeć. Na jednej szali – życie ludzkie, na drugiej – chciwość korporacji.

Idźmy dalej – po całości jednej branży: jeśli za leczenie nie płaci pacjent, tylko ubezpieczyciel, to czemu nie podnosić cen? Skoro pacjent nie odczuwa tego bezpośrednio, firmy windują ceny do poziomu, który czyni ubezpieczenia zdrowotne luksusem. A to już systemowo niszczy dostępność leczenia dla zwykłych ludzi.

W takich przypadkach wolny rynek nie powinien być nadrzędną wartością, a chciwość nie powinna być nagradzana i zaspokajana.

Kiedy porównasz to z indywidualnym tradingiem małym kapitałem, pytanie o jego uczciwość zaczyna brzmieć absurdalnie.
Dla mnie – trading na własny rachunek to jedna z najuczciwszych form zarabiania, jakie istnieją.
Ale żeby było uczciwie – rozważmy też ekstremalny przypadek spekulacji na wielką skalę...

30.4 Spekulanci vs Politycy

Zagranie George'a Sorosa przeciwko Bankowi Anglii w tzw. „Czarną Środę" (16 września 1992) dało mu ok. miliard dolarów zysku. Funt poleciał w dół. Anglia straciła. Czy Soros zrobił coś złego? Jak to ocenić etycznie?

Moim zdaniem Soros był tylko jednym z trybików wolnego rynku. Funt i tak miał spaść – jego wycena była fikcyjna, oparta na błędach polityki i stanie gospodarki. Soros to tylko przyspieszył i pokazał słabość systemu. Zamiast się go czepiać, dałbym mu medal. I zapytał: „Jak zrobić, żeby rząd nie marnował pieniędzy i nie trzymał iluzji siły waluty?"

Nie pytajmy o etykę tradingu – zapytajmy, co robią politycy z naszymi pieniędzmi.
Zobacz dokument „**Inside Job**" (2010) – świetna lekcja.
Obejrzyj też „**The Big Short**" (2015) – pokazuje mechanizmy i motywacje.

Nie chcę się nakręcać, ale... To co obserwuję w naszej części Europy, to kolejny skok na kasę obywateli. **Politycy chcą, żeby obywatel był biedny i uzależniony od systemu**.

Podwyżki pensji minimalnej? Podwyżki płacy minimalnej brzmią dobrze – o ile ktoś nie zna podstaw ekonomii. Dla firm oznaczają wyższe koszty, więc skutkują ograniczeniem zatrudnienie i wzrostem cen usług, produktów. Rząd się cieszy, bo wpływy z podatków rosną. Niestety rośnie też inflacja, więc spada siła nabywcza pieniądza i ci, którzy mieli zyskać – realnie tracą.

Dotacje na „**ekologię**"? Czysty żart. Zabierają ludziom pieniądze, by „dawać" te same pieniądze z powrotem innym ludziom. Efekt? Rzeczy dofinansowane drożeją, bo nikt już nie analizuje kosztów – bo to przecież „darmowa kasa".
Znam tę branżę – zarabiają tylko firmy i producenci, a teoretycznie miał zyskiwać zwykły obywatel. A sens? Pompy ciepła, panele, dotacje? Niektóre z tych rzeczy realnie szkodzą środowisku.

Dofinansowania na zakładanie firm? 60% z nich padnie w 5 lat. To nie inwestycja, to kupowanie złudzeń za pieniądze innych ludzi. Ludzie nie pytają, czy biznes ma sens – tylko jak dostać darmową kasę. Oczywiście są wyjątki, tylko czy dla wyjątków wszyscy mamy płacić wyższe podatki?

W tym świecie są większe problemy niż etyka małego Tradera.

I na koniec: jeśli ktoś naprawdę szuka nieuczciwości, niech skupi się na POLITYCE. To tam drukuje się pieniądze i rozdaje łapówki ludowi pod przykrywką troski o obywatela.
To polityka pozwala na tworzenie globalnego ekonomicznego niewolnictwa bankom i korporacjom.
Nie lubię tych tematów. Czuję w tym wielką niesprawiedliwość i jednocześnie bezsilność wobec systemu.
Jedyne, co naprawdę możemy zrobić, to mieć tyle pieniędzy, by po opłaceniu wszystkich haraczy dla „systemu" żyć tak, jak chcemy.

31 Jako Trader inaczej patrzysz na życie

Jako Trader inaczej patrzysz na życie. Oczywiście – co człowiek, to punkt widzenia, ale opowiem Ci, jak ja widzę świat, odkąd zacząłem żyć z tradingu.

31.1 Analityczne patrzenie na rzeczywistość

Na wiele aspektów życia patrzę jak na wykres – analizuję je pod kątem kosztów, ryzyka, perspektyw wzrostu i tego, gdzie warto postawić SL, jeśli sytuacja nie rozwinie się po mojej myśli. Mniej sentymentów, więcej zysków – i nie chodzi mi tylko o zyski materialne.

Mam na przykład auto, które kupiłem, bo bardzo mi się podobało. Stare, bo prawie 20-letnie, za to z 5.7 Hemi pod maską, napędem na 4 koła, kombi – i zwyczajnie mi się podoba. Kupiłem je za porządną cenę rynkową, nie tanio. Doprowadzenie go do stanu, jaki mnie zadowalał, kosztowało mnie już drugie tyle, co zakup. Obawiam się, że jeszcze trochę dołożę, bo zostało kilka mankamentów.

Czy to ma sens? Koszt nowego auta tej klasy to przynajmniej trzy razy więcej, a utrata wartości w ciągu 3–4 lat będzie większa niż całość inwestycji w mojego staruszka. Do tego naprawy nowych aut z wyższej półki są bardzo drogie, bo silniki są nafaszerowane elektroniką i eko-wynalazkami.

Nie potrzebuję już auta do robienia 60 tys. km rocznie, a nad morze czy w góry V8 Hemi mnie i rodzinę spokojnie zaciągnie.
To była kalkulacja: co chcę uzyskać, jakie funkcje ma spełniać ten samochód, jakie emocje ma mi dawać, ile kosztuje wejście w taką pozycję, ile mogę stracić i jakie są alternatywy.

Zakładając, że auto zostanie ze mną 10 lat i jeszcze coś w nie włożę, koszt miesięczny jego zakupu i posiadania wyniesie około 200 dolarów. Po 10 latach nadal będę miał to samo auto – tylko bardziej klasyczne, bo prawie 30-letnie. V8 wciąż będzie wywoływał uśmiech na twarzy i nadal będę chciał nim jeździć.

Kolejne 10 lat użytkowania to będzie już koszt około 30 dolarów miesięcznie – i to przy założeniu, że jeszcze trzeba będzie coś poważniejszego naprawić. Zawsze można go też sprzedać. :)

Ciekawe, że jazda wielkim V8 kosztuje mnie taniej niż jazda Teslą ładowaną na normalnie płatnych stacjach.
Samochód to nie jest typowy przedmiot użytkowy, jak się wydaje. Tu wartość nie wynika wyłącznie z funkcji przejazdu z punktu A do B – bo wtedy taniej by wyszło przez 10 lat zamawiać taksówkę. Chodzi o odczucia i emocje, których nie da się przeliczyć na dolary. Dla mnie to był bardzo dobry interes.

W skeczu jednego ze starych kabaretów padło mądre zdanie:

„Ile się zarobi, to się zarobi, ale Pan mi powie:
ile można stracić?"

To jest zasadnicza zmiana w podejściu do życia – patrzenie na wybory przez pryzmat tego, ile można stracić.
Nie tylko pieniędzy, ale też czasu, energii i dobrego samopoczucia.

Druga sprawa to zysk. Czy nakłady środków i czasu dają taki zwrot, że to się naprawdę opłaca? Czy R:R jest zadowalający?
Trader, zanim coś zacznie, automatycznie szacuje ryzyko, potencjalne straty, koszty i zyski. W wielu przypadkach okazuje się, że niektórych tematów nie warto w ogóle ruszać – bo zysk marny, kosztów dużo, a na koniec i tak wszystko prawdopodobnie wyląduje w koszu. Za duży SL, za małe R:R, nie widać żadnego sensownego TP do wzięcia.

31.2 Patrzenie na miejsce, w którym się żyje

Przeważnie, gdy patrzyliśmy z żoną na życie, czuliśmy przywiązanie do miejsca – bo praca, bo firma, bo szkoła dziecka itd. Człowiek jest uwiązany do lokalizacji przez źródła dochodu, które są z nią związane. Trading wymaga tylko internetu, kilku detali typu wielkie monitory – i można pracować z dowolnego miejsca na świecie. To jest piękne. To daje poczucie wolności.

Wczoraj (1.06.2025) w moim kraju naród wybrał prezydenta, którego będę się wstydził przez kolejne 5 lat. Czy to dla mnie poważny problem? Nie. I tak już nie mieszkam w moim kraju, bo uznaliśmy, że bardziej na zachód będzie nam lepiej. Za około 2 lata kolejne wybory parlamentarne i znów jest ryzyko, że do władzy dorwą się ludzie, których najchętniej zapakowałbym w rakietę i wysłał na Marsa...

Na szczęście ja jestem Traderem.

Skoro widzę, że ten wykres to perspektywa wieloletniej bessy i za mojego życia nie ma szans na rewelacyjne zmiany – to byłbym głupi, tkwiąc w takiej pozycji. To ja obstawiam inny kraj.

31.3 Związki, relacje, znajomości

Czas to coś, czego nie da się odkupić. Jak zmarnuję ileś ziaren ryżu z mojej misy, to nigdy ich nie odzyskam. Dlatego mam mało znajomych – ci, których mam, generują mi zyski, a nie straty.

Nie chodzi o pieniądze, chodzi o to uczucie, że to było dobre spotkanie, że ten czas nie był stracony. Czasem chodzi o dobrą zabawę, czasem o jakieś ciekawe przemyślenia. Czasem wystarczy wspólnie pomilczeć przy zachodzie słońca.

Moja rada? Tnij koszty szybko.

Nie pozwól, żeby ktoś marnował Twój ryż na bezwartościowe sprawy.

Jeśli nie wiesz, co robiłeś wczoraj czy w zeszłym tygodniu, to znaczy, że nie robiłeś nic ważnego. Jeśli spotykałeś się z ludźmi i następnego dnia nawet o tym nie pamiętasz, to znaczy, że to było tylko zwykłe zabijanie czasu.

Czy nie szkoda życia na nieważne sprawy?

31.4 Krótki SL i szybkie cięcie strat

Chyba to, co najważniejsze zyskałem dzięki tradingowi, to myślenie o życiu w stylu zajmowania pozycji zgodnie ze strategią.

W tradingu jedno, co możesz dosyć precyzyjnie kontrolować, to straty. Dlatego krótki Stop Loss to podstawa.

Jeśli coś w życiu może wygenerować mi dużą stratę, a potencjalny zysk nie jest niczym interesującym, to R:R (Risk to Reward) jest słabe i lepiej ciąć koszty, nie marnować czasu.
Nie ma sensu nawet wchodzić w taką pozycję.

31.5 Dobry R:R, wysoki TP – wchodzę w to

Jeśli nagroda jest wysoka, warto podejmować ryzyko, bo czasem cel jest wart każdych pieniędzy – i nawet więcej.
Najlepszy Long, jakiego wziąłem, trwa już ponad 25 lat – dywidendy z tego urosły nam wspaniałe, a Risk to Reward nie da się policzyć, bo to wychodzi jakieś jeden do plus nieskończoności.

Tego, co w życiu najcenniejsze, nie kupisz za pieniądze.

32 Źródło Twojego sukcesu albo porażki

To tutaj leży źródło Twojego sukcesu albo porażki. Profesjonalny Trader to suma techniki i psychiki.

Różne są opinie... Jedni twierdzą, że sukces w tradingu zależy w 10% od techniki, a w 90% od psychologii. Inni mówią, że technika to 30%, psychologia 70%.

Jedno jest pewne – człowiek to istota rozumna, ale jej rozum zazwyczaj przegrywa z emocjami, gdy te się pojawiają.

Widziałeś zapewne wiadomości, w których ktoś żałuje morderstwa i tłumaczy, że był w takim stanie emocjonalnym, że nie mógł myśleć i działał instynktownie.

Jak posłuchasz Traderów, którzy uwalili swoje rachunki... albo po co masz szukać. :) Ja Ci opowiem, jak to jest.

Na początku jesteś mądry, zdyscyplinowany i jesteś z siebie dumny. Potem dochodzi znudzenie, znużenie, mogłoby się coś dziać... to może damy trochę więcej do pieca, żeby się obudzić. Albo przetestujemy Grid Trading, bo w końcu rynek chodzi ciągle góra–dół w kanale bocznym, to powinno się sprawdzić.

Na koniec już nie pamiętasz o żadnej swojej strategii, grasz jak małpa na automacie z wyłączonym mózgiem i patrzysz na to, co się dzieje, jakbyś oglądał jakiś kiepski film z osłem w roli głównej.

To nie strategia jest Twoim słabym punktem, tylko Twoja głowa. Nawet jakbyś miał kiepską strategię i dobry MM, to będziesz miał dużo czasu na rynku, żeby ją poprawiać, ulepszać i zwiększać rentowność.

Jak w głowie masz szalejącą małpę i T-Rexa, to żadna strategia Ci nie pomoże.

Wpierw dorośnij do bycia Traderem, a dopiero wtedy graj.

Zacznij od poznania siebie...

33 Kim jesteś – analiza osobowości

33.1 Kiedyś byłem na ciekawym szkoleniu...

Struktogram to metoda oparta na badaniach Paula D. MacLeana. Dzieli mózg na trzy główne obszary, które odpowiadają różnym typom zachowań i osobowości:

- **Czerwony** (pień mózgu) – instynkt, działanie, potrzeba bezpieczeństwa
- **Niebieski** (układ limbiczny) – emocje, relacje, uczucia
- **Zielony** (kora nowa) – logika, planowanie, strategia

Wyszło mi, że mam przewagę zielonego. :)

Z perspektywy czasu trochę inaczej patrzę na to, jakie kto ma predyspozycje do tradingu i jakie z tego wyciągać wnioski.

Ciekawy model analizy to model **DISC**, bazujący na czterech podstawowych stylach zachowań:

- **D** – Dominant – pewny siebie, decyzyjny, szybki, lubi wyzwania
- **I** – Influential – towarzyski, entuzjastyczny, inspirujący, emocjonalny
- **S** – Steady – spokojny, lojalny, pomocny, stabilny
- **C** – Conscientious – dokładny, logiczny, analityczny, perfekcjonista

Można pobawić się w testy z ciekawości i poznać siebie.

33.2 Najważniejsze cechy osobowości Tradera

- Zdolność do działania i decydowania pomimo ryzyka i emocji.
- Umiejętność analizy technicznej pomimo silnych emocji.
- Skłonności do hazardu, czyli podejmowanie znacznego ryzyka, łamanie zasad zarządzania ryzykiem i kapitałem.
- Umiejętność opanowania emocji i resetowania się po intensywnych przeżyciach.

Kiedyś czytałem o badaniach na narkomanach-hazardzistach w Las Vegas. Wybrano grupę hazardzistów mających problemy z narkotykami. Zatrzymano ich na tyle długo, że zaczęli odczuwać głód narkotykowy i potrzebowali kolejnej dawki. W tym stanie dano im niewielką ilość pieniędzy i sprawdzano, co zrobią.

Większość wybrała kasyno.

Wizja wygranej, marzenie i złudzenie bogactwa było silniejsze niż głód narkotykowy. Wychodzili prawdopodobnie z założenia, że jak zagrają i wygrają, będą mieli więcej pieniędzy – i starczy im i na narkotyki, i na dalszą grę.

Ten test pokazał, jak niebezpieczne i silne jest uzależnienie od hazardu, a trading jest niebezpiecznie blisko hazardu.

Nie znamy wokół siebie wielu Traderów-hazardzistów, bo trading to samotna gra w domowym zaciszu – a jak kilka razy taki hazardzista wyzeruje rachunek, to sobie odpuszcza tę mało zabawną dla niego grę.

Kasyna są lepsze w wyciąganiu kasy od... chciałoby się powiedzieć „frajerów", ale nie wypada. :) Dla mnie kasyna nie mają kuszącego uroku. Wiem, że każda gra ma przewagę statystyczną na rzecz kasyna. Jaki jest sens z nimi grać, skoro ostatecznie i tak to oni zabiorą mi pieniądze? Na giełdzie nikt nie czepia się liczenia kart i zdobywania statystycznej przewagi. Taka gra ma sens. :)

33.3 Dwie skrajne i niebezpieczne postawy

33.3.1 Trader typ 1 – wulkan energii nieznający strachu

Najczęściej nowy Trader jest bardzo napalony na grę i chce od razu spróbować, poczuć smak łatwych pieniędzy.

To wciąga jak hazard. Nie ma czasu się uczyć, bo przecież takie piękne okazje uciekają... Trzeba grać, bo tylko grając, można się czegoś nauczyć.

Gdyby tak było, przyszły chirurg nie zaczynałby od studiów i lat nauki, tylko od razu chwytałby za skalpel i biegł na salę kroić ludzi. Trader bez wiedzy, przygotowania technicznego i mentalnego jest jak dziecko ze skalpelem biegające we mgle.

Na 99,99% zrobi sobie krzywdę. Przynudzam o tym tak długo, bo nie chcę, żebyś przez kilka lat się męczył, odkrywając, że to trudny zawód i nie ma tu dróg na skróty.
Musisz ukształtować w sobie nowe zasady postępowania – sprzeczne często z tym, czego uczyłeś się całe życie.
Efekt pójścia drogą na skróty jest taki, że w końcu na rachunku pojawia się przykry komunikat „Margin Call".

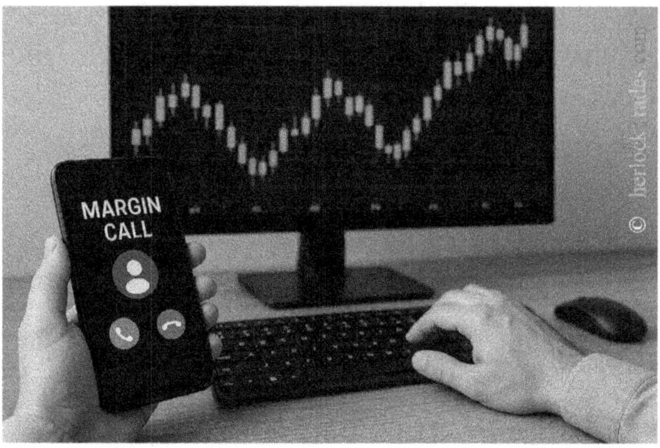

To znak, że to koniec zabawy i trzeba uzupełnić depozyt...
Czy aby na pewno to zdanie jest prawdziwe?
Czy jak się przegra, to trzeba wpłacić kolejne pieniądze?

„Szaleństwem jest robić wciąż to samo i oczekiwać innych rezultatów". – mądrość, podobno samego Einsteina.

Jeśli przegrałeś, to nie wpłacaj kolejnych pieniędzy i nie rób znów tego samego. Przegrana to znak... To informacja, że coś z Twoim tradingiem jest nie tak, jak powinno być.

To sygnał, że **trzeba się zatrzymać**, zrobić krok do tyłu, popatrzeć na wszystko chłodnym okiem i zastanowić się, gdzie popełniasz błędy.

Wszystkie błędy, jakie ja popełniałem i znam, opisałem w tej książce, więc jeśli znajdziesz się w takiej sytuacji – wróć do niej i zobacz, gdzie masz słabe punkty strategii.
Radzę zacząć analizę od zarządzania ryzykiem. :)

Nie martw się... jak skończysz się uczyć, giełda nadal będzie działać jak zawsze. Jeśli giełdy przestałyby działać, to znaczy, że potrzebujesz maczety, żeby walczyć o życie – bo świat, jaki znamy, się skończył. To na szczęście jest mało prawdopodobne, jeśli żyjesz w stabilnym kraju. A jeśli tak nie jest, dobrze byłoby zostać zarabiającym Traderem, bo to pozwala żyć tam, gdzie jest nam lepiej. Nie musi to być kraj, w którym się przypadkiem urodziliśmy. Ja nie mieszkam w mojej ojczyźnie.

Wykresy to niekończąca się historia i możesz do niej dołączyć, kiedy będziesz gotów.

No i oczywiście – kiedy zarobisz na nowy depozyt. :)

33.3.2 Trader typ 2 – wieczny student – analityk

Są ludzie, którzy ekscytują się wizjami gry i zarabiania dużych pieniędzy na giełdzie.

To ludzie czynu. Ich czyn kończy się jednak na etapie przygotowań do gry – to typ analityka, lubiącego wizję bogactwa, podsycającego tę wizję komfortowym studiowaniem tradingu, ale bojącego się ryzyka. Ten wieczny student ekscytuje się wizją, lecz lęk przed ryzykiem i stratą sprawia, że nigdy nie spróbuje i nie doświadczy tego, co mu się marzy.

Jeśli świadomość, że obstawiasz własne pieniądze i możesz je stracić, mocno Cię stresuje – to znak, że masz problem. Może to lepsze niż bezrefleksyjne ryzykowanie całego kapitału, ale oba przypadki prowadzą do tego samego: nie grasz, nie zarabiasz i marzenie o byciu zawodowym Traderem przepada.

Najczęściej boimy się straty z dwóch powodów:

- – utrata pieniędzy po prostu za bardzo boli,
- – obawiamy się, że jeśli zagramy i przegramy, udowodnimy sobie (albo innym), że nie mieliśmy racji.

Są tacy ludzie, którzy bardzo nie lubią, gdy rynek pokazuje im, że się mylili. Jeśli przegrana uderza w Twoje Ego – to masz temat do przerobienia.

W pierwszym przypadku warto zadać sobie pytanie, czy nie grasz zbyt dużą pozycją. Może wystarczy ją zmniejszyć tak, by pełny SL nie bolał. Strata 100 $ może stresować, ale jeśli zmniejszysz pozycję i wyjdzie z tego 5 $ – to już tylko kawa na mieście. :)
Jak poczujesz, że Twoja strategia faktycznie działa, wtedy – w zgodzie z własnym komfortem – będziesz mógł stopniowo zwiększać zarówno pozycję, jak i SL.
To jak ustawianie termostatu: jeśli od razu dasz maksimum, będzie źle. Za to, jeśli stopniowo podnosisz temperaturę – nie zauważysz nawet momentu, w którym robi się naprawdę ciepło.

Dostosuj wielkość pozycji do własnego „termostatu finansowego"...

Drugi przypadek jest trudniejszy. :)
Moim zdaniem najlepiej, gdy prawie nikt nie wie, czym się zajmujesz. Znajomi, z którymi nie mam bliskiej relacji, wiedzą tylko tyle, że pracuję zdalnie, online – i że to zbyt nudne, żeby o tym gadać. O tym, że piszę książkę, wiedzą trzy osoby i niech tak zostanie. Dzięki temu nie muszę nikomu niczego udowadniać, nie muszę kupować auta za pół miliona, żeby sąsiedzi zobaczyli, że hazardzista jednak wygrywa.

Każda presja z zewnątrz może być destrukcyjna. O tym, co naprawdę robię, wie moja rodzina i jeden przyjaciel – znamy się od lat i dzięki mnie też stał się Traderem. :)

W środowisku Traderskim też nie rozmawiam za dużo. Wolę słuchać, wyciągać wnioski i nie narażać się na ryzyko, że moje Ego zapragnie poklasku. Bo jeśli Ego zaczyna się domagać efektów, które zrobią wrażenie – to nie ma z tego pieniędzy, a często kończy się to nadmiernym ryzykiem.

A ja nie potrzebuję imponujących wyników. Chcę mieć wystarczająco dobre, stabilne efekty, dzięki którym kapitał będzie rósł spokojnie.

Nie chcę być rozpoznawalny – bo to oznaczałoby niepotrzebną presję, konieczność kreowania wizerunku i mnóstwo spraw, które mnie nie interesują.

Musisz zajrzeć w siebie i zrozumieć, co w Tobie przeszkadza Ci w tradingu. Może jesteśmy podobni i opisuję dokładnie to, co czujesz – a może zupełnie nie. I to też jest OK.

Nie wiem, czy ja sam jestem „dobrą wersją" do tej roboty. Patrząc, ile lat zajęła mi praca nad sobą – raczej nie. Nieważne, jaki jesteś. Jeśli wystarczająco mocno czegoś pragniesz – jesteś w stanie się zmienić i dostosować. To tylko kwestia czasu, pracy i mądrości. Musisz odkryć, co wymaga poprawy i czego jeszcze musisz się nauczyć.
I zadać sobie to jedno, fundamentalne pytanie:

Czy chcesz mieć rację... czy chcesz mieć pieniądze?

Na giełdzie nie możesz mieć ciągle racji. Żebyś ją miał, musiałbyś być jasnowidzem i przewidywać przyszłość.
Nie znam Traderów-jasnowidzów.
Znam za to Traderów, którzy systematycznie wygrywają z rynkiem i zarabiają pieniądze. Nie wygrasz za każdym razem – to pewne.
Tylko czy naprawdę musisz wygrywać za każdym razem, żeby być wygranym?

Jeśli Twoje Ego domaga się nieomylności i perfekcji, to masz problem. Wytłumacz swojemu Ego, że trading to nie pojedynczy strzał, tylko długa gra strategiczna.
Trading jest jak szachy – składa się z wielu ruchów. W trakcie tej gry tracisz pionki i figury, ale liczy się tylko jedno: żeby na końcu Twój król pozostał bezpieczny, a przeciwnik usłyszał „szach i mat".

Swoją drogą – „szach" brzmi trochę jak dźwięk wysuwanego banknotu z bankomatu, więc porównanie trafione. :)

Nie zarobisz na każdym zagraniu – ważne, żeby w długim terminie Twój kapitał rósł.

Patrz na statystykę. Liczy się tylko to, że straty i obsunięcia są małe, zgodne ze strategią, a wygrane wystarczająco duże, żeby przesuwać krzywą kapitału w górę.

Myśl o tradingu jako o grze z wielu ruchów. Twoim zadaniem nie jest wygrać każdy pojedynek – masz wygrać cały mecz.
Ego powinno się skupiać na końcowym wyniku, nie na emocjach po każdej transakcji. Twój cel to stworzenie powtarzalnej, skutecznej strategii. Tylko taka strategia daje Ci szansę na stabilne zyski.

Praca Tradera to dyscyplina.
To pilnowanie się, by nie zboczyć ze strategii. To codzienne wyłapywanie momentów, w których Ego chce przejąć stery.
To ciągła analiza, testowanie nowych koncepcji, tworzenie statystyk, analiza własnych zagrań i nauka rozpoznawania wzorców, które dają przewagę.

Z zewnątrz wygląda to, jakby Trader tylko patrzył na wykresy.
W rzeczywistości jego mózg działa jak procesor – analizuje, liczy, sprawdza.
Na końcu pojawia się wynik:
„Nie gram, bo wszystko, co widzę, jest niejednoznaczne"
albo:
„Wszystkie znaki wskazują na LONG – jest młotek na końcu korekty, z dobrym wolumenem, SL zgodny z moim zarządzaniem ryzykiem. GRAM!"
A potem rynek robi swoje.

Jeśli analiza była dobra – często, choć nie zawsze, pojawia się zysk. I to jest piękne.
Prowadzenie pozycji zgodnej z analizą to czysta przyjemność.
Z czasem przesuwasz SL na zero, potem pod ostatnie korekty, aż w końcu pojawia się sygnał, że rynek się zmienia – np. świeca podażowa. Zamykasz ręcznie lub ustawiasz SL tuż pod sygnałem – i trade się kończy.
Porównujesz ryzyko (SL) do zysku – wychodzi R:R 1:5.
Brawo – właśnie zagrałeś idealny trade.

Odwrotna sytuacja:
Grasz, rynek wybija SL – masz stratę.
Zagrasz 5 razy, 5 razy zaliczysz stratę, a potem jeden trade da Ci zysk 5:1 – jesteś na zero.
A być na zero... to nie jest zły wynik. :)

Tak wygląda ta gra.
Przegrywasz mało, wygrywasz dużo – i suma na rachunku rośnie.
Nie skupiaj się na pojedynczych zagranych – one są tylko elementem większego układu. Liczy się, czy cała strategia zarabia.

I teraz jeszcze jedna ważna rzecz...
Co robisz, kiedy zagrasz i SL zostaje wybity?
Jeśli wszedłeś, to znaczy, że widziałeś sygnał – np. na LONG.
Wybiło Cię – OK, ale to nie znaczy, że analiza była zła.

Obserwuj dalej.
Jeśli miałeś rację co do kierunku, rynek niedługo może dać kolejny sygnał. Może testować dno jeszcze raz, może kilka razy... ale jeśli dalej widzisz, że poziom jest broniony – czekasz i szukasz wejścia.

Nie obrażaj się na rynek.
Czasem musi jeszcze raz przetestować poziom, zanim popyt wygra.
I wtedy – znów LONG.
Odwrotnie – przy szczytach – szukasz SHORT.
Rynek nigdy nie pozwoli Ci się nudzić. :) Zawsze stworzy kolejne okazje do zagrania i wygrania pieniędzy.
Trzeba tylko dać mu czas. :)

33.4 Nowe zasady, często odwrotne niż Twoje

- Nie ryzykuj, bo ryzykując, możesz stracić...
- Potrzebujesz pewności i stabilizacji, żeby mieć szczęśliwe życie.
- Zasady są po to, żeby je łamać. Kto by chciał ciągle przestrzegać zasad.

A Trader na to: tylko ryzykując zgodnie z MM i strategią możesz wygrać. Stabilizacja to złudzenie. Za to stabilne zyski z tradingu to rzeczywistość, na której możesz zbudować szczęśliwe życie.

Ci, co łamią zasady w tradingu, siedzą potem na FB i opowiadają, jak to raz wygrali i jakie to było piękne... nie wspominając, że chwilę później uwalili cały rachunek.

Pomyśl, jakie masz swoje fundamentalne zasady i życiowe mądrości – i pomyśl, co ja bym Ci na to odpowiedział.
Przeczytałeś już tyle moich przemyśleń, że pewnie możesz sobie wyobrazić mnie w czapce Sherlocka, jak odpowiadam na Twoje pytania.
A jeśli chcesz, możesz się nawet ze mną pokłócić – w myślach. :)

33.5 To, co musi robić Trader, jest w zasadzie proste

- **Siadasz** do wykresu, odpalasz platformę brokera i analizujesz rynek.
- **Widzisz** na wykresie sytuację, która – na podstawie analizy – jest miejscem do zajęcia pozycji, więc wchodzisz w rynek.
- **Obserwujesz**, co robi rynek, i prowadzisz pozycję aż do jej zamknięcia.
- **Zamykasz** z zyskiem lub stratą i szukasz kolejnego miejsca do wejścia.
- **Działasz** tak przez kilka godzin – czasem są dni, gdy odpalam wykres rano, a wyłączam kilkanaście godzin później, robiąc tylko krótkie przerwy.

To trudne, ale jeśli kochasz analizy, rozumiesz rynek i czujesz, jak wykres do Ciebie „mówi", to robisz to z pasją.
To jak być nałogowym hazardzistą, który siedzi całymi dniami w kasynie i... systematycznie wygrywa. :)
Czy może być coś lepszego? :) Proste, prawda? :)

Zwizualizuj sobie te wszystkie etapy. Dodaj emocje: chciwość, chęć wygrania z rynkiem, godzenie się ze stratą – i okaże się, że to, co pozornie jest łatwe, staje się trudne.
Pomyśl, z czym miałbyś trudności i jak sobie z tym poradzić.

Tylko nie myśl za długo, bo i tak – jak zaczniesz – pojawi się całe stado pytań i problemów. :)
Działaj. Ucz się. I **graj**...
Tylko na tym etapie – **na demo**.

Znasz te sytuacje, gdy młody człowiek przez pięć lat uczy się zawodu w szkole, a po pierwszym dniu w pracy odkrywa, że nic nie umie i musi się uczyć od kolegów praktyków?
Dlatego ucz się i **równolegle** graj na demo. Poznasz specyfikę tej pracy. Grając, lepiej zrozumiesz to, o czym mówię – ja i inni praktycy rynku. Grając, sam zobaczysz swoje słabe strony i będziesz mógł poszukać odpowiedzi, jak je poprawić.
Kluczowa prawda jest taka:

Jeśli nie zarabiasz na demo – to jakim cudem miałbyś zarobić na realu, gdzie dochodzą jeszcze emocje?

Znam przypadki, gdzie ktoś zarabiał na demo, ale na realu nie dawał rady.
Nie znam odwrotnego – że ktoś uwalał demo, a potem nagle po zmianie rachunku zarabiał realnym kapitałem.
Pierwszy przypadek: dobra technika, lecz niestety słaba psychika.
Drugi: typowy amator, który chciał się pobawić, stracił pieniądze i stwierdził, że to bez sensu.
Zajmie się czymś innym.

Dziękujemy za zostawienie nam swoich pieniędzy – zapraszamy ponownie do stołu. :)
Ulica „LasBrokeras" zawsze miło wita amatorów.

34 Jak patrzeć na statystyki i gdzie jest ten zysk

Pomyśl sobie, że jesteś kiepskim, początkującym Traderem. Grasz małą pozycją, a Twój maksymalny SL, jaki dopuszczasz, to 30 punktów – czyli 10 $ straty. Jeśli zagrasz na formację z mniejszą świecą, Twój SL wyniesie tylko 15 punktów, więc stracisz 5 $. Niektóre pozycje pójdą tam, gdzie przewidziałeś, więc będziesz mógł przesunąć SL na zero.

SL/R:R	-1	-½	0	1:1	1:2	1:3	1:5
1	-10$						
2		-5$					
3			0$				
4		-5$					
5					20$		
6	-10$						
7							50$
8		-5$					
9		-5$					
10			0$				
11	-10$						
12		-5$					
13		-5$					
14				10$			
15	-10$						
16			0$				
17						30$	
18			0$				
19					20$		
20		-5$					

Na 20 zagrań:

- 4 razy miałeś pełną stratę –10 $
- 7 razy straciłeś połowę SL, czyli –5 $
- 4 razy wyszedłeś na zero
- 5 razy osiągnąłeś zysk w przedziale od 10 do 50$

Jak patrzysz na tablicę wyników powyżej, to co czujesz? 5 marnych wygranych na 20 zagrań, 11 stratnych i 4 na zero.

34.1 Czy ten Trader ma jakiekolwiek szanse?

SL 10 $ to przy ryzyku 1% oznacza, że Trader ma depozyt w wysokości 1000 $. Załóżmy, że nie biega z kałasznikowem po pustyni, tylko cierpliwie czeka i oddaje dziennie 5 strzałów.
20 zagrań zajmie mu więc **4 dni**.
To oznacza, że jeśli sumiennie będzie siadał do rynku 5 dni w tygodniu, to w ciągu miesiąca zrobi 100 zagrań – czyli pięć takich tabelek jak ta wcześniejsza.

Jak sądzisz – taki wynik, z tyloma przegranymi i kilkoma marnymi wygranymi, to dobrze, źle, beznadziejnie? Czy młody powinien się spakować i szukać „uczciwej" roboty w jakimś markecie?

A teraz spójrz jeszcze raz.
To, co widzisz w tej tabeli, to +55 $ zysku.
Z 1000 $ depozytu daje to **5,5% w 4 dni** – czyli 1,375% dziennie.
Pamiętasz symulacje z wcześniejszych rozdziałów?
Ile trzeba zarabiać dziennie, miesięcznie i rocznie, żeby wynik robił wrażenie? Tam przyjąłem 1,5% dziennie i 15 dni tradingowych w miesiącu.

Gdyby Trader z tej tabeli grał 5 dni w tygodniu – jak zwykły pracownik na etacie – to nawet bez zwiększania pozycji i ryzyka zarobiłby w miesiąc 5 × 55 $, czyli 275 $ z 1000 $ depozytu.
Zaokrąglijmy to w dół – niech będzie 250 $ miesięcznie.

To i tak daje 25% zysku w miesiąc.
Nie znam banku, który płaci takie oprocentowanie – ani w dolarach, ani w euro.
Rok dyscypliny z takimi „marnymi" wynikami i na koniec...
Pozytywne zaskoczenie. :)

Jeśli nadal nie wierzysz, że trading może dać pieniądze i wolność finansową – to już naprawdę nie wiem, jak Cię przekonać, żebyś został milionerem. :)

Do czego i w jakim czasie można dojść dzięki tradingowi?

Month	Start balance	Monthly profit	End balance
1	1 000 $	250 $	1 250 $
2	1 250 $	313 $	1 563 $
3	1 563 $	391 $	1 953 $
4	1 953 $	488 $	2 441 $
5	2 441 $	610 $	3 052 $
6	3 052 $	763 $	3 815 $
7	3 815 $	954 $	4 768 $
8	4 768 $	1 192 $	5 960 $
9	5 960 $	1 490 $	7 451 $
10	7 451 $	1 863 $	9 313 $
11	9 313 $	2 328 $	11 642 $
12	11 642 $	2 910 $	14 552 $
1 year:	13 552 $		

Z tysiąca dolarów po roku tradingu masz ponad 13 000 $ zysku przed opodatkowaniem. Po opodatkowaniu i małym szaleństwie w nagrodę, kolejny rok zaczynasz z pulą 10 000 $. Chyba nie trzeba robić nowej tabelki... ale w sumie... :)

Month	Start balance	Monthly profit	End balance
1	10 000 $	2 500 $	12 500 $
2	12 500 $	3 125 $	15 625 $
3	15 625 $	3 906 $	19 531 $
4	19 531 $	4 883 $	24 414 $
5	24 414 $	6 104 $	30 518 $
6	30 518 $	7 629 $	38 147 $
7	38 147 $	9 537 $	47 684 $
8	47 684 $	11 921 $	59 605 $
9	59 605 $	14 901 $	74 506 $
10	74 506 $	18 626 $	93 132 $
11	93 132 $	23 283 $	116 415 $
12	116 415 $	29 104 $	145 519 $
1 year:	135 519 $		

Po opodatkowaniu i dużym szaleństwie w nagrodę, nowy rok zaczynasz z kontem 100 000 $.

Chyba nie trzeba robić nowej tabelki... ale w sumie... :)

Month	Start balance	Monthly profit	End balance
1	100 000 $	25 000 $	125 000 $
2	125 000 $	31 250 $	156 250 $
3	156 250 $	39 063 $	195 313 $
4	195 313 $	48 828 $	244 141 $
5	244 141 $	61 035 $	305 176 $
6	305 176 $	76 294 $	381 470 $
7	381 470 $	95 367 $	476 837 $
8	476 837 $	119 209 $	596 046 $
9	596 046 $	149 012 $	745 058 $
10	745 058 $	186 265 $	931 323 $
11	931 323 $	232 831 $	1 164 153 $
12	1 164 153 $	291 038 $	1 455 192 $
1 year:	1 355 192 $		

Dramat... Musisz zapłacić podatek od ponad 1,3 miliona dolarów. Ależ to boli.

Trzy lata...

W tabelkach wygląda to prosto, lecz w prawdziwym życiu utrzymanie dyscypliny przez trzy lata to naprawdę nie lada wyzwanie. Pomyśl jednak – zamienić tysiąc w milion w trzy lata, to też nie byle nagroda.

Przy takich zyskach, wyciąganie 5 tysięcy miesięcznie na spokojne, skromne życie nie stanowi żadnego problemu.

Po kolejnym roku masz 10 milionów na koncie – możesz wydawać 10–20 tysięcy miesięcznie i nawet nie zauważysz tego wydatku na rachunku.

Jeszcze jeden rok i może Ci się już nie chcieć dalej tak ciężko pracować.

Gdybym znów miał 20 lat i gdyby w tamtych czasach był taki internet jak dziś oraz możliwości tradingowe jak teraz – to z tym, co wiem dzisiaj, siedziałbym przy komputerze pięć dni w tygodniu, po osiem godzin dziennie. Po trzech latach, z moimi statystykami, mógłbym odpoczywać do końca życia. Tylko nie wiem, czy wtedy udałoby mi się spotkać moją żonę...

To może jednak lepiej nie kombinować z podróżami w czasie. :)

34.2 Wioski z tabelek w Excelu...

Najważniejszy wniosek, jaki moim zdaniem możesz z nich wyciągnąć, to: **TO JEST MOŻLIWE**!!!
Wcale nie musisz mieć genialnych zagrań ani spektakularnych wyników, żeby zarabiać na giełdzie.
W jednej z tabelek pięć przeciętnych wygranych wystarczyło, żeby statystyki dały średnio ponad 1% zysku dziennie.
Kiedy oglądasz takie tabele albo sam je tworzysz i widzisz, jak z małych kwot robią się setki, potem miliony, a na końcu jakieś kosmiczne liczby, to uczucia, które się wtedy pojawiają, są piękne, przyjemne, motywujące... i złudne.
Te wyliczenia są prawdziwe, realne i osiągalne – z jednym zastrzeżeniem: Jesteś człowiekiem. A człowiek jest słaby.

Mój wujek często powtarzał:

„Mam bardzo silną wolę... ale krótko”. :)

A mój ojciec mówił, że mam „słomiany zapał” – co w naszym języku oznacza, że gdy tylko znajdę nowy cel, to się nim zachwycam, ekscytuję, a potem równie szybko go porzucam i zapominam.

Podobno to była wada. W moim odczuciu ojciec po prostu chciał, żebym coś osiągnął. Żebym coś zaczął i doprowadził do końca. I to była słuszna idea. Tyle że ja miałem wtedy kilkanaście lat – nie wiedziałem ani kim chcę być, ani co chcę robić.
Nie było Facebooka, YouTube'a, Instagrama, TikToka – nie było nawet Giełdy Papierów Wartościowych w naszym kraju.
To jak niby miałem wtedy odkryć swój cel i przeznaczenie? :)

Te tabelki Excela są prawdziwe, ale nie uwzględniają jednego czynnika – Ciebie. Nie biorą pod uwagę człowieka i jego słabości.
Jeśli chcesz zamienić 1000 dolarów w milion w trzy lata – możesz to zrobić. Tylko czy jesteś gotów pracować codziennie, przez setki dni i tysiące godzin?

Czy będziesz w stanie okiełznać emocje, które będą tobą miotać podczas tego długiego, wieloletniego maratonu? Czy dasz radę tak długo utrzymywać dyscyplinę i trzymać się strategii?

To jest możliwe tylko, jeśli wytworzysz odpowiednie nawyki.
Jeśli myślisz, że to łatwe – zacznij i spróbuj.
Sam się przekonasz, jak to działa u ciebie i odkryjesz, czy to rzeczywiście takie proste, czy jednak wymaga ogromnej pracy nad sobą.

Dla mnie jedno jest pewne:
Uczyć się przez całe dzieciństwo, w wieku 20–25 lat znaleźć pracę, trzymać się jej przez 40–45 lat, a potem przejść na emeryturę w wieku 67 lat – to szaleństwo.

Zmarnowałem prawie pół życia, zanim zrozumiałem, że chcę żyć inaczej. Ty masz szansę usłyszeć, co krzyczy w mojej głowie, i zastanowić się, czego Ty naprawdę chcesz od życia.

Ostatnio żona opowiadała mi, że spotkała kolegę naszej córki. Skończył szkołę, wstąpił do wojska zawodowego, a potem został oddelegowany jako ratownik medyczny do szpitala.
W wieku około 40 lat będzie mógł przejść na wojskową emeryturę.
Dalej będzie mógł jeździć karetką, bo to daje mu satysfakcję.

Świetny plan na życie.
Nie dla mnie – ale dla niego zdecydowanie tak.

Właśnie o to chodzi: znaleźć taki plan na życie, który pasuje do naszych potrzeb i predyspozycji.
Każdy plan wymaga pracy. Każdy ma swoje ciemne strony. I żaden nie jest wyłącznie „łatwy i przyjemny".

Szukaj swojej drogi uparcie i nie odpuszczaj.

Najsmutniejsze, co możesz osiągnąć, to refleksja przy spadających ostatnich ziarnach ryżu, że mogłeś przeżyć to życie lepiej...

Bądź nieugięty i z uporem maniaka szukaj swojego celu oraz własnego sposobu na dobre życie.

Ja ten cel zaczynam mieć w zasięgu ręki, dopiero mając 50 lat.
Wiem, że to późno.
Wiem, że wielu rozegrało swoje życie lepiej niż ja.
Może nie jestem mistrzem życia ani królem świata – jednak jestem z siebie zadowolony.
I nawet trochę dumny, że byłem tak uparty w szukaniu... i że w końcu znalazłem.

Może nie jestem najlepszym przykładem, bo wielu zrobiło to szybciej, sprawniej i skuteczniej – i to od nich warto się uczyć.
Mimo wszystko uważam, że mam coś do przekazania.
Moja droga do celu może być dla ciebie inspiracją.

Tylko nie popełniaj tylu błędów co ja. :)
Możesz osiągnąć swój cel szybciej. :)

Trzymam za Ciebie kciuki.

35 STOP Loss – podstawa zarządzania ryzykiem

Są dwa typy Traderów:
Jedni zawsze ustawiają SL, a drudzy nigdy – bo wolą samodzielnie zamykać pozycję, kiedy uznają, że strata jest już wystarczająco duża.

Przed chwilą widziałeś tabelę, w której na 20 zagrań aż 11 zakończyło się stratą, a 4 na zero.
Końcowy wynik i tak był dodatni – tylko dlatego, że Trader ściśle przestrzegał zasad zarządzania kapitałem i konsekwentnie pilnował SL. Nie wierzę w to, że można tego dokonać, ręcznie zamykając stratne pozycje.

35.1 Ja zawsze ustawiam SL

Mam przygotowany własny panel pod MT4 do zawierania transakcji, który automatycznie ustawia zarówno SL (Stop Loss), jak i TP (Take Profit) od razu przy otwarciu pozycji.

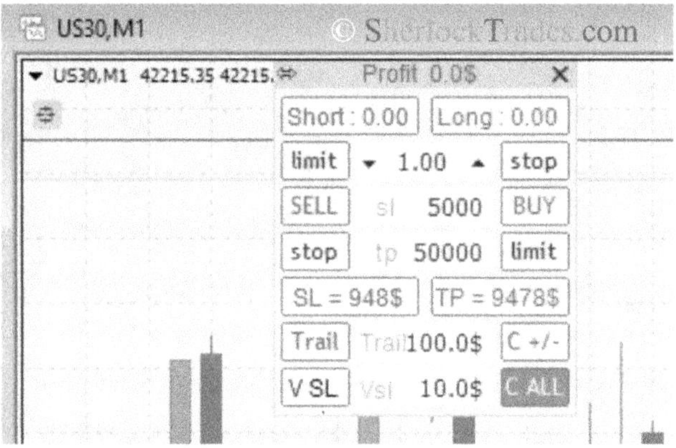

To akurat indeks amerykański.
Wielkość SL może wyglądać na ogromną – bo 5000 punktów brzmi poważnie – aczkolwiek w rzeczywistości chodzi tylko o różnicę w przeliczaniu punktów między panelem a platformą brokera.

Broker pokazuje notowania z dokładnością do dwóch miejsc po przecinku więcej, niż przewiduje ustawienie panelu.
Nie chcę Cię zanudzać. :)

W praktyce te 5000 punktów to po prostu 50 punktów.
To trochę więcej niż zakłada moja strategia, ale i tak zawsze po zajęciu pozycji zmniejszam SL do około 40 punktów – albo mniej, w zależności od tego, pod jaką świecą, w dołku czy na szczycie, chcę go ustawić i jak dużego zapasu potrzebuję.

Na innych walorach – takich jak ropa, złoto czy EUR/USD – stosuję mniejsze SL punktowo (ale kwotowo są takie same).
Wszystko zależy od typowej zmienności danego instrumentu.
Ale to już szczegóły na inną książkę. :)
Dlaczego tak bardzo zależy mi, żeby SL był ustawiony od razu przy otwieraniu pozycji?
Bo jedno, co naprawdę możemy kontrolować, to straty.
Oczywiście, może zdarzyć się luka na wykresie – i wtedy strata będzie większa, niż zakładaliśmy – jednak w dłuższej serii, przy setkach zagrań, średnia powinna pozostać w dopuszczalnych granicach.

Co może się stać, jeśli najpierw zajmiesz pozycję, a dopiero potem ustawisz SL?

- Rynek może nagle zsunąć się o 100–200 punktów – i poniesiesz za dużą stratę. To wywoła stres i może prowadzić do głupich decyzji.
- Może się zepsuć komputer.
- Może zerwać się połączenie z internetem.
- Może zawiesić się platforma brokera.
- Może wystąpić awaria prądu.

W każdej z tych sytuacji wiem jedno:
Moja **pozycja jest zabezpieczona** SL i nie stracę więcej, niż dopuszczam. Jeśli cena pójdzie w moim kierunku, TP ustawione na 10:1 zamknie pozycję automatycznie. Cokolwiek się stanie – ja mogę działać dalej spokojnie. Będę miał czas, by przełączyć się z internetu światłowodowego na mobilny, odpalić drugi komputer, zalogować się na platformę. **Bez stresu**.

Moje zlecenie zawsze ma ustawiony bezpieczny SL i dobry TP. Więc nawet jeśli w mojej okolicy wszystko padnie – ja nie mam czym się martwić.
Trading bez z góry ustalonego Sl-a może się skończyć drogą lekcją.

35.2 SL na -53 miliony pln (ponad 14.000.000 USD)

13 kwietnia 2025 roku Rafał Zaorski opublikował wpis na platformie X.
https://x.com/rafal_zaorski/status/1911486280052916243

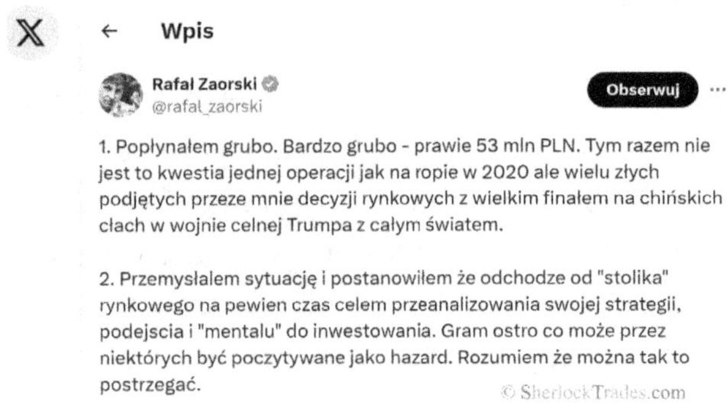

Rafał jest z Polski, mojej ojczyzny – dlatego śledzę, co się dzieje w tym kraju.

Opisał, jak zakończyło się jedno z jego zagrań. Był to złożony proces, obejmujący wiele pozycji.

Efekt?
Strata na rachunku wyniosła prawie 53 miliony złotych. To ogromna kwota. Nie chcę oceniać, czy to zagranie miało sens, ani czy wielkość tej straty była rozsądna w kontekście kapitału, jakim Rafał dysponuje.

Chcę Ci tylko pokazać, że wchodząc do gry, możesz stracić naprawdę dużo.
Dlatego, zanim zaczniesz, musisz ustalić zasady – poziom ryzyka, limity, strategię i dopracować wiele innych elementów, żeby mieć realną szansę na sukces.
Raczej nie chcesz nigdy zobaczyć na swoim koncie takich liczb, jakie Rafał pokazał w swoim wpisie na platformie X.

I'll be back ...

"Każdy przecież początek to tylko ciąg dalszy,
a księga zdarzeń zawsze otwarta w połowie." WS

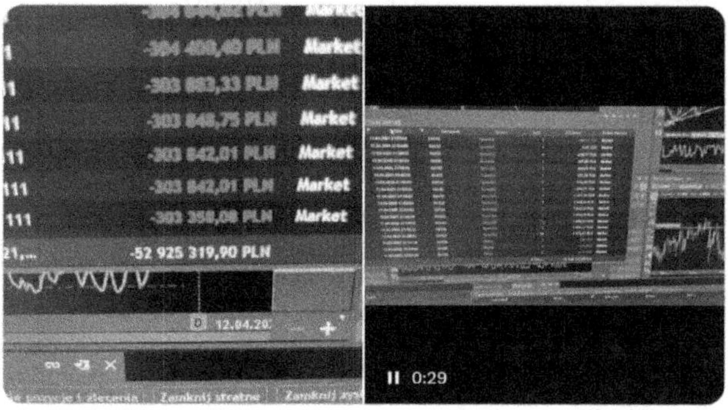

8:26 PM · 13 kwi 2025 · **1,8 mln** wyświetleń

1 tys. 377 5 tys. 1 tys.

Dzięki temu, że Rafał podzielił się ze światem nie tylko sukcesami, ale i porażkami, możemy się czegoś nauczyć – i to bez płacenia tak wysokiej ceny za lekcję.

Rafał, jeśli kiedyś to przeczytasz... trzymam kciuki. Niech rynek będzie dla Ciebie łaskawy i niech każdy dostanie to, na co zasłużył.

35.3 Wybiło mi SL, a miałbym zysk...

To bardzo częsta refleksja wśród początkujących Traderów: „Gdybym nie miał SL, to bym miał zysk, bo rynek zawrócił chwilę po jego wybiciu".

Czasem nawet najlepiej wybrane miejsce do zagrania zostaje wybite. Rynek zawsze zrobi to, co chce – a nie to, co nam się wydaje, że powinien zrobić. Jeśli z analizy wynika, że dane miejsce to punkt zwrotny na wykresie, oznacza to jedynie, że z dużym prawdopodobieństwem tak właśnie jest. I to właśnie są słowa kluczowe: „z dużym prawdopodobieństwem".

W tej grze nie chodzi o to, by zawsze mieć rację. Chodzi tylko o jedno: żeby na tradingu zarabiać pieniądze. Można mylić się w sześciu zagraniach na dziesięć i nadal wychodzić na plus. Wystarczy w pozostałych czterech mieć zyski, które pokryją straty.

Dlatego tak ważne jest, by nasze zagrania niosły ze sobą małe straty. Dlatego tak ważne jest, by analiza techniczna pomagała wybierać miejsca o wysokim prawdopodobieństwie punktu zwrotnego, w którym potencjalny zysk wielokrotnie przewyższa podejmowane ryzyko.

Jeśli widzę na wykresie sytuację, gdzie potencjał zysku wynosi trzykrotność lub więcej mojego SL, a wszystkie warunki mojej strategii są spełnione – gram. Bo to właśnie wartość SL pozwala określić, czy dane miejsce nadaje się do wejścia w rynek.

Jeśli analiza mówi mi, że z dużym prawdopodobieństwem będzie long, ale wymagany SL przekracza limity mojego MM – odpuszczam. Nie musisz łapać wszystkich okazji. Wystarczy łapać te naprawdę dobre.

Gdy widzę, że setup wygląda świetnie, ale musiałbym ustawić zbyt duży SL – odpuszczam. Obserwuję dalej, bo skoro ma się narysować duży ruch, to warto poczekać. Jeśli będę uważny, to w tym ruchu – jak uczył Elliott – powinna pojawić się fala pierwsza.

Po niej przyjdzie korekta, czyli fala druga. Na jej końcu może pojawi się ładna geometria, może jakaś świeca z wyraźnym akcentem wolumenowym. A jeśli nie – to może fala trzecia wybije szczyt fali pierwszej i tam będzie dobre miejsce na dołączenie.

Ważniejsze jest znaleźć dobrą okazję z dużym potencjałem zysku i niskim ryzykiem, niż łapać wszystko, co wygląda obiecująco.
W tradingu trzeba być wybrednym. :)

35.4 Efekt „Katiusza"

Podczas II wojny światowej Rosjanie używali wyrzutni rakiet o nazwie Katiusza (ros. Катюша). Efekt psychologiczny był znakomity – rakiety robiły przerażające wrażenie: huk, ogień i ilość wystrzałów skutecznie gasiły zapał wroga.
Ich skuteczność bojowa była jednak słaba.
Celność – beznadziejna. Czas przeładowania – długi.
A mimo to przeszły do historii, bo robiły potężne wrażenie.

Twoja checklista:

- **Trend** – Czy zagranie jest zgodne z trendem w tej skali czasowej, w której grasz?
- **Checklista Scenariusza** – Czy sytuacja na wykresie spełnia warunki scenariusza, który masz zdefiniowany?
- **Sygnał wejścia** – Czy pojawił się wyraźny sygnał wejścia dokładnie w miejscu, gdzie zgodnie ze scenariuszem spodziewasz się ruchu w kierunku trendu?
- **Niski SL** – Czy kwota jest zgodna z MM? Czy liczba punktów ma sens przy aktualnych zakresach dziennych na wykresie?
- **Wysoki R:R** – Czy stosunek potencjalnego ryzyka do zysku daje dużą przewagę? Czy prognozujesz zysk co najmniej 3 razy większy niż ryzyko? Jest szansa duży ruch I na wysoki TP?
- **Gramy** – Jeśli analiza wskazuje, że to świetne miejsce zgodne ze strategią, a wszystkie parametry się zgadzają – gramy.

Ty nie chcesz robić niesamowitego wrażenia... Ty chcesz osiągać niesamowite wyniki. Katiusza generowała duże koszty i realnie małe zyski. Gdyby nie efekt psychologiczny, to – moim zdaniem – byłaby porażką.

Ty musisz być inny.

Mało strzałów, precyzyjnie wybrane cele o wysokim R:R, niskie ryzyko dzięki dobremu MM i odpowiednio ustawionym SL.

Taki ma być Twój trading.

36 MM – jak nie zbankrutować... w jeden dzień?

36.1 Cała książka zbędna, jeśli zastosujesz 4 zalecenia

Brzmi prosto, prawda?
Ponad 300 stron pisania staje się niepotrzebne, jeśli tylko nie będziesz robić głupot i zaczniesz przestrzegać tych czterech zasad.
Czemu ja wcześniej na to nie wpadłem...

36.1.1 Znajdź odpowiednią technikę analizy technicznej wykresu

To brzmi banalnie, jednak dla kogoś, kto dopiero wchodzi w temat, może być to naprawdę trudne wyzwanie.
Na Facebooku czasem klikam reklamy o inwestowaniu – więc algorytm FB myśli, że interesuję się tym tematem i ciągle podsuwa mi nowe reklamy. To przerażające, ile jest sposobów, żeby nowy Trader stracił czas i pieniądze, „kupując" genialne, proste pomysły na szybkie zarabianie na giełdzie.

Obiecałem, że w tej książce nie będę rozwijał tego wątku – i dotrzymuję słowa. Po pierwsze dlatego, że istnieje wiele skutecznych technik i nie chcę Cię zanudzać swoją, jeśli masz już własne metody i interesuje Cię tylko aspekt psychologiczny.
Po drugie – to zbyt obszerny temat, by go sensownie połączyć z psychologią w jednej książce.

Jeśli jesteś kompletnie zielony – zacznij od szukania informacji o najlepszych Traderach w historii i sprawdź, jakiej techniki używali. To są metody, które faktycznie dawały przewagę – i oni to udowodnili.

Drugim krokiem jest zrozumienie, czy dana technika jest dla Ciebie realnie wykonalna. Jeśli ktoś używa systemu opartego na złożonej wiedzy, danych i analizach, to choć dla niego to działa – dla Ciebie może być bezużyteczne.

Szukając techniki dla siebie, zależało mi na kompletnym, zamkniętym systemie wiedzy – takim, który nie wymaga magicznych interpretacji ani dostępu do tajnych sygnałów.

Chciałem czegoś, co mogę zrozumieć, co ma sens matematyczny i ekonomiczny, i co będę mógł opanować na tyle dobrze, by stosować to przez całe dekady.
Ostatecznie wybrałem technikę opartą na VSA – Volume Spread Analysis. To podejście polega na analizie zmian ceny w połączeniu z wolumenem.

Jeśli chcesz wiedzieć więcej, poczytaj o takich ludziach jak:

Richard D. Wyckoff (1873–1934) – amerykański Trader i analityk, uznawany za prekursora idei, które leżą u podstaw VSA.

Tom Williams (1931–2016) – brytyjski Trader, który w latach 80. sformalizował technikę VSA, przekształcając koncepcje Wyckoffa w system analizy świec z uwzględnieniem wolumenu.

Powiem szczerze: nazwisko Wyckoff jest legendarne i szeroko znane, lecz to, co stworzył i udostępnił Tom Williams, to prawdziwa kopalnia bezcennej, praktycznej wiedzy.
Wystarczy wpisać w Google tytuł jego książki – „Master the Markets" – i od razu znajdziesz wersje w PDF.

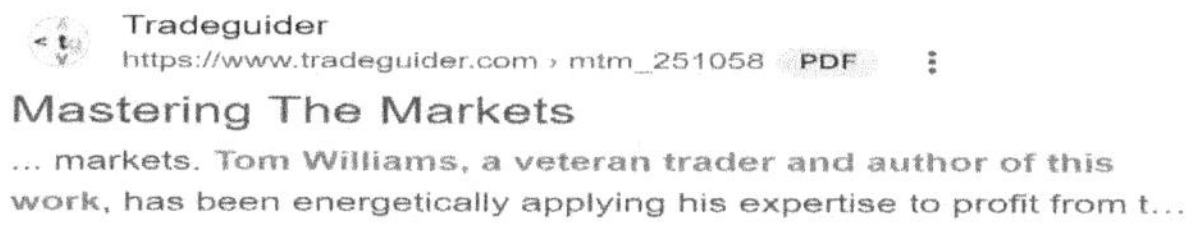

„Master the Markets" – Tom Williams.
Zabawne, że o różnych guru mówi się, że odmienili ludziom życie. Owszem, fajnie poczytać np. Osho – jego spojrzenie na wiele spraw jest trafne.
Gdybym miał wskazać jedną osobę, której praca naprawdę odmieniła moje życie „zawodowe", to byłby to właśnie Tom Williams i jego metodologia VSA.
Dla mnie to było jak odkrycie Kopernika.
Choć szczerze mówiąc – niewiele mnie obchodzi, czy to słońce krąży wokół Ziemi, czy odwrotnie – bo i tak po nocy wstaje dzień.

To, jaką technikę analizy wykresów wybierzesz, zależy wyłącznie od Ciebie. Musisz mieć taką technikę, którą dobre rozumiesz.

Czy podejmę się kiedyś wyzwania napisania książki o metodologii analizy technicznej — jeszcze nie wiem. To naprawdę dużo pracy i mnóstwo godzin spędzonych przed monitorem. Zresztą wspominam o tym na końcu tej książki.

36.1.2 Stwórz algorytmy i checklisty do tradingu

Trading, żeby był nauką, a nie sztuką, musi być powtarzalny i statystycznie potwierdzony. A żeby coś było powtarzalne, muszą istnieć jasne kryteria oceny. To oznacza, że każde wejście w rynek musi być jednoznacznie zdefiniowane i zweryfikowane checklistą.

Jeśli zachodzą warunki: A, B, C, D i E – wtedy grasz zgodnie z MM. Gdy opracujesz konkretne scenariusze wejścia, po których wchodzisz w pozycję, będziesz mógł zbierać statystyki.

Jeśli rozegrasz 100 zagrań według scenariusza „X" i okaże się, że:

- 70 razy zakończyły się stratą,
- 10 razy wyszło na zero,
- a tylko 20 razy był zysk,

to chyba sam widzisz, że rzut monetą daje lepsze szanse.

A jeśli Twój system pokaże np.:

- 60% zagrań zyskownych,
- 10% na zero,
- 30% na SL,

to wtedy sprawdzasz, jakie było średnie R:R, i możesz wyliczyć wartość tej techniki.

Zrób sobie prostą tabelkę. Załóż, że pełna strata (SL) to 10 $ – grasz małymi kwotami, nie ma co szaleć. Średnie R:R masz na poziomie 1:2, czyli wygrywasz dwa razy więcej, niż ryzykujesz. Po 100 zagraniach taki system dałby Ci +900 $ na rachunku. Warto prowadzić statystyki. To pokazuje, dokąd zmierzasz i dyscyplinuje.

36.1.3 Zdefiniuj zasady Money Management

To chyba jedna z najważniejszych kwestii – a można ją zmieścić w jednej linijce. :) Tylko taki gaduła jak ja potrzebuję więcej miejsca, żeby to wyjaśnić. :)
Na start powinniśmy powiedzieć:

„Ryzykuj tylko to, co możesz stracić”.

Skoro czytasz tę książkę, to zakładam, że takich błędów już nie popełniasz... prawda?
Dla uproszczenia przykładów załóżmy, że masz 1000 $ i podstawowy SL to 1%, czyli 10 $.

- **Wielkość SL (Stop Loss) w $**

Czy będzie to dolar, euro, czy inna waluta – nie ma znaczenia. Ważne, żebyś jasno określił maksymalną stratę, jaką dopuszczasz na jedno zagranie.
Zalecam zaczynać od konta demo i przyjąć SL na poziomie 1% kapitału.
Po 50–100 testowych zagraniach, jeśli technika daje wyraźnie dodatni bilans, możesz przejść na konto realne i ustawić SL na poziomie 0,25% kapitału.

Następnie, po kolejnych 100 zagraniach i analizie wyników:
- jeśli nadal jest dobrze – zwiększ do 0,5%,
- potem do 0,75%,
- docelowo maksymalnie do 1% kapitału na jedno zagranie.

Więcej nie polecam, ale to Twoje pieniądze.
Dla mnie 2% to górna granica, choć są „twardziele”, którzy grają z SL na poziomie 3%.
Ja się nie spieszę – wolę grać spokojnie, bez większego ryzyka i stresu.

- **Wielkość SL w punktach/pipsach**

Wartość SL w dolarach to jedno, ale na wykresie SL wyrażany jest w punktach, tickach, pipsach – w zależności od instrumentu.

Załóżmy, że ustaliłeś 10 $ SL (czyli 1% Twojego depozytu). Grasz jako Day Trader, więc zagranie zrobione np. o 14:00 dziś zamykasz przed snem. 10 $ to rozsądna wartość w stosunku do Twojego kapitału. Problem pojawia się, jeśli z analizy wynika, że te 10 $ odpowiada 300 pipsom, a zmienność na rynku w ostatnich dniach wynosiła 100–200 pipsów.

Ustawiłeś SL tak daleko, że jego wybicie to ruch zasięgu 1–3 dni. A przecież chcesz zamknąć pozycję dziś. Jeśli do tego oczekujesz R:R 1:3, to znaczy, że liczysz na ruch 900 pipsów w jeden dzień. Trochę przerysowałem... ale rozumiesz, o co chodzi?

Miejsce wejścia musi być potencjalnym punktem startowym większego ruchu. Ten ruch ma dać zysk co najmniej 3 razy większy niż wartość SL.

Jeśli SL wynosi 10 $, a jego zakres to np. 30 pipsów – to jest realna szansa, że zagranie dziś się zakończy i da dobrze zarobić.

- **Dlaczego 1%?**

Bo teoretycznie musiałbyś przegrać 100 razy z rzędu, żeby wyzerować konto. To bardzo mało prawdopodobne, że aż tak konsekwentnie obstawisz źle.

To ustawienie jest bezpieczne i daje Ci szansę zauważyć, że coś w Twojej technice nie działa, zanim zaliczysz dużą stratę kapitału. Jak osiągniesz mistrzostwo w swojej technice i statystyki potwierdzą, że możesz zaryzykować więcej – Twój wybór.

- **Dlaczego przynajmniej R:R 1:3?**

Bo jeśli celowałbyś w mniejsze zyski, to statystyka może Ci się domknąć na zero albo poniżej zera.

A przecież nie po to wkładasz w to tyle pracy, żeby wyjść na zero.

Zobacz prostą kalkulację:

- Skuteczność: 50/50 (zyskownych i stratnych zagrań)
- Średnie R:R = 1:1
- 50 strat × 10 $ = −500 $
- 50 zysków × 10 $ = +500 $

Jesteś na zero, o ile pokryjesz koszty brokera.

Przy R:R 1:1,5 miałbyś na plusie 250 $ (25% zysku na kapitale 1000 $ w 100 zagraniach).
Wielkość SL w walucie (np. $) to sprawa niepodlegająca dyskusji – przynajmniej ze mną. :)
Stały procent (np. 1%) od kapitału na **SL to fundament MM**.

- **Jaki SL w pipsach?**

Wielkość SL w pipsach, tickach, punktach? To już kwestia zmienności rynku. Jeśli patrzysz na wykres 1 D, gdzie jedna świeca ma 100–200 pipsów, to celowałbym w SL na poziomie 20–30 pipsów.
I te 20–30 pipsów musi dawać 10 $ straty, czyli na tej podstawie obliczasz wielkość pozycji w lotach (a raczej ułamku lota).
Jeśli natomiast świeca dzienna ma 300–500 pipsów, to rozważyłbym SL nadal za 10 $, jednak ustawiony na 40–50 pipsów.

Zrób test:

- Otwórz wykres z ostatniego tygodnia.
- Sprawdź, gdzie Twoja analiza sugerowałaby wejście.
- Przeprowadź symulację – zobacz, jaki SL by się tam obronił i ile dałoby się zarobić, prowadząc pozycję zgodnie z Twoimi zasadami.

I jeszcze jedno...
Jeśli nie wiesz, jak obliczyć wielkość pozycji przy SL np. 10 $, a techniczny SL ma wynosić 30 pipsów, to napisz do supportu brokera.
Niech trochę zapracują na Twoje prowizje. :)

Albo poeksperymentuj na demo:

- ustaw zlecenie 0,01 lota z SL 30 pipsów
- zobacz, ile to daje w $
- jeśli wychodzi np. 5 $, to znaczy, że możesz grać 0,02 lota – bo wtedy 30 pipsów = 10 $

Proste, prawda?

Zapamiętaj!

Sprawdzaj i testuj zawsze na demo. Jak nie działa na demo – to tym bardziej nie zadziała na realnych pieniądzach.

A jeśli na demo działa – zacznij delikatnie, od 0,25% SL.

I jeśli nadal działa – stopniowo zwiększaj.

Nie prowokuj umysłu do emocjonalnych szaleństw.

Oswój się z 0,25%, potem delikatnie podkręć.

Bo jeśli przesadzisz – czajniczek może się zagotować i przegrzać.

36.1.4 Zalecenie 4 – Nigdy nie łam zasad z tego rozdziału

To niby oczywiste – a jednak tylu ludzi je łamie, jakby koniecznie chcieli dostać od życia kopniaka na pamiątkę.

Takiego, który przypomni im, że łamanie zasad to zły pomysł.

Masz inne zdanie?

Twoje pieniądze są na rynku zawsze mile widziane.

36.2 Jak przetrwać serię strat

W moim kraju mówi się, że los rzuca komuś kłody pod nogi.

To przeszkody, które w życiu musimy pokonywać – albo się przez nie poddajemy. Gwarantuję Ci, że jako Trader takich przeszkód będziesz miał niezliczoną ilość.

To właśnie one są testem, czy jesteś w stanie osiągnąć sukces w tym zawodzie.

Ludzie słabi – trafiając na większą przeszkodę – zazwyczaj się poddają.

W końcu mają dobrą wymówkę, żeby sobie odpuścić.

Kiedy na swojej drodze trafisz na przeszkodę, nie masz wpływu na to, że już się pojawiła.
Fakt, że jest przed Tobą – już się wydarzył.
To, co teraz zależy od Ciebie, to Twoja reakcja.
Co robisz, gdy stajesz przed przeszkodą, problemem, czymś, co Cię zatrzymuje?

Ja odpalam program analizy:

- Czy to znak ostrzegawczy?
- Może ta droga nie jest właściwa?
- A jeśli droga jest dobra, a cel jest za przeszkodą – to interesuje mnie tylko jedno: jak pokonać ją możliwie najniższym kosztem.

Im szybciej i taniej –, tym lepiej. Na przeszkodach nie warto się zbytnio skupiać.
Seria strat to przeszkoda.

Trzeba więc odpalić program analizy:

- Jak długa jest ta seria?
- Czy podobna zdarzyła się wcześniej?
- Czy rynek się zmienił?
- Może wzrosła zmienność i mój SL w pipsach jest za mały?

Jeśli zidentyfikujesz przyczynę, wiesz, co robić.
Jeśli nie wiesz, gdzie leży problem, ale wszystko robisz zgodnie z zasadami – zmniejsz SL z 1% do 0,25% i graj dalej.
Gdy statystyki się poprawią – zwiększ SL do 0,5%, potem znów wróć do 1%.
Zapisz sobie, co się działo.
Może to był tylko losowy ciąg pechowych zagrań.
A może coś w Twoim podejściu wymaga korekty.
Nie wiesz, czemu Ci dziś trading nie idzie?
Zmień walor. Albo zrób sobie dziś wolne.
Jutro nowy dzień. Może rynek będzie mniej wredny. :)

36.2.1 Ustal sobie zabezpieczenia

Jeśli złapałeś złą passę – chcesz ją kontynuować czy przerwać? Moim zdaniem warto przerwać i przeanalizować, co się dzieje. Zła passa wpływa na emocje.
Możesz chcieć się odegrać, odrobić straty... i wpaść na genialny pomysł złamania zasad MM.

Uważaj.
To właśnie ten moment, w którym okaże się, czy jesteś zawodowcem, czy tylko nowicjuszem, który właśnie ma ochotę zapłacić za kolejną bolesną lekcję.

Dlatego wymyśl sobie zasady bezpieczeństwa.
Przykłady?

- Godzinna przerwa, jeśli przegrasz dwa razy z rzędu po 3 pełne SL.
- Przerwa do następnego dnia, jeśli czujesz, że emocje przejmują kontrolę.
- Zasada 3 pocisków – możesz wykonać trzy zagrania dziennie. Tylko trzy.

Tylko trzy zagrania dziennie oznacza, że musisz naprawdę dobrze wybrać, w co chcesz strzelić. Jeśli trafisz i wygrasz przynajmniej 2:1, kupujesz sobie dodatkowy pocisk.
Dzięki temu chronisz się przed falą słabych zagrań.

Jeśli widzisz w swoim tradingu jakiś powtarzający się problem – wymyśl na niego szczepionkę. Najlepiej, zanim choroba się rozwinie.

37 Jak zwiększyć zyskowność tradingu pięciokrotnie?

Wiem, chciałbyś, żeby to było łatwe i żebym teraz podał Ci magiczny patent.
Dobrze. Zdradzę Ci tę tajemnicę, ale to poważna książka, więc to nie będzie magiczna metoda jak z reklam w Social Mediach:

„Nic nie umiesz, nic nie masz, kup to za jedyne 47,90 $ i w tydzień zostaniesz geniuszem milionerem.
Śmiali się, jak zaczynałem, a teraz pożyczają u mnie pieniądze".

Jeżeli przez ułamek sekundy pomyślałeś, że może jednak w tej reklamie jest coś dla Ciebie – to przestań być naiwny.
Jeśli chcesz zwiększyć zyski, musisz się solidnie napracować.

37.1 Fundament każdej metody zwiększania zysków

Pomyśl o tym, jak o swoim samochodzie.
Masz pod maską spokojne 5.7 HEMI, V8, 340 koni.
Mój 5.7 AWD był tak zrywny i skoczny, że w pierwszym tygodniu po zakupie – na trasie podskoczył i... upolował mi bażanta. :)

To auto ma dokładnie to, czego oczekuję.
Patrzę na nie i się uśmiecham. Odpalam silnik – słyszę mruczenie V8. Ruszam, a ono rwie do przodu jak dziki rumak.
Każdy wyjazd to uśmiech na twarzy.

A przy tym nie wzbudza w ludziach większych emocji – bo to stare auto. Nie ma żadnych naklejek, które krzyczałyby, że to duże V8. Nie ma też ryczącego, „zepsutego" wydechu, który zwraca uwagę całego osiedla. Nikt mi nie zazdrości, nikt nie zwraca na mnie szczególnej uwagi.

I co najważniejsze – nie kosztował setek tysięcy dolarów.
Pasuje idealnie do mojego modelu zarządzania kosztami życia.
Współczynnik Cena / Zysk: perfekcyjny.
Radości dużo, kosztów mało.

Weźmy więc tego „pacjenta" jako przykład.

37.1.1 Motywacja

Przyspieszenie do 100 km/h? Około 6,5 sekundy.
Auto waży ponad 2 tony, więc nie jest źle – ale też bez szału.
To trochę jak w tradingu: masz ustabilizowane wyniki, lecz chciałbyś więcej.

Dlaczego chcesz więcej? Ścigasz się z kimś?
On swoim małym, japońskim autem z wielkim turbo jest szybszy na światłach? Masz jakiś cel i chcesz tam dotrzeć jak najszybciej?

Jakie są Twoje priorytety?
Zastanów się, co dla Ciebie jest najważniejsze.
Czy przypadkiem zwiększanie zysków ponad to, co już osiągnąłeś, nie jest realizacją jakiejś emocjonalnej potrzeby, kosztem zagrożenia Twojego kluczowego celu życiowego?

Dla mnie najważniejszym celem tradingu jest:

- zarabianie na życie
- budowanie spokojnej przyszłości

Nie wiem, jaki jest Twój cel.
Dla mnie zwiększanie zysków jest super – o ile nie stanowi zagrożenia dla mojego celu.
Każda metoda, która nie zwiększa ryzyka, a daje wyższy zysk – jest warta rozważenia.
Większe zyski za cenę większego ryzyka? Nie, dziękuję.

37.1.2 Podstawa do zwiększenia zysków

Zakładamy, że jesteś Traderem, osiągasz zyski i chciałbyś więcej. Masz swoje spokojne 5,7 HEMI i marzysz, żeby zrobić z niego wściekłe SRT – albo ekstremalne Hellcat czy Demon.
Ponad 800 koni. 2,3 sekundy do setki. To jest to, czego myślisz, że potrzebujesz.
Pytanie brzmi: dlaczego? Jaka jest motywacja? Jaki cel?
Załóżmy, że świadomie podjąłeś decyzję: „Chcę więcej".
Od czego zaczynasz?

- Sprawdzasz dostępne zestawy tuningowe.
- Przeglądasz osiągi tych, którzy już tę maszynę modyfikowali.
- Szukasz warsztatu, który to zrobi dobrze.

Zanim przebudujesz silnik... Musisz sprawdzić stan bazowy.
Czy wszystko działa na tyle dobrze, że podkręcanie mocy nie skończy się eksplozją silnika i kasacją auta?
Żeby to ustalić, potrzebujesz danych.
Odczyty czujników. Pomiary. Parametry.

I dokładnie tak samo jest w tradingu.
Jeśli robisz to świadomie, masz:

- dziennik Tradera
- zestawienia zagrań
- statystyki skuteczności
- informacje o R:R i zmienności krzywej kapitału

To z danych wynika, **czy jest szansa na więcej**, czy każda próba tuningu skończy się rozwaleniem konta.

Bez statystyk nie wiesz:

- jak bardzo ryzykujesz
- co działa
- co się zmienia po wprowadzeniu nowych zasad
- które zmiany przynoszą dobre efekty

Bez tego nie da się bezpiecznie generować lepszych wyników.

Możesz oczywiście wszystko robić „na czuja" – bo „tak czujesz, że to zadziała".
Tylko pamiętaj:
Lecąc odrzutowcem we mgle, bez przyrządów możesz przywalić w Mount Everest. Nie dlatego, że jesteś zły. Tylko dlatego, że olałeś dane. Ja też nie lubię biurokracji. Nie cierpię wpisywać danych, liczyć, analizować.

Ale jeszcze bardziej nie lubię:

- tracić czasu
- tracić pieniędzy
- iść w drogę z zamkniętymi oczami, nie wiedząc, gdzie trafię i na czym rozbiję sobie głowę

Dlatego się zmuszam.
Tabelki w Excelu. Dziennik zagrań. Analiza.
To jest warunek wstępny każdego tuningu.
Zrobić analizę, zebrać dane i zobaczyć, co jest bezpieczne i możliwe.
Bez tego możesz co najwyżej rozwalić silnik.

37.1.3 Dwie opcje tuningu

- **Najlepsza, najfajniejsza i spełnienie marzeń.**

To opcja dla marzycieli: oddajesz auto do tunera, płacisz 35 tysięcy dolarów, żeby wszystko było zrobione porządnie i bezpiecznie.
Odbierasz samochód z pięknym kompresorem, wzmocnioną skrzynią, nowym wydechem – a pod maską ponad 600 koni.
Pierwszy zakręt, gaz w podłogę i... nagły zastrzyk mocy wysyła moment obrotowy na koła, które nie dają rady utrzymać auta na asfalcie. Zrywasz przyczepność, wylatujesz z trasy.

Jeśli masz szczęście – przeżyjesz i zarobisz na nowe auto.
Jeśli nie – game over.

- **Nudna, bez adrenaliny, nic ciekawego.**

W tej opcji wszystko robisz na spokojnie.
Małe zmiany – np. wałek rozrządu, aktualizacja oprogramowania.
Efekt? 50 koni więcej, ale wszystko nadal masz pod kontrolą.
Auto prowadzi się jak dawniej, tylko trochę lepiej reaguje.
Testujesz, analizujesz, sprawdzasz, czy to Ci odpowiada.
Z czasem przychodzi kolejny pomysł – znowu analizujesz dane, wdrażasz kolejną modyfikację.
Dochodzi do momentu, w którym musisz zdecydować: zostajesz przy rozsądnych usprawnieniach, czy idziesz w ekstremum – wielkie turbo i szaleństwo?
Moja propozycja?

Wyszalej się poza wykresami.

Niech to będzie nagroda za spokojny zyskowny trading.
Na rynku lepiej wprowadzać zmiany powoli, bezpiecznie – krok po kroku. Ekstremalne podkręcanie parametrów kończy się kiepsko.
Najważniejsze to dotrzeć do celu i nie rozwalić maszyny. I siebie.

37.2 Tuning Stage 1

Przeanalizowałeś swoje dane. Krzywa kapitału rośnie stabilnie – średni dzienny przyrost to 0,3%, a Stop Loss na jednym zagraniu wynosi 0,25% kapitału.

To bezpieczne i zrównoważone wyniki. Można tak grać przez lata, budując kapitał krok po kroku. Sprawdziłeś też dane z ostatnich trzech miesięcy – najdłuższa seria strat to 15 zagrań z rzędu. Z analizy wynika, że była to mieszanka trudnych warunków rynkowych, błędów technicznych i słabszej formy psychicznej.

Wyciągnąłeś wnioski, a od tamtej pory wyniki są stabilne.
Jeśli teraz zwiększysz wielkość pozycji 4 razy (przy takim samym SL w pipsach), to Twoje ryzyko na jedno zagranie wzrośnie z 0,25% do 1% kapitału.

To oznacza, że w przypadku podobnej złej passy możesz stracić nie 4%, ale nawet 15–30% kapitału. A to już poziom ryzyka, który potrafi wywołać stres i pogorszyć jakość gry.
Dlatego każdą zmianę wprowadzaj stopniowo i obserwuj efekty.

Podwojenie SL z 0,25% do 0,5% może podwoić zyski – z 6–7% miesięcznie do 12–14%.
Zwiększenie SL do 0,75% – to już około 20% zysku miesięcznie.
SL na poziomie 1% – około 27%, a przy 1,5% – ponad 40%.

Pamiętaj jednak: większe pozycje to nie tylko większe zyski, ale i większe ryzyko. Dlatego podstawą decyzji muszą być statystyki z długiego okresu.

Zacznij od konta demo – upewnij się, że strategia działa i jesteś w stanie konsekwentnie zarządzać ryzykiem. Gdy uzyskasz stabilność na demo, przejdź na realne środki, jednak zacznij od małego kapitału i SL 0,25%.
To bezpieczny poziom, który pozwoli Ci spokojnie przystosować się do gry na realu. Dopiero kiedy Twoje wyniki to potwierdzą – zwiększaj pozycję.

Stopniowo. Bez pośpiechu.
Zbyt szybki wzrost ryzyka może obudzić emocje, które zniszczą Twoje plany.
Teoretycznie będziesz gotów, a mentalnie nie dasz rady – dlatego powoli, spokojnie pnij się w górę, a ostatecznie wyniki Cię pozytywnie zaskoczą.

37.3 Tuning Stage 2

Częsty błąd początkujących Traderów to zbyt szybkie zamykanie zyskownych pozycji i pozwalanie stratom rosnąć.
Powinno być dokładnie odwrotnie. :) To straty trzeba ciąć szybko, a zyskom pozwolić rosnąć. :)
Jeśli chcesz przeprowadzić tuning swojego tradingu, musisz mieć zyskowną strategię oraz konkretne dane, do których można porównać wyniki po zmianach.

Wprowadzaj zmiany pojedynczo i analizuj efekty – jeśli zmienisz kilka rzeczy naraz, nie będziesz wiedział, co zadziałało, a co nie.
Drugim obszarem, który warto tuningować, jest sposób prowadzenia i zamykania pozycji.
Zanim nad tym popracowałem, często wychodziłem na zero lub zamykałem zagrania z R:R na poziomie 1:1 do 1:3, ze średnią około 1:1,5.

Po zmianie podejścia i pracy nad strategią prowadzenia pozycji moje średnie wyniki wzrosły do 1:3 i wyżej.
Lepsze prowadzenie pozycji zwiększyło moje zyski – a sam trading stał się spokojniejszy.

Mam przygotowane karty prowadzenia pozycji Long i Short i trzymam się planu.

Na końcu książki znajdziesz baner „buy me a coffee" – jeśli docenisz tę książkę, możesz postawić mi symboliczną kawę, a w zamian dostaniesz moje karty jako prezent.
Ja mam je wydrukowane i zalaminowane – zaznaczam na nich, w jakiej fazie jest zagranie.
Widzę, na co czekam, kiedy podnieść SL lub przestawić go na TP i kiedy zamykać pozycję, gdy rynek zaczyna okazywać siłę w przeciwnym kierunku.

Te karty były początkiem kolejnego etapu tuningu mojego tradingu. Bez nich nie opanowałbym tak dobrego prowadzenia pozycji, jak mam w tej chwili i osiąganie wysokich powtarzalnych R:R byłoby niemożliwe.

37.4 Tuning Stage 3

Dobre i długie prowadzenie pozycji naturalnie wymusiło u mnie dokładną obserwację wykresu – zarówno podczas wzrostów, jak i spadków ceny.
Ta książka nie miała obejmować techniki gry, ale skoro już zacząłem o tym mówić... Zdradzę trochę więcej niż planowałem.

To w sumie jest część związana z mentalnym przygotowaniem, bo styl prowadzenia tradingu to zdecydowanie mentalna strona tego zawodu. Odpowiednia technika wpływa na wywoływanie właściwych reakcji i nastawień. To wszystko musi być spójne i współgrać ze sobą. Jak to więc jest z tym prowadzeniem pozycji? :)

Załóżmy, że otwierasz pozycję Long i cena zaczyna rosnąć. Analizuję cenę i wolumen, więc widzę, że popyt dominuje – wzrosty są impulsami, a spadki jedynie korektami.
Jeśli wykres jest czytelny, a rynek daje wyraźne sygnały, mogę spokojnie obserwować wzrost. Gdy pojawia się spadek, widzę w nim niski wolumen, więc wiem, że to tylko korekta. Na jej końcu często pojawia się dobre miejsce do otwarcia kolejnej pozycji Long. Właśnie pod ten poziom podciągam SL – co oznacza, że zabezpieczam zysk z pierwszego wejścia.

I teraz dzieją się dwie rzeczy:

- SL z pierwszej pozycji staje się de facto TP, jeśli rynek zawróci,
- a ja mogę otworzyć kolejną pozycję – w ramach tego samego ruchu.

Jeśli ruch ma potencjał – dlaczego zarabiać tylko raz?
Oczywiście – dokładam tylko wtedy, gdy wcześniejsze pozycje są już zabezpieczone. To nie byłoby mądre, gdybym najpierw zaryzykował 1%, potem kolejne 1% i jeszcze jedno. Takie łamanie zasad MM zawsze kończy się źle. Zawsze.

Nie liczyłem dokładnie, o ile procent poprawia to moje wyniki, ale dobre sytuacje sprzyjające piramidowaniu (ang. position pyramiding) zdarzają się średnio co 2–3 dni.
Zamiast wyciągnąć 5 x SL, udaje się czasem osiągnąć 10–20 x SL.
Warto to ćwiczyć – bo poprawia wyniki, trenuje dyscyplinę i wymusza koncentrację.
Nie tylko prowadzisz otwartą pozycję, ale też cały czas polujesz na kolejne okazje.

Karta prowadzenia pozycji z jednej strony pokazuje, gdzie przesuwać SL, a z drugiej wskazuje potencjalne miejsca kolejnych zagrań. :) Czyż ta praca nie jest piękna? :)

37.5 Zły tuning – „Doubling down"

Jeśli kiedykolwiek wpadłeś na pomysł, żeby przy stratnej pozycji dokładać kolejne, licząc na odbicie ceny i szybsze odrobienie straty – **zapomnij o tym**.

Cmentarze dookoła kasyn pełne są ludzi, którzy próbowali ograć ruletkę, stosując technikę „Martingale". :)

Zasada, której trzymam się bez wyjątków:
Nigdy nie zwiększaj stratnej pozycji. Nigdy!

To, co jest tanie, może być jeszcze tańsze. To, co jest drogie, może być jeszcze droższe. Cena to wynik spekulacji i sił popytu i podaży. Sprawdź, ile wynosił rekordowy dołek kontraktów na ropę w 2020 roku – uświadomi Ci to, że **czasem nawet zero to za drogo**.

Dla zabawy kiedyś testowałem, czy da się ograć kasyno w ruletkę. Zrobiłem sobie arkusz Excela, zapisywałem wyniki i próbowałem grać tylko w długie serie, licząc na zmianę.
Przykład: jeśli 10 razy wypadło czerwone, to obstawiałem czarne. Analizowałem nie tylko kolory, ale też inne kombinacje, próbując znaleźć przewagę statystyczną dzięki różnym kombinacjom.
Nie znalazłem. :) Dlatego jestem Traderem. :)

Martingale to „sprytna" technika, która działa tylko, gdy masz nieograniczony kapitał i nikt nie ogranicza Twoich stawek.
Zaczynasz od 1 dolara. Po 10 przegranych musisz postawić 512 dolarów, by odzyskać wszystko i wygrać... 1 $. Do tego momentu przegrałeś już 1023 dolary.
Przy 20 zakładzie stawka przekroczy pół miliona dolarów, a łączna strata – drugie pół miliona. Uwierz mi – jeśli spróbujesz ratować się w ten sposób, skończysz bez pieniędzy.

38 Mit o tym, co Trader musi

38.1 Prawdziwy Trader nie gra na demo no to dla mięczaków

„Prawdziwy" Trader to twardziel, który z podniesioną głową traci pieniądze, bo to przecież drobne, a jednym zagraniem wszystko odrobi...

Nie daj się nabrać na tego typu mity.
Podstawą bycia zawodowym Traderem jest nietracenie pieniędzy.
Najlepiej tę zasadę oddaje cytat legendarnego inwestora Warrena Buffetta:
„Rule No. 1: Never lose money".
„Rule No. 2: Never forget Rule No. 1".

Prawdziwy Trader traktuje trading jak biznes.
Skoro możesz sprawdzić, czy coś działa – za darmo, bez strat i stresu – to jak możesz z tego nie skorzystać?
Uruchom konto demo u brokera. Zrób 20, 50 albo 100 zagrań i sprawdź, czy Twoja teoria działa, czy jednak wymaga korekty.

Na demo możesz robić wszystko, co podpowie Ci fantazja. Wyzerujesz rachunek? Trudno – dopisujesz milion i bawisz się dalej.

Jednak pamiętaj: jeśli strategia nie działa na demo, to nie licz, że zadziała w realu. Tam jest tylko trudniej.

Nie chcesz marnować czasu na demo, bo „okazje uciekają"?

OK – może potrzebujesz dowodu, że to nie okazje uciekają, tylko Twoje pieniądze.

Najpierw demo i dowód, że strategia działa.

Dopiero potem konto real.

38.2 Najbardziej znany i legendarny Trader zaczynał na demo

Jeśli zapytasz, kto był najsłynniejszym spekulantem w historii, trafisz na nazwisko Jessego Livermore'a.

Jako nastolatek pracował w tzw. „bucketshopie" – odpowiedniku dzisiejszych brokerów typu Market Maker.

Szybko odkrył talent do liczb i wyczuwania powtarzalnych wzorców w notowaniach, które otrzymywał z telegrafu. Nie było wtedy świec, wykresów ani notowań online – dane przychodziły „na taśmie" i trzeba było je odczytywać ręcznie.

Livermore notował swoje przewidywania w zeszycie – zaznaczał momenty, które intuicyjnie wydawały mu się okazją, a potem sprawdzał, czy miał rację i ile by zarobił lub stracił.

Dopiero kiedy z tych notatek wyciągnął wniosek, że jego strategia przynosi dobre wyniki, sięgnął po własne pieniądze i zaczął realny trading.

Nawet taki legendarny spekulant najpierw testował na „koncie demo" – w zeszycie – zanim zaryzykował dolara.

Uczył też czegoś jeszcze: że najtrudniejszą umiejętnością jest **„usiąść na rękach" i czekać**.

„Nie zarabiałem na rynku, dopóki nie nauczyłem się siedzieć spokojnie i obserwować. To największa trudność: nie handel, lecz cierpliwość".

38.3 Jak rozumieć zasadę Buffetta „Nigdy nie trać pieniędzy”?

Każde zagranie, każde wejście w rynek to ryzyko utraty pieniędzy. Nie ma innej opcji – zawsze podejmujesz ryzyko.

- Wejście w rynek musi być zgodne z Twoimi zasadami zarządzania ryzykiem i kapitałem.
- Musi być zgodne z Twoją strategią gry.
- Musi wynikać z Twojej analizy technicznej – potrzebujesz wyraźnego sygnału wejścia.
- Musi kosztować – każde wejście to ryzyko strat w granicach, jakie określa Twoja strategia i MM.

Warren Buffett, zanim kupił akcje jakiejś firmy, przeprowadzał analizę – finansów, potencjału rynkowego i długoterminowych perspektyw.
Inwestował tylko w spółki z przyszłością – takie, które miały generować coraz większe zyski.

Czy podejmował ryzyko? Tak. Każda decyzja inwestycyjna niesie ryzyko. Brak decyzji też. Sprawdź jego błędy – Buffett również miał nietrafione inwestycje i zamykał je ze stratą. Nigdy jednak nie pozwolił, by jedna pozycja go zrujnowała. Miał plan, strategię i umiał ciąć straty. Nie pozwalał, by ego trzymało go przy tonącym biznesie. Warto słuchać Buffetta – jego wyniki mówią same za siebie.

Kilka z moich ulubionych cytatów Warrena Buffetta:

Najlepsze, co możesz zrobić po błędzie, to się do niego przyznać i wyciągnąć wnioski.

Nie musimy być mądrzejsi niż reszta. Musimy być bardziej zdyscyplinowani niż reszta.

To właśnie dyscyplina i konsekwencja prowadzą do sukcesu – nie fantazja i spektakularne zagrania.

38.4 Trader musi śledzić wiadomości z rynku...

Nie czytam, nie słucham, nie oglądam wiadomości.
Szkoda mi czasu na przetwarzanie informacyjnego bełkotu.
Jedyne, co mnie interesuje, to **dokładny czas publikacji** ważnych danych lub podania ważnych dla danego waloru informacji – tylko ten moment może wpłynąć na wykres.
Nie obchodzi mnie, co będzie podane w tych wiadomościach.
Ważne jest tylko to, jak rynek na nie zareaguje, a reakcję zobaczę na wykresie. Interesuje mnie dokładny czas, bo wtedy na wykresie może wydarzyć się coś nieprzewidywalnego.
Dlaczego nie analizuję treści newsów? Bo wszyscy duzi gracze dostaną je wcześniej niż ja. To oni pierwsi zareagują, a ja nie wiem, jaka będzie ich reakcja.

Jaka będzie reakcja rynku na dobrą wiadomość? Ceny wzrosną?
Już odpowiadam: wzrosną, spadną albo się nie zmienią.
Dobra wiadomość może być już dawno wkalkulowana w cenę.
Jej publikacja może być tylko potwierdzeniem oczekiwań i wtedy rynek może zrealizować zyski.
Albo wiadomość będzie dobra, ale nie wystarczająco dobra i inwestorzy się rozczarują.
Możliwości są różne, lecz wniosek jest ten sam:
Nie warto skupiać się na treści newsów, bo nie przewidzisz reakcji rynku. Lepiej obserwować wykres.
Czy to jedynie słuszne podejście?
Nie wiem – to moje podejście. :)
Ty rób po swojemu i testuj efekty analizy newsów.
Może odkryjesz coś, na co ja nie wpadłem. :)

38.5 Trader musi być prawdziwym twardzielem

Jak tylko słyszę, że „muszę”, od razu zapala mi się lampka ostrzegawcza z napisem: STOP.
Ja nic nie muszę.
Ja ewentualnie mogę.

Ponad 2000 lat temu żył w Grecji Ezop – zapamiętany dzięki bajkom, z których płynęły życiowe lekcje.
Jedna z nich opowiada o dębie i trzcinie:
„Pewnego dnia dąb, potężne i dumne drzewo, spojrzał z pogardą na rosnącą obok trzcinę.

– Dlaczego tak się uginasz za każdym razem, gdy zawieje wiatr? – zapytał.

– Spójrz na mnie! Ja się nie zginam. Trwam dumnie i niewzruszenie.

Trzcina odparła łagodnie:

– Nie zazdroszczę ci. Kiedy przychodzi wiatr, ja się uginam, ale gdy nadejdzie burza, przetrwam. Ty, choć silny, możesz zostać złamany.

I rzeczywiście – nadeszła potężna wichura.
Dąb pękł i runął z hukiem.
Trzcina przetrwała – zgięta, ale nie złamana".

Trader to zawód.
Celem jest zarabianie pieniędzy, a nie udowadnianie czegokolwiek komukolwiek.
Trading to zajęcie na lata. Jeśli jakaś jego część wymaga od Ciebie zbyt dużego wysiłku, na dłuższą metę stanie się zbyt dużym obciążeniem.
Dlatego tyle piszę o spokojnym tradingu – nie o stresującej grze dla wielkich zysków.
To maraton, nie sprint.
Jeśli siedzisz przed wykresem i czujesz, jak rynek ściska Ci gardło – to znak, że właśnie łamiesz fundamentalne zasady.
Wytrzymasz taki stres przez kolejne 10 lat? Obstawiam, że nie.
Albo sam to rzucisz, albo zejdziesz na zawał.

W tradingu trzeba być twardym
– trzeba twardo trzymać się zasad.

----

39 Moje stanowisko traderskie

Jeśli oczekujesz, że moje biuro będzie wykładane złotem, a za oknem rozciągać się będzie widok na najdroższe dzielnice świata – to niestety, nie umiem tworzyć takich grafik w AI.

Jestem, jaki jestem, i proszę Cię, żebyś tego nie oceniał.
Nie dlatego, że mnie to jakoś obchodzi. Chodzi o coś innego. Budując w sobie oczekiwania, nastawienia, oceny – sam sobie szkodzisz. To uniwersalna prawda, która wykracza poza tę książkę czy ten rozdział.
Jest takie mądre powiedzenie:
„Nie ocenia się książki po okładce" – chociaż moim zdaniem moja okładka wyszła całkiem nieźle. :)
I drugie:
„Kwiaty lotosu rosną w błocie".
Zastanawiam się, po co ja to w ogóle piszę. :)

Pokażę Ci, gdzie pracuję – dokładnie w chwili robienia tych zdjęć pisałem książkę, którą teraz czytasz. Tu gram na rynkach, tu spędzam wiele godzin dziennie.

Nie lubię wydawać pieniędzy, jeśli coś nie jest naprawdę warte swojej ceny. Jestem raczej z pokolenia X (chyba... później sprawdzę, jak to tam ludzie zaszufladkowali).

Lubię robić rzeczy sam, własnymi rękami. Lubię coś wymyślić, sprawdzić, używać – jeśli się sprawdza. Daje mi to satysfakcję.
Czasem pomysły są świetne, czasem tylko średnie. Trzeba kombinować.

Miejsce do tradingu ma dla mnie ogromne znaczenie.
Siedzę tam godzinami – musi być wygodnie, ergonomicznie, tak żeby po wszystkim nic mnie nie bolało i żebym czuł się dobrze.
W stanowisku Tradera miałem dwa poważne wyzwania i jedno mniejsze...

39.1 Zacznę od tego mniej skomplikowanego – biurko

Biurka nie musiałem szukać – gdy zamykaliśmy firmę, zostawiłem sobie kilka mebli, w tym to właśnie duże, ciężkie biurko.

Tak wygląda...

Ujęcie z góry – może nie jak z reklamy Ikei, ale mam nadzieję, że poza bałaganem zobaczysz, o co mi chodziło przy wyborze biurka.

- Ma regulację wysokości – mogłem je dopasować tak, żeby ręce spoczywały swobodnie na blacie, a pozycja była relaksacyjna, a nie wymuszona.
- Obróciłem blat tak, że część z regulacją pod monitor (zdemontowana) stała się miejscem, gdzie siedzę – ręce swobodnie opierają się na wystających częściach blatu.
- Te niebieskie części materiałowe to miękkie poduchy, które sam dorobiłem, bawiąc się w tapicera – może nie wygląda to przepięknie, lecz jest wygodnie i o to mi chodziło.
- Biurko stoi na podkładkach z filcu, więc mogę je swobodnie przesuwać, jak mi w danej chwili pasuje.
- Pod biurkiem podczepiłem okablowanie od komputera, klawiatury i myszki, więc wszystko jest tak zorganizowane, że nic nie wyrwę i o nic się nie zaczepię.

39.2 Fotel i komfortowa pozycja do siedzenia

Testowałem wiele foteli i zawsze się rozczarowywałem. Jestem trudnym klientem, jeśli chodzi o fotele, bo oczekuję od nich wygody jak na kanapie – a żaden fotel biurowy mi tego nie dawał. Nie znalazłem nic dla siebie, więc wymyśliłem i zrobiłem coś własnego. :)

To fotel z Renault Espace ostatniej generacji. :) Miał być wygodny i elegancki – skóra, materiał, wszystko oddychające, ręczna regulacja, więc nie musiałem kombinować z elektryką.
Miało być superwygodnie, a nie było...
Pomyślałem, że nie chce mi się już szukać kolejnego fotela z innego auta.
Postanowiłem poprawić fabrykę. :)

Zbudowałem stabilną, drewnianą konstrukcję, która dzięki materiałowemu podbiciu swobodnie przesuwa się po podłodze.
Bez kółek – fotel sam nie odjeżdża i o to mi chodziło.
Poduszka dolna jest wielowarstwowa, dopasowana do profilu fotela. Zależało mi na miękkiej i płaskiej powierzchni.
Wierzch to przewiewna mata z włókien kokosowych, pod nią 10 cm gąbki, a pod tym wszystkim – oryginalny fotel Renault. :)

Oparcie miało dobre trzymanie boczne, ale to nie było potrzebne – przy wykresach rzuca góra–dół, a nie na boki. :)
Poduszkę dopasowałem metodą prób i błędów i jak zamontowałem, tak została.
U nas się mówi, że prowizorki bywają najtrwalsze. :) Jak się kiedyś będę nudził, to go dokończę. :)

Z zagłówkiem eksperymentowałem, bo był za bardzo cofnięty.
Próbowałem różnych poduch, ale szyja mi się nie męczy, więc odpuściłem.

Pozycja półleżąca. Ręce oparte na blacie biurka. Tak jest optymalnie – część ciężaru spoczywa na dole, część na plecach.
Chodziło mi o dobre krążenie krwi.
Wybór fotela był średni, jednak po modyfikacjach i własnoręcznych poprawkach – sprawdza się rewelacyjnie.

Wiem, że to wygląda śmiesznie, ale za to wygoda jest bardzo dobra i nie mam problemów z krążeniem krwi w nogach.
Na różnych biurowych fotelach zawsze miałem z tym problem przy wielogodzinnej pracy.
Tu kombinacja fotel–podnóżek–biurko z podparciem rąk spisuje się rewelacyjnie.

39.3 Podnóżek

Na zdjęciach tego za dobrze nie widać, ale pod biurkiem mam na kółkach duży podnóżek z grubymi poduchami.
Jego powierzchnia to mniej więcej 1,5 poduszki z fotela.
Wysokość podnóżka dopasowałem tak, by był mniej więcej na poziomie siedziska – razem tworzą niemal płaską powierzchnię.

Szafa, na której stoi monitor (a w zasadzie telewizor 75"), to położony na boku regał – akurat taki miałem i idealnie tu pasował. Między biurkiem a regałem widać poduchę podnóżka, a do regału, na trytytkach, podwiesiłem kolejną własnoręcznie zrobioną poduchę. :)
To deska z gąbką i warstwą maty kokosowej, obita materiałem tapicerskim.
Jest świetna – siedząc, mogę oprzeć na niej nogi, dzięki czemu nie zsuwam się z fotela coraz niżej, jak to bywa w fotelach bez oparcia podnóżka.

39.4 Komputer, drukarka, monitory...

Po lewej stronie biurka, na podstawce, stoi komputer stacjonarny przeznaczony wyłącznie do tradingu – no i teraz również do pisania książki. :)

Po prawej – drukarka atramentowa ze zbiornikami na tusz, więc tania w eksploatacji. Mogę drukować tyle, ile chcę.
Do kompletu mam laminator i gilotynę do cięcia, więc jeśli wymyślę jakąś pomoc, np. checklistę, mogę ją sobie od razu „wyprodukować".

Monitory to zawsze było dla mnie niewygodne wyzwanie.
Gdy obserwowałem, jak ludzie organizują swoje stanowiska, nic mi się w tym nie podobało.
Chciałem mieć ekran wielkości ściany – bez ograniczeń w rozmieszczeniu okien.
Jakieś cztery lata temu, po wielu kombinacjach, stwierdziłem, że kupię jako główny monitor 75-calowy telewizor.
Tam zmieszczę wszystko, co chcę – rozmieszczę okna po swojemu i nie będę miał żadnych ograniczeń typu sześć oddzielnych monitorów.

Pojechałem, kupiłem, podłączyłem i... jest rewelacyjnie.
Komfort pracy na tak ogromnym ekranie jest niesamowity.
Pokażę później, jak wyglądają na nim wykresy, ale już teraz mogę powiedzieć: praca na tak dużym monitorze to zupełnie inny poziom komfortu.
Rozmiar sprawia też, że mogę wstać i nadal wszystko widzę – nie ma problemu ze zmianą pozycji.
Próbowałem kiedyś biurka z elektrycznie podnoszonym blatem, ale to chyba dobre przy typowej pracy biurowej.
W tradingu nie trzeba przecież książek pisać :) – więc podnoszenie blatu nie jest konieczne.
Ogromny monitor to świetne rozwiązanie. Już nigdy nie będę chciał mieć małych monitorków poza jednym z boku biurka.

Tak to w sumie wygląda.
Po lewej – mały monitor, chyba 27", na szczęście nie z tych niskich panoramicznych, więc sporo się na nim mieści.
Na tym monitorze mam platformę brokera do składania zleceń, a cała analiza odbywa się na dużym ekranie.

Dookoła monitora mam 15 najważniejszych kart z rzeczami, które chcę mieć zawsze przed oczami.
Mój przyjaciel Chris musiał swoje stanowisko każdego wieczoru likwidować, więc zgrał sobie wszystkie moje karty do pliku i rzutnikiem wyświetlał je na ścianie obok biurka. :) Taki sprytny chłopak. :)
Świetnie mu się to sprawdzało – mógł dowolnie zmieniać to, co akurat chciał mieć pod ręką.
Pomysłów na organizację pracy jest naprawdę mnóstwo.

39.5 Światło, klimatyzacja, świeże powietrze

To, co ważne w tym pokoju, to okna z roletami – mogę ograniczyć światło, gdy słońce świeci zbyt mocno.
Latem fajnie grać przy otwartych oknach, bo tlen to paliwo dla mózgu.
Gdy robi się zbyt ciepło, przymykam okna, zostawiam uchylone i włączam klimatyzację.

Bez klimatyzacji praca przy monitorze w upalne dni byłaby dla mnie zbyt uciążliwa.

Ważne jest też odpowiednie oświetlenie – tło dookoła monitora powinno być jasne, bo wtedy źrenice się przymykają i oczy mniej się męczą.

Ciemne pomieszczenie i jasny ekran przez dłuższy czas wywoływały u mnie ból głowy.

Gdy zapalę światło z tyłu (tak, by nie odbijało się w monitorze) i za monitorem – zmęczenie znika, głowa nie boli.

Czy wygląda to pięknie? Nie wiem. Kompletnie mnie to nie obchodzi.

Jedynym kryterium przy tworzeniu tego stanowiska była moja wygoda.

To moje prywatne miejsce w osobnym pokoju, gdzie nikt poza domownikami nie wchodzi.

Nie zapraszam tu ludzi, nie prowadzę szkoleń.

To moja przestrzeń. Pokazuję Ci ją, bo może coś z tego Ci się przyda – może podsunie Ci pomysł na własne stanowisko.

40 Narzędzia, których używam i dlaczego

Nie twierdzę, że Sierra to najlepsze narzędzie na świecie – po prostu ja to używam. Nie robiłem wielkich badań rynku w tej dziedzinie. Znajomi zajmujący się profesjonalnie tradingiem to używali, więc sprawdziłem, spodobało mi się i tak już zostało.

Często do sprawdzania różnych rzeczy korzystam z tradingview.com. Moim zdaniem to przyjazna platforma, gdzie łatwo znajdę akcje, ETF-y i inne instrumenty. Nie mam wykupionego abonamentu, więc dane są pewnie opóźnione, ale do sprawdzenia, czy coś już spada w skali 1 D :) – w zupełności mi wystarcza.

W tradingu korzystam głównie z dwóch rzeczy: platformy MT4 od brokera oraz z https://www.sierrachart.com/ – do analizy wykresów.

40.1 Dlaczego MT4?

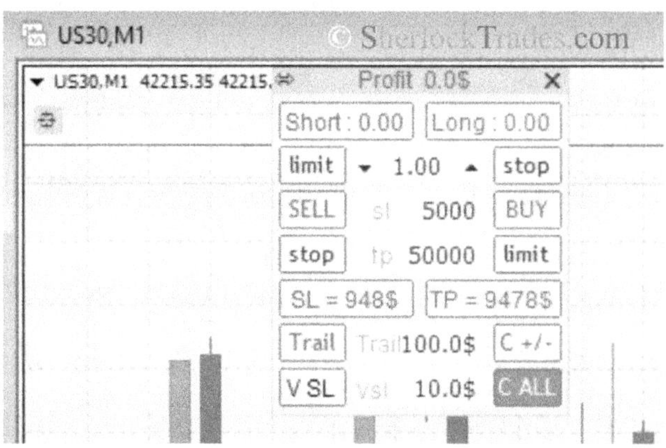

Testowałem różne platformy brokerów i każda ma swoje zalety i wady. Ja jestem minimalistą – ma być dokładnie to, czego potrzebuję, i nic więcej. Zleciłem wykonanie własnego panelu do MT4, który spełnia wszystkie moje wymagania (rozdział 35.1). Dlaczego taki wybór? Każdy wybór ma swoje zalety i wady. Dla mnie kluczowa była dźwignia i zabezpieczenie przed saldem ujemnym. To jednak nie temat na książkę o psychologii. :)

40.1.1 Zawsze od razu SL i TP

Dla mojego spokoju kluczowe jest, by każda pozycja miała od razu zlecenie SL i TP. To, co widzisz na zdjęciu powyżej, to właśnie mój autorski panel transakcyjny.

Zlecenie SL musi być precyzyjnie określone i ustawione w momencie wejścia w rynek – ten panel realizuje to automatycznie.

Nie muszę liczyć punktów ani niczego klikać – naciskam buy albo sell i wszystko ustawia się zgodnie z moimi zasadami zarządzania kapitałem.

Zlecenia typu limit i stop stosuję w wyjątkowych sytuacjach, np. gdy gram na wybicie szczytu fali 1 w oczekiwaniu na dłuższy ruch po zmianie trendu.

Na zdjęciu SL może wyglądać abstrakcyjnie (np. 5000 punktów), ale to ustawienia dla kontraktu Dow Jones – broker podaje dokładność o dwa miejsca po przecinku większą, niż panel transakcyjny, więc, zamiast kombinować, ustawiłem wartość na 5000, co odpowiada realnie 50 punktom. To i tak więcej niż zazwyczaj – po wejściu ręcznie przestawiam linię SL w przedziale 25–40 punktów.

Większych SL nie stosuję, bo zakładam, że ruch wyniesie ok. 100–150 punktów.

Bez perspektywy R:R minimum 1:3 gra nie ma dla mnie sensu.

40.1.2 Automatyczna wielkość pozycji jako % od depozytu

Panel ma dwie opcje ustalania wielkości pozycji. Możesz ustawić ją ręcznie – wtedy wielkość w lotach jest stała albo w ustawieniach określasz, że SL ma stanowić np. 1% kapitału.

Wtedy – w zależności od liczby punktów ustawionych dla SL – program sam wylicza odpowiednią wielkość pozycji.

Ja zazwyczaj ustawiam pozycję ręcznie, widząc od razu, ile wynosi kwotowo SL.

Obliczenie 1% z depozytu to banał – mając dobre statystyki, ustawiam pozycję tak, by SL wychodził mniej więcej na 1,5%.

Po zagraniu doprecyzowuję miejsce dla SL i zwykle okazuje się, że faktyczne ryzyko to mniej niż 1%, a czasem trochę więcej – np. 1,2–1,3%.
Średnio moje zlecenia obronne SL, które faktycznie są trafiane, to ok. 30 punktów na YM.
Znowu się rozgadałem. :)

40.1.3 Inne funkcje, jakie chciałem mieć...

Na górze wyświetla się „profit" – suma zysku lub straty z otwartych pozycji na danym walorze.
Przydaje się to przy dłuższych ruchach, gdy mam kilka pozycji – od razu widzę, ile łącznie zarabiam.

Poniżej jest licznik Short i Long, który sumuje, ile mam lotów w pozycji w danym kierunku.
Kwota SL i TP w dolarach jest bardzo wygodna – nie muszę nic przeliczać, od razu widzę, ile wyniesie potencjalna strata lub zysk.
Funkcja Trail pozwala ustawić automatyczne podciąganie zlecenia – np. w odległości 100 USD. Gdy pojawi się zadowalający zysk i chcę np. pójść po herbatę – włączam trail. Jak cena pójdzie dalej, zlecenie przesunie się wyżej i zyskam więcej.
V SL to wirtualny SL – niezależny od SL ustawionego dla konkretnych pozycji.

Załóżmy, że mam kilka pozycji i łącznie zysk 250 USD. Gdy sytuacja na wykresie robi się niepewna, mogę ustawić V SL np. na 150 USD i gdy całkowity zysk spadnie do tej wartości, wszystkie pozycje zostaną zamknięte.
C+/- nie używam. Ten przycisk służy do zamykania wszystkich zyskownych lub stratnych pozycji – dla mnie nieprzydatne.
C ALL – używam, gdy pojawia się silny sygnał przeciwny do mojego kierunku i chcę ręcznie zamknąć wszystko naraz.
W zakresie zawierania i prowadzenia transakcji – niczego więcej mi nie trzeba.

40.2 Dlaczego Sierra Chart?

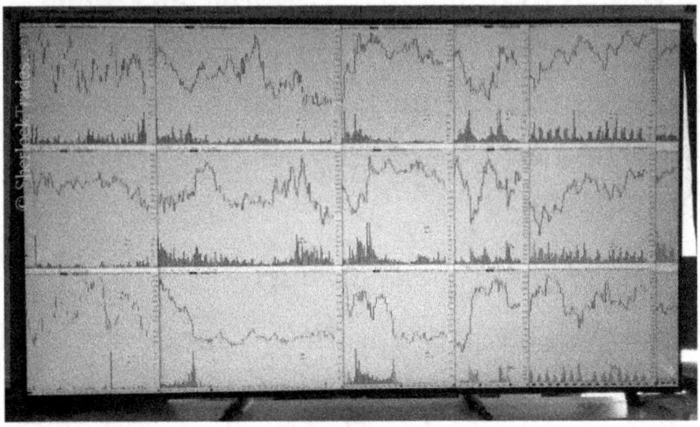

Tak na żywo na monitorze wyglądają moje wykresy.
Sierra pozwala mi ustawić wszystko dokładnie tak, jak mi pasuje. Za opłatą daje dostęp do danych bez opóźnienia i oferuje wszystkie narzędzia do pomiarów i oznaczeń, których potrzebuję.

W tej chwili na ekranie 75” mam trzy walory: E6, GC i YM.
Od lewej mam interwały: 1m, 5m, 15m, 60m, 240m i 1D.
Najwięcej miejsca zajmuje interwał 5-minutowy, a najmniej 1D – to w zasadzie tylko końcówka wykresu z ostatnich dwóch tygodni.
Taki układ pozwala mi jednym rzutem oka ogarnąć wszystko, co się dzieje na tych walorach. Tak wygląda screen ekranu...

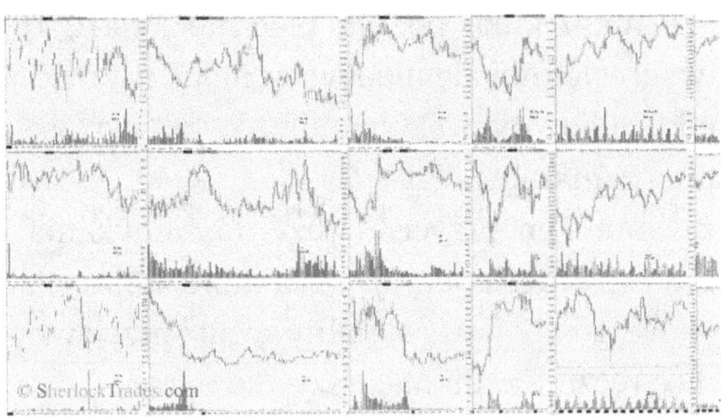

Każdy wykres mogę powiększyć, dokładnie przeanalizować, dodać oznaczenia itp. Co ważne – oznaczenia z wyższych interwałów automatycznie pojawiają się na niższych.

Sierra – moim zdaniem – nie jest łatwa i intuicyjna, ale da się ją opanować.
Nawet jak masz 50 lat i nie urodziłeś się ze smartfonem w ręku. :)
W książce tego pewnie nie widać, ale na żywo moje oczy są około 150 cm od ekranu i widzę dokładnie każdą świeczkę, każdy knot i słupek wolumenu.
Gdybym myślał o zmianie monitora, to chyba nie kupiłbym większego... no może 80" jeszcze tak, jednak 100" to już trochę za dużo.
Już teraz, patrząc w prawy górny róg, jestem na granicy możliwości złapania ostrego obrazu małych detali.
Chociaż znając siebie – jak ten monitor padnie, to i tak kupię 100", bo zawsze wolę więcej... ale to już chyba max.

40.2.1 Ile kosztuje sierra?

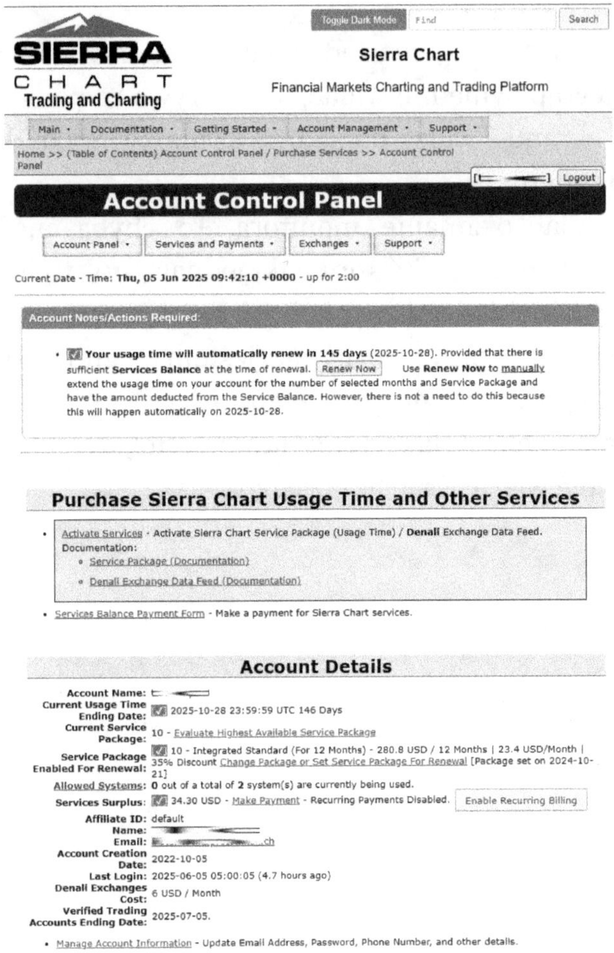

Tyle płacę teraz w 2025 roku.

Opłacając Sierrę raz na rok, wychodzi mi około 280 $, czyli niecałe 24 $ miesięcznie.

Do tego dochodzą dane Denali za 6 $ miesięcznie.

Żeby mieć takie stawki, musisz być graczem indywidualnym i mieć konto Sierra połączone z brokerem akceptowanym przez platformę, np. IB.

30 $ miesięcznie i masz narzędzie, w którym możesz analizować wykresy jak zawodowiec.

Nie będę się tu rozpisywał o szczegółach, bo to już materiał na następną książkę o analizie wykresów, strategiach itd.
Powiem tylko tyle, że opanowanie wszystkich ustawień, skonfigurowanie sobie narzędzi w podręcznym menu zajęło mi chyba z dwa dni i trochę narzekałem, że to takie skomplikowane.
Sierra to uniwersalne narzędzie, dlatego jest tam tyle różnych opcji i funkcji, że trzeba dobrze poszukać, które nam w pełni odpowiadają.
Za to jak już w końcu skonfigurowałem wszystko, co chciałem, to teraz nie wyobrażam sobie zmiany narzędzia do analizy wykresów na inne.
To, co teraz mam, robi wszystko, czego potrzebuję. Mogę z ogromną precyzją, w każdej skali, zobaczyć, oznaczyć i zmierzyć wykres, jak tylko mi się zamarzy.
Teraz to jak przedłużenie mojej ręki. :)
Patrząc na funkcjonalności, jakie daje choćby MT4, to jak porównywać stary rower do sportowego samochodu.

41 Rytuały i nawyki – codzienna rutyna

To jest dział, który sam musisz sobie napisać.
Nie ma żadnych zasad określających, że tak trzeba robić.
Musisz wsłuchać się w siebie i zaplanować codzienną rutynę w dni tradingowe.

Dlaczego rutyna?
Bo rutyna automatycznie wywołuje w człowieku pożądany stan emocjonalny.
Kiedy siadasz do stołu i wiesz, że za chwilę pojawi się jedzenie, organizm zaczyna produkować ślinę, oblizujesz usta...
Jeszcze nic nie ma na stole, a Ty już jesteś gotów.
To znane od lat zjawisko – tzw. „odruch Pawłowa".
Iwan Pawłow, rosyjski fizjolog, w 1904 roku otrzymał Nagrodę Nobla. Najbardziej znany jest z badań na psach uczonych, że po określonym bodźcu (np. dźwięku) nastąpi podanie jedzenia i już sam dźwięk uruchamiał reakcję fizjologiczną.
Jeśli miałeś kiedyś psa, to znasz tę reakcję na poruszenie miski...
Dlatego właśnie warto stworzyć rytuał przed rozpoczęciem tradingu – bo automatycznie wprowadza Cię w stan, w którym chcesz być, siadając do gry.

Ja pracuję nad tym, żeby dodać do swojego rytuału systematyczny poranny spacer z kijkami wzdłuż rzeki – wstawanie o szóstej i godzina ruchu. Wiem, że to świetny pomysł, lecz czasem po prostu nie chce mi się wstać.
Pracuję nad tym, bo wiem, że to dla mnie dobre. Potem prysznic, planowanie posiłków, przygotowanie wszystkiego, żeby później nie odrywać się od wykresów.
Kawa, bidon z sokiem, witaminami, minerałami...
Sprawdzenie wiadomości – czy trzeba gdzieś odpisać.
Rzut oka na newsy giełdowe – czy przypadkiem w nocy świat się nie skończył.
Kilka zdań ze znajomymi i zaczynam przegląd wykresów.

Usuwam nieaktualne zaznaczenia z wczoraj, analizuję sytuację i zaznaczam poziomy, przy których warto się bliżej przyjrzeć. Mój rytuał to spokojne wejście w rytm analizy rynku.

Czasem coś trzeba załatwić – zakupy, mechanik itd.
Dziś byłem wymienić olej w aucie – niestety mechanik kupił nie ten olej, co trzeba, więc jutro rytuał dopiero po powrocie z warsztatu.
To, że trzeba gdzieś pojechać, nie jest problemem.
Nie mam presji, że muszę siedzieć od rana do nocy i wyciskać wykres jak cytrynę.
Podchodzę do tego bez ciśnienia.
Ile rynek da – tyle wezmę z przyjemnością.
Jeśli jest szczodry – mogę siedzieć do wieczora. Jak ma focha – odpuszczam i czekam, aż mu przejdzie.

Im bardziej na luzie podchodzę do tradingu, tym lepiej mi wychodzi.
Na luzie – nie znaczy bez zasad. Zasady są święte.
Ale nie znaczy to też, że trzeba grać na kolanach. :)

Stwórz swoje rytuały i wytresuj swojego człowieka, żeby na dźwięk dzwonka był skupiony i gotowy do gry.

W minionym stuleciu żył wybitny austriacki psychiatra Viktor Frankl, twórca koncepcji „paradoksalnej intencji". Uważał, że nadmierne napięcie i presja blokują naturalny proces działania, a odpuszczenie pozwala umysłowi pracować swobodniej, co często ułatwia osiągnięcie celu.
W tradingu warto więc łagodnie wchodzić w rynek, bez presji i sztucznego nakręcania emocji czy stresu.

42 Jak podwoić wartość tej książki dwoma kliknięciami?

Pojęcia nie mam jak, ale... :)
Gdybym miał zgadywać, co zwiększy wartość tej książki dla Ciebie, to z pewnością Twoja własna praca z nią: notatki, do których będziesz wracał, aż osiągniesz to, co sam uznałeś za ważne.

Kiedy przeczytasz ją ponownie za jakiś czas, odbierzesz ją inaczej i wyciągniesz inne wnioski – bo sam będziesz już wtedy innym człowiekiem.

Co jeszcze?
Planuję stworzyć kanał na YouTube, na którym będę publikował swoje analizy – sytuacji, które według mnie były ciekawe i możliwe do przewidzenia na podstawie wykresu. Filmy na tym kanale mają na celu z jednej strony pokazać „gdzie grać", a z drugiej – tłumaczyć działanie „mechaniki rynku", żeby wykres był nie tylko zbiorem kresek, ale też zrozumiałą historią, w której widzimy przyczynę, skutek i proces budowania się ceny.

Oczywiście, nie jest tak pięknie, że wszystko da się na wykresie wytłumaczyć czy przewidzieć – lecz celem Tradera nie jest przecież przewidywać wszystko i wszystko tłumaczyć.

Celem Tradera jest czekać cierpliwie na moment, w którym rynek zachowuje się czytelnie i czysto technicznie.

W takich momentach możemy wykonać zagranie z niskim ryzykiem i dużym prawdopodobieństwem wygranej.

To właśnie takie zagrania budują nam wysokie wyniki w statystykach. Możesz dodać mój kanał do obserwowanych – jak wystartuję, sam ocenisz, czy to coś wartościowego dla Ciebie.

https://www.youtube.com/@SherlockTrades

Rozwój tego kanału zależy od Ciebie.

Jeśli moja książka Ci się spodoba, a ja dostanę komentarz, opinię czy napiwek – będę wiedział, że warto było się starać. Wspominam o „Coffee”, bo to dla mnie sygnał, że treść naprawdę Ci pomaga – nie chodzi o dolara.

Nie wiem, jak odbierasz to, co trzymasz w rękach. W końcu nie napisał tego ani zawodowy pisarz, ani doktor psychologii. Bez Twojej reakcji nie dowiem się, czy to miało sens.

Czas pokaże. :)

Ja jestem optymistą i łatwo się nie poddaję, więc filmiki na YouTube na pewno się pojawią – i zacznę nad nimi pracę już po zakończeniu pisania i wydaniu książki.

Ponad połowa sukcesu w tradingu zawiera się w tym, co znalazło się w tej książce. Brakuje jeszcze fundamentu pod drugą nogę, na której stabilnie stoi Trader – czyli techniki analizy wykresów i strategii gry. Znajomi, którzy czytali i opiniowali tę książkę, namawiają mnie, żebym od razu pisał kolejną – o analizie technicznej.

Oni chyba nie zdają sobie sprawy z tego, ile to wymagało czasu i pracy. Powiem jak Trader: bardzo duży SL, kompletnie nieprzewidywalny R:R... Na dziś nie wiem, czy warto wchodzić w taką pozycję.

Jeśli ta książka o psychologii tradingu zostanie dobrze przyjęta i zobaczę pozytywny odzew, będę wiedział, że warto było ją napisać – że komuś pomogła i ma sens jako mój wkład w to, by ten świat był choć trochę lepszy. Wtedy usiądę, poświęcę kilka miesięcy i napiszę książkę o analizie technicznej – z moim podejściem do rynku, strategiami wejścia w pozycję i prowadzeniem pozycji.

Jeśli chcesz dostać info jako pierwszy, zostaw mi swojego maila na stronie:

https://sherlocktrades.com/books/AT

Obiecuję – zero spamu. Poza potwierdzeniem zapisu dostaniesz tylko dwie wiadomości: jedna o tym, że prace nad książką już ruszyły, i druga, że książka jest już gotowa.

43 EGO

Jestem zwykłym Traderem, który osiągnął sukces na swoją małą, prywatną skalę. Może nie do końca takim „zwykłym", bo po wielu latach błędów w końcu znalazłem się w gronie tych kilku procent, którzy zarabiają regularnie. :)
Chciałbym, żebyś wiedział, że jestem po prostu normalnym gościem. Nie mam wielkiego EGO, które domaga się ciągle więcej i więcej.

Jeśli właśnie teraz przemknęła Ci przez głowę myśl: „ja to chciałbym być znany, sławny, nie chcę być zwykły" – to właśnie złapałeś myśl, nad którą warto się zatrzymać. Za nią może kryć się poważny temat do przepracowania.

W życiu – a w tradingu szczególnie – EGO to Twój wróg.

- Ego nie chce się przyznać do błędu. A trading to nieustanne przyznawanie się do błędów, wyciąganie wniosków i... kolejny błąd.
- Ego chce mieć rację. Trader ma zarabiać – a nie mieć rację.
- Ego trzyma stratną pozycję, bo „może się odwróci", a zamknięcie ze stratą byłoby przyznaniem się do porażki.
- Ego bierze sukcesy i porażki osobiście – a na rynku to nie ma znaczenia, bo rynek nawet nie wie, że istniejesz.

Ego to taki mały, wredny program w głowie. Jak nowotwór – jeśli pozwolisz mu rosnąć, zdominuje całe Twoje życie. Zacznie Ci podsuwać cele, które są dobre dla niego – lecz niekoniecznie dla Ciebie. To Ty będziesz ponosić koszty.
Ego nie ma jednej, precyzyjnej definicji – ale każdy dobrze wie, o co chodzi.

Zadbaj o siebie, swoje szczęście i swoje interesy.
Nie o zmyślone wyobrażenie samego siebie.

----

44 Ćwiczenia na koncentrację i uwagę

Gdy użyjesz wyszukiwarki, znajdziesz pełen zestaw metod na poprawę koncentracji i zwiększenie uwagi. Jest tego tak dużo, że z pewnością coś sobie wybierzesz.

Poniżej załączam to, co testowałem i znam, a na końcu – to, co sam faktycznie stosuję. Jeśli któreś z ćwiczeń Cię zainteresuje, w internecie znajdziesz mnóstwo materiałów, jak je prawidłowo wykonać.

Nie chcę Cię tu zanudzać teoriami. Nie wiem, co będzie najlepsze właśnie dla Ciebie. Jedno wiem na pewno – warto spróbować znaleźć własny sposób na wyciszenie umysłu i koncentrację.

Kiedy siadasz do wykresów, Twoje myśli mogą być rozproszone tym, co działo się wcześniej – zadaniami, problemami, emocjami. Trzeba się od tego odciąć. Wyciszyć.
Skupić tylko na jednym: wykresy, analiza, strategia, gra.

- **Trataka** (tradycja jogi)

Opis: Wpatrywanie się w płomień świecy bez mrugania, aż oczy zaczną łzawić.

Cel: Wyciszenie umysłu, zwiększenie zdolności skupienia.

Pochodzenie: Starożytna joga (hatha joga, raja joga).

- **Ćwiczenie z tykającym zegarkiem** / szumem / ruchem

Opis: Skupienie się wyłącznie na jednym bodźcu dźwiękowym lub ruchowym (np. wskazówce zegarka).

Cel: Rozwijanie uwagi selektywnej.

Pochodzenie: Szkoły wojskowe, techniki zen, NLP.

- **Liczenie wstecz** (np. od 100 co 3)

Opis: Liczenie od 100 w dół co 3 (100, 97, 94...).

Cel: Zaangażowanie aktywnej koncentracji, obciążenie pamięci roboczej.

Pochodzenie: Psychologia poznawcza (Baddeley, testy Stroopa).

• **Pętla sensoryczna** (mindfulness)

Opis: Skup się kolejno na: 5 rzeczach, które widzisz; 4 słyszysz; 3 czujesz; 2 wąchasz; 1 smakujesz.

Cel: Skupienie zmysłów na chwili obecnej.

Pochodzenie: Nowoczesna psychologia (MBCT/MBSR – Jon Kabat-Zinn).

• **Zamykanie umysłu** (pauza myśli)

Opis: Wyobrażenie, że zatrzymujesz każdą myśl – jakbyś naciskał „pauzę".

Cel: Przerwanie potoku myśli, zarządzanie uwagą.

Pochodzenie: NLP, medytacja zen, szkolenia sił specjalnych.

• **Uważne patrzenie** (na przedmiot, dzieło sztuki)

Opis: Obserwuj przez 3–5 minut jeden przedmiot, opisując w myślach wszystkie detale.

Cel: Trening percepcji i koncentracji wzrokowej.

Pochodzenie: Psychologia Gestalt, edukacja Montessori.

• **Skanowanie ciała** (body scan)

Opis: Mentalne przesuwanie uwagi po ciele – od stóp do głowy.

Cel: Ugruntowanie w „tu i teraz", redukcja stresu.

Pochodzenie: Buddyzm, MBSR (Jon Kabat-Zinn).

• **Fiksacja wzrokowa z oddechem** (Fix & Breathe)

Opis: Usiądź nieruchomo i skup wzrok na jednym punkcie (np. kropka na ścianie). Oddychaj wolno i świadomie przez nos, licząc każdy wdech i wydech do 10, potem zacznij od nowa. Jeśli myśl się pojawi – wróć do liczenia.

Cel: Synchronizacja uwagi wzrokowej i oddechowej, wyciszenie układu nerwowego, trening odporności na rozproszenia.

Pochodzenie: Praktyki zen, techniki snajperskie, treningi fokusowe w sporcie.

W pokoju, gdzie mam stanowisko do tradingu, na ścianie po prawej wiszą dwa obrazy – spontaniczne dzieła mojej córki. Na jednym z nich przyczepiłem małą kartkę z czarnym punktem.

Nie wiem, czy to idealna metoda – to raczej połączenie kilku różnych rozwiązań. Siadam wygodnie, uspokajam oddech i gdy osiągnę stan spokoju, w pierwszej części ćwiczenia koncentruję się tylko na jednej rzeczy – na czarnej kropce w centrum obrazu. Patrzę w nią bez odrywania wzroku, skupiam się na oddechu i gdy już osiągnę pełne skupienie, próbuję rejestrować wszystko, co dzieje się wokół – widzieć jak najwięcej szczegółów kątem oka. Gdy poczuję zmęczenie, zamykam oczy i staram się w myślach odtworzyć punkt i otaczający go obraz. To ćwiczenie działa na mnie jak zamknięcie drzwi pokoju. Za drzwiami zostają codzienne sprawy – a ja jestem tylko tu, sam na sam z wykresami.

Oczywiście nie zawsze udaje się to idealnie, ale staram się maksymalnie ograniczać inne myśli, wyciszam telefon, nie czytam wiadomości, nie zaglądam na Facebooka. Wyznaję prostą zasadę: Lepiej robić jedną rzecz dobrze niż kilka na raz byle jak.

44.1 Wielozadaniowość (multitasking) – cud czy kit?

Często słyszę, że ktoś twierdzi, iż potrafi zajmować się kilkoma tematami naraz i dzięki temu pracuje szybciej.
Moim zdaniem umysł tak nie działa i badania naukowe są w tej kwestii jednoznaczne. Zajmowanie się kilkoma sprawami jednocześnie znacząco obniża efektywność i jakość pracy.

Jeśli właśnie tradujesz, może jednak nie warto przeglądać TikToka czy innych rozpraszających aplikacji.

Nie wierzysz?

Spróbuj zagrać w jakąś grę i jednocześnie oglądać film. Jeśli skupisz się na grze, film stanie się tylko tłem – zabierze Ci część uwagi, ale nie pozwoli naprawdę zrozumieć, o co w nim chodzi.

Rozpraszanie się pogarsza jakość tradingu.

Musisz wybrać – albo traktujesz to poważnie i poświęcasz się temu od A do Z, albo robisz to na 80%, bo akurat masz ochotę pooglądać głupie filmiki, albo popisać z kimś o niczym, bo wydaje się to w tej chwili ważne.

Próbowałem kiedyś tradować i jednocześnie rozmawiać z kolegą o tym, co się dzieje na rynku. Było przyjemnie, czas minął szybko... i obaj niewiele zarobiliśmy.

Może ktoś potrafi inaczej, jednak z mojego doświadczenia wynika, że **trading wymaga skupienia i spokoju**. Skoro już i tak siedzisz przy wykresie, to odpuść sobie wszelkie rozpraszacze i rozrywki, bo przez to miło spędzisz czas, choć efekty, jakie uzyskasz, nie sprawią, że będzie Ci miło.

Podejdź do tego, jak do uczciwej, pełnoetatowej pracy. Jesteś na stanowisku w fabryce i skupiasz się tylko na tym, co się dzieje na linii produkcyjnej. Nie ma patrzenia w telefonik, pogaduszek na boku. Jesteś w Twojej fabryce pieniędzy.

Skup się na pracy, bo wylecisz z roboty za brak wyników albo środków na rachunku.

----

45 Czy bycie z pokolenia X, czy Y Cię definiuje?

Jak dzieli się i szufladkuje ludzi zależnie od ich daty urodzin? Czy jest w tym trochę prawdy? Jakie wnioski możemy wyciągnąć?

45.1 Pokolenie Baby Boomers

Roczniki: ok. 1946–1964

Hasło przewodnie: „**Praca to obowiązek, nie pasja".**

Wady i ograniczenia:

- Trudności z adaptacją do zmian technologicznych – często czują się zagubieni w cyfrowej rzeczywistości.
- Silne przywiązanie do autorytetów i hierarchii – utrudnia akceptację nowoczesnych, płaskich struktur.
- Skłonność do oceniania młodszych przez pryzmat własnych wartości („za naszych czasów...") – buduje bariery międzypokoleniowe.
- Brak elastyczności – oczekują stabilności i jasnych zasad, co trudno osiągnąć w świecie ciągłych zmian.
- Pracoholizm – utożsamianie własnej wartości z pracą często kończy się wypaleniem i brakiem równowagi.

45.2 Pokolenie X... moje... najlepsze :)

Roczniki: ok. 1965–1980

Hasło przewodnie: „**Sam sobie poradzę".** – Tak, to oczywiste. :)

Wady i ograniczenia – brak... a przynajmniej tak twierdzimy. :)

- Sceptycyzm i nieufność – wychowani w czasach transformacji, często nie wierzą w „system".
- Tendencja do izolacji i indywidualizmu – niechętnie proszą o pomoc, bywają zamknięci w sobie.
- Brak rozwiniętych kompetencji miękkich – skupieni na twardych umiejętnościach, mają trudności z relacjami i feedbackiem.

- Niedocenianie młodszych – często zarzucają im brak dyscypliny i postawę roszczeniową.
- Opór wobec nowych metod pracy – technologia OK, ale praca zdalna, automatyzacja czy „coaching" to już z dystansem.

Jak mówił Lech Wałęsa [25] – „są plusy dodatnie i plusy ujemne". Moje pokolenie ma same plusy dodatnie. :)

45.3 Pokolenie Y (Millenialsi)

Roczniki: ok. 1981–1996
Hasło przewodnie: „Chcę pracy, która mnie rozwija i ma sens".

Wady i ograniczenia:

- Niska odporność na stres i krytykę – wychowani w świecie pochwał, źle znoszą presję i porażki.
- Rozchwianie między ambicją a rzeczywistością – wysokie oczekiwania, szybka rezygnacja w obliczu trudności.
- Skłonność do „skakania po firmach" – tracą przez to ciągłość doświadczenia i głębię kompetencji.
- Zależność od feedbacku – potrzebują ciągłego uznania, co utrudnia motywację wewnętrzną.
- Przesyt informacyjny – pochłaniają mnóstwo treści, choć często powierzchownie, co obniża koncentrację.

45.4 Pokolenie Z

Roczniki: ok. 1997–2012
Hasło przewodnie: „Chcę szybko, natychmiast i po swojemu".

Wady i ograniczenia:

- Bardzo krótki czas skupienia – wychowani na TikToku, Stories i multitaskingu.
- Silna zależność od technologii – bez telefonu czy sieci czują się sparaliżowani.
- Rozmycie granic między prywatnym a publicznym – często nie rozróżniają świata cyfrowego od realnego.

- Trudność z akceptacją rutyny – oczekują, że wszystko będzie dynamiczne i dopasowane do nich.
- Wysoka wrażliwość emocjonalna – świat ocen (like/share/hate) buduje w nich lęk i niepewność.
- Brak pokory wobec procesu – chcą efektów natychmiast, nie rozumiejąc wartości żmudnej pracy.

Oj... znam to pokolenie. Wychowywane z sercem, a i tak świat zdążył je trochę zepsuć. :)

45.5 Jesteśmy „zwierzętami" stadnymi

Staramy się przynależeć do jakiejś grupy – choćby mentalnie – i kształtujemy swoje cechy według jej wzorców.
Nawet jeśli uważasz, że nie należysz do żadnej społeczności w swoim otoczeniu, to właśnie wpisałeś się do grupy outsiderów.

Cechy pokoleń BB, X, Y czy Z to nie tylko literacka fantazja.
Ludzi kształtują czasy, w których dorastają.
Ja jestem z pokolenia X i naprawdę widzę, jak bardzo różnią się od nas przedstawiciele pokolenia Z.

Zrób własną analizę – zobacz, jakie cechy mają poszczególne pokolenia i spróbuj określić, co wnosi Twoje.
Nie po to, żeby ocenić, kto jest lepszy, a kto gorszy – ale żeby zidentyfikować cechy, które mogą Ci przeszkadzać w tradingu... i je wyeliminować.

Gdy siadasz do wykresów, nie będzie „owocowych czwartków".
O wszystko musisz zadbać sam.
Trading nie uczy, nie wybacza, nie pomaga, nie zwróci Ci pieniędzy „bo Ci przykro".
Nie ma znaczenia, z jakiego jesteś pokolenia, jakie masz oczekiwania, ambicje czy żale.

Jeśli chcesz wyjąć z rynku pieniądze – musisz być wystarczająco dobry. To nie jest walka z kimś o coś.
Jesteś tylko Ty i wykres.

Albo potrafisz z niego robić wypłaty jak z bankomatu, albo będziesz tam wrzucać swoje pieniądze.
Jakie to piękne i czyste...
Wszystko zależy tylko od Ciebie.
Nie ma ściemniania, pozorów, udawania, szukania winnych, przekonywania, że „to było niesprawiedliwe", że „ktoś coś powinien z tym zrobić", że coś mi się należy, bo mam prawo mieć roszczeniową postawę.

Jak wygrasz – to w 100% Twoja zasługa.

Jak przegrasz – to w 100% Twoja odpowiedzialność.

Jak chcesz coś poprawić – to w 100% Ty sam możesz to zrobić.

Jak chcesz złożyć reklamację na rynek, to pisz list na ten sam adres, co w dzieciństwie pisałeś do świętego Mikołaja.

Piękne, uczciwe zasady.
Zero wymówek.
Wiesz, dlaczego tyle razy mówię o odpowiedzialności i o tym, że wszystko zależy tylko od Ciebie?
Musisz wiedzieć, że gdy skończysz czytać tę książkę i wejdziesz na parkiet giełdy, będziesz tam sam.
To nie jest bajkowa kraina, gdzie czają się wilki czy inne potwory.
Tam nie ma nic złego ani dobrego.

Wszystko, co Cię tam spotka – **jest w Tobie i rozegra się w Tobie**. To Ty możesz w sobie stworzyć oazę spokoju, w której będziesz przebywać kilka godzin dziennie i od czasu do czasu poczuć dreszczyk emocji.
Ale równie dobrze możesz w sobie stworzyć pole bitwy i wyjść z rynku z PTSD.
Nie, nie przesadzam.

46 Nie pracuj nad lepszym % wynikiem tradingu

Pracuj nad lepszą jakością zagrań.
Wynik to tylko efekt jakości. Skup się na przyczynie, nie na skutku.
Chcesz zarobić więcej pieniędzy?
Aby to osiągnąć, podejmujesz dziesiątki, setki decyzji i wykonujesz zagrania, z których ostatecznie powstaje Twój wynik na rachunku.
Jak sądzisz – co musisz zmienić, żeby na koniec dnia czy tygodnia zobaczyć więcej pieniędzy?

- Czy jakość wejścia w rynek ma znaczenie?
- Czy jakość prowadzenia pozycji wpływa na to, ile z niej wyjmiesz?
- Czy decyzja o wyjściu z pozycji zmieni Twój wynik?
- Czy jakość analiz eliminuje złe zagrania i pozwala lepiej trafiać?
- Czy zarządzanie kapitałem i ryzykiem wpływa na wynik?
- Czy Twój stan psychiczny, mentalna forma, mają znaczenie?

Odpowiedź zawsze będzie ta sama:

Tylko jakość może realnie poprawić Twój wynik finansowy.
Tylko na jakości warto się naprawdę skupić.

Wszystko to, co Ci się marzy – pieniądze, wolność, sukces – to tylko efekt uboczny jakości Twojego tradingu.

Możesz próbować „wyszarpywać” dolary z wykresu, siłować się z rynkiem, wchodzić i mówić do ekranu, co wykres ma zrobić...
A potem skończysz dzień zmęczony jak chłop po orce, idący za pługiem, który ciągnął wół.
Tymczasem cały wysiłek powinien iść w analizę i podjęcie decyzji o zagraniu.
Po wejściu w rynek jesteś już tylko obserwatorem.

Jak kontroler z wieży lotniska – dajesz sygnał na start, patrzysz, czy samolot ma odpowiednie warunki, decydujesz, kiedy ma zatoczyć pętlę, a kiedy podejść do lądowania.
Jeśli niebo czyste – możesz odprawić kolejny lot.
Jeśli burza nad głową, inni piloci wariują, a pas startowy zasypuje śnieg – spokojnie mówisz:
„W taką pogodę nie latam" i idziesz po herbatę.
Pogoda się poprawi – polatasz.

Grasz tylko wtedy, gdy masz przewagę – bo Twoja analiza Ci ją potwierdziła.
Nie grasz, bo musisz.
Grasz, bo widzisz dobrą okazję.

47 Brak postępów na rachunku – rozwiązanie

Masz wyniki, które Cię nie satysfakcjonują?
Umiesz ocenić, ile to dużo, a ile to mało?
Jakie to są wyniki?
Jeśli oscylują wokół zera albo są na minusie – to oczywiście powód do niezadowolenia. Natomiast jeśli generujesz średnio 1–2–3% dziennie – to naprawdę nie jest źle. Zastanów się, czy Twoje oczekiwania nie są przypadkiem nierealistyczne.
Zrobienie dwucyfrowego zysku w jeden dzień?
Możliwe raz na jakiś czas, ale rzadkie. To nie powinno być Twoim punktem odniesienia.

Dla porównania: rekord Larry'ego Williamsa to 11 376% w skali roku. Wydaje się nieosiągalnym wynikiem? Policzmy to.
Rok to około 250 dni tradingowych. Aby osiągnąć taki wynik, musiałbyś dzień po dniu generować **1,9% zysku dziennie**, reinwestując całość zysków. Kolejnego dnia grasz większą pozycją – bo masz większy kapitał – i robisz znów 1,9%. Po 250 dniach masz z 10 000 dolarów ponad milion.

Target Calculation: Daily Return Needed to Grow $10,000 to $1,100,000 in 250 Days

Formula:

We use **compound growth**:

$$\text{Final Amount} = \text{Initial Capital} \times (1 + r)^n$$

Where:

- **Initial Capital** = $10,000
- **Final Amount** = $1,100,000
- n = 250 (trading days)
- r = daily return rate (what we want to find)

Rearranging the formula:

$$1,100,000 = 10,000 \times (1 + r)^{250}$$

$$(1 + r)^{250} = \frac{1,100,000}{10,000} = 110$$

$$\ln(1 + r) = \frac{\ln(110)}{250} \approx \frac{4.7005}{250} \approx 0.0188$$

$$1 + r \approx e^{0.0188} \approx 1.019$$

$$r \approx 1.9\%$$

Conclusion:

You need to make ~**1.9% profit per trading day**, compounded, to grow **$10,000 into $1.1 million** over **250 trading days**.

1,9% dziennie brzmi mało?
Mnie też się tak wydawało. Stwierdziłem, że ten program matematyczny chyba się jednak trochę myli.
Wrzuciłem dane do Excela i faktycznie, to się zgadza.
To pokazuje skalę, co jest możliwe, ale też jak niewiarygodnie trudny to poziom.

Moim zdaniem – jeśli długoterminowo generujesz średnią dzienną 1% – to jesteś w absolutnej czołówce.

47.1 Małe zmiany, wielkie różnice

Wydaje Ci się, że kluczem do sukcesu jest technika zagrań i to właśnie ona powinna być w centrum uwagi.
A teraz wyobraź sobie coś innego:
że nie musisz niczego nowego się uczyć, żeby poprawić swój wynik.
Zobacz to porównanie...

Daily Return	Daily	Every 5 Days	Every 21 Days
0.5%	34,795 $	34,371 $	32,840 $
1.0%	120,322 $	114,674 $	96,869 $
1.5%	413,533 $	371,897 $	261,268 $
2.0%	1,412,677 $	1,173,909 $	653,207 $

Porównanie wzrostu kapitału przy różnych częstotliwościach reinwestycji zysku Poniższa tabela pokazuje, jak zmienia się wartość kapitału po 250 dniach tradingu – przy założeniu startu z poziomu 10 000 USD i stałej dziennej stopy zwrotu (0,5%, 1%, 1,5%, 2%).

Kluczowy czynnik to częstotliwość reinwestycji zysku.

Codzienna reinwestycja

Każdego dnia grasz kwotą obliczoną od aktualnego salda rachunku.
Przykład: wczoraj miałeś 10 000 $. Twój SL 1% wynosi 100 $.
Dziś zarobiłeś 1%, masz już 10 100 $ – więc SL 1% wynosi 101 $.
Niby tylko dolar różnicy... ale w skali roku ta „zabawa w drobne" daje kolosalne różnice.

Reinwestycja co 5 dni

Czyli raz na tydzień aktualizujesz wartość pozycji jako 1% salda. Taką wielkością pozycji grasz cały tydzień.

Reinwestycja co 21 dni

Czyli raz w miesiącu przeliczasz wielkość pozycji i taką pozycją grasz przez cały miesiąc.

Zobacz, że nie musisz niczego „odkrywać", nie musisz się uczyć nowych wejść – wystarczy zaplanować prosty system regularnego zwiększania pozycji.

Koszt: zerowy. Nakład pracy: minimalny.

A efekt? Czysta magia. :)

year-end total			$ 34 795	$ 34 371	$ 32 840	$ 120 322	$ 114 674	$ 96 869	$ 413 533	$ 371 897	$ 261 268	$ 1 412 677	$ 1 173 909	$ 653 207
Capital Growth with Different Compounding Frequencies (Daily Return 0.5-2%)														
months	weeks	days	0,5%	0,5%	0,5%	1,0%	1,0%	1,0%	1,5%	1,5%	1,5%	2,0%	2,0%	2,0%
Compounding Frequency			Daily	Weekly	Monthly	Daily	Weekly	Monthly	Daily	Weekly	Monthly	Daily	Weekly	Monthly
Initial Capital			$ 10 000	$ 10 000	$ 10 000	$ 10 000	$ 10 000	$ 10 000	$ 10 000	$ 10 000	$ 10 000	$ 10 000	$ 10 000	$ 10 000
1	1	1	$ 10 050	$ 50	$ 50	$ 10 100	$ 100	$ 100	$ 10 150	$ 150	$ 150	$ 10 200	$ 200	$ 200
2	2	2	$ 10 100	$ 50	$ 50	$ 10 201	$ 100	$ 100	$ 10 302	$ 150	$ 150	$ 10 404	$ 200	$ 200
3	3	3	$ 10 151	$ 50	$ 50	$ 10 303	$ 100	$ 100	$ 10 457	$ 150	$ 150	$ 10 612	$ 200	$ 200
4	4	4	$ 10 202	$ 50	$ 50	$ 10 406	$ 100	$ 100	$ 10 614	$ 150	$ 150	$ 10 824	$ 200	$ 200
5	5	5	$ 10 253	$ 10 250	$ 50	$ 10 510	$ 10 500	$ 100	$ 10 773	$ 10 750	$ 150	$ 11 041	$ 11 000	$ 200
6	1	6	$ 10 304	$ 51	$ 50	$ 10 615	$ 105	$ 100	$ 10 934	$ 161	$ 150	$ 11 262	$ 220	$ 200
7	2	7	$ 10 355	$ 51	$ 50	$ 10 721	$ 105	$ 100	$ 11 098	$ 161	$ 150	$ 11 487	$ 220	$ 200
8	3	8	$ 10 407	$ 51	$ 50	$ 10 829	$ 105	$ 100	$ 11 265	$ 161	$ 150	$ 11 717	$ 220	$ 200
9	4	9	$ 10 459	$ 51	$ 50	$ 10 937	$ 105	$ 100	$ 11 434	$ 161	$ 150	$ 11 951	$ 220	$ 200
10	5	10	$ 10 511	$ 10 506	$ 50	$ 11 046	$ 11 025	$ 100	$ 11 605	$ 11 556	$ 150	$ 12 190	$ 12 100	$ 200
11	1	11	$ 10 564	$ 53	$ 50	$ 11 157	$ 110	$ 100	$ 11 779	$ 173	$ 150	$ 12 434	$ 242	$ 200
12	2	12	$ 10 617	$ 53	$ 50	$ 11 268	$ 110	$ 100	$ 11 956	$ 173	$ 150	$ 12 682	$ 242	$ 200
13	3	13	$ 10 670	$ 53	$ 50	$ 11 381	$ 110	$ 100	$ 12 136	$ 173	$ 150	$ 12 936	$ 242	$ 200
14	4	14	$ 10 723	$ 53	$ 50	$ 11 495	$ 110	$ 100	$ 12 318	$ 173	$ 150	$ 13 195	$ 242	$ 200
15	5	15	$ 10 777	$ 10 769	$ 50	$ 11 610	$ 11 576	$ 100	$ 12 502	$ 12 423	$ 150	$ 13 459	$ 13 310	$ 200
16	1	16	$ 10 831	$ 54	$ 50	$ 11 726	$ 116	$ 100	$ 12 690	$ 186	$ 150	$ 13 728	$ 266	$ 200
17	2	17	$ 10 885	$ 54	$ 50	$ 11 843	$ 116	$ 100	$ 12 880	$ 186	$ 150	$ 14 002	$ 266	$ 200
18	3	18	$ 10 939	$ 54	$ 50	$ 11 961	$ 116	$ 100	$ 13 073	$ 186	$ 150	$ 14 282	$ 266	$ 200
19	4	19	$ 10 994	$ 54	$ 50	$ 12 081	$ 116	$ 100	$ 13 270	$ 186	$ 150	$ 14 568	$ 266	$ 200
20	5	20	$ 11 049	$ 11 038	$ 50	$ 12 202	$ 12 155	$ 100	$ 13 469	$ 13 355	$ 150	$ 14 859	$ 14 641	$ 200
21	1	21	$ 11 104	$ 55	$ 11 050	$ 12 324	$ 122	$ 12 100	$ 13 671	$ 200	$ 13 150	$ 15 157	$ 293	$ 14 200
1	2	22	$ 11 160	$ 55	$ 55	$ 12 447	$ 122	$ 121	$ 13 876	$ 200	$ 197	$ 15 460	$ 293	$ 284
2	3	23	$ 11 216	$ 55	$ 55	$ 12 572	$ 122	$ 121	$ 14 084	$ 200	$ 197	$ 15 769	$ 293	$ 284
3	4	24	$ 11 272	$ 55	$ 55	$ 12 697	$ 122	$ 121	$ 14 295	$ 200	$ 197	$ 16 084	$ 293	$ 284
4	5	25	$ 11 328	$ 11 314	$ 55	$ 12 824	$ 12 763	$ 121	$ 14 509	$ 14 356	$ 197	$ 16 406	$ 16 106	$ 284
5	1	26	$ 11 385	$ 57	$ 55	$ 12 953	$ 128	$ 121	$ 14 727	$ 215	$ 197	$ 16 734	$ 322	$ 284
6	2	27	$ 11 442	$ 57	$ 55	$ 13 082	$ 128	$ 121	$ 14 948	$ 215	$ 197	$ 17 069	$ 322	$ 284
7	3	28	$ 11 499	$ 57	$ 55	$ 13 213	$ 128	$ 121	$ 15 172	$ 215	$ 197	$ 17 410	$ 322	$ 284
8	4	29	$ 11 556	$ 57	$ 55	$ 13 345	$ 128	$ 121	$ 15 400	$ 215	$ 197	$ 17 758	$ 322	$ 284
9	5	30	$ 11 614	$ 11 597	$ 55	$ 13 478	$ 13 401	$ 121	$ 15 631	$ 15 433	$ 197	$ 18 114	$ 17 716	$ 284
10	1	31	$ 11 672	$ 58	$ 55	$ 13 613	$ 134	$ 121	$ 15 865	$ 231	$ 197	$ 18 476	$ 354	$ 284
11	2	32	$ 11 730	$ 58	$ 55	$ 13 749	$ 134	$ 121	$ 16 103	$ 231	$ 197	$ 18 845	$ 354	$ 284
12	3	33	$ 11 789	$ 58	$ 55	$ 13 887	$ 134	$ 121	$ 16 345	$ 231	$ 197	$ 19 222	$ 354	$ 284
13	4	34	$ 11 848	$ 58	$ 55	$ 14 026	$ 134	$ 121	$ 16 590	$ 231	$ 197	$ 19 607	$ 354	$ 284
14	5	35	$ 11 907	$ 11 887	$ 55	$ 14 166	$ 14 071	$ 121	$ 16 839	$ 16 590	$ 197	$ 19 999	$ 19 487	$ 284
15	1	36	$ 11 967	$ 59	$ 55	$ 14 308	$ 141	$ 121	$ 17 091	$ 249	$ 197	$ 20 399	$ 390	$ 284
16	2	37	$ 12 027	$ 59	$ 55	$ 14 451	$ 141	$ 121	$ 17 348	$ 249	$ 197	$ 20 807	$ 390	$ 284
17	3	38	$ 12 087	$ 59	$ 55	$ 14 595	$ 141	$ 121	$ 17 608	$ 249	$ 197	$ 21 223	$ 390	$ 284
18	4	39	$ 12 147	$ 59	$ 55	$ 14 741	$ 141	$ 121	$ 17 872	$ 249	$ 197	$ 21 647	$ 390	$ 284
19	5	40	$ 12 208	$ 12 184	$ 55	$ 14 889	$ 14 775	$ 121	$ 18 140	$ 17 835	$ 197	$ 22 080	$ 21 436	$ 284
20	1	41	$ 12 269	$ 61	$ 55	$ 15 038	$ 148	$ 121	$ 18 412	$ 268	$ 197	$ 22 522	$ 429	$ 284
21	2	42	$ 12 330	$ 61	$ 12 210	$ 15 188	$ 148	$ 14 641	$ 18 688	$ 268	$ 17 292	$ 22 972	$ 429	$ 20 164
1	3	43	$ 12 392	$ 61	$ 61	$ 15 340	$ 148	$ 146	$ 18 969	$ 268	$ 259	$ 23 432	$ 429	$ 403
2	4	44	$ 12 454	$ 61	$ 61	$ 15 493	$ 148	$ 146	$ 19 253	$ 268	$ 259	$ 23 901	$ 429	$ 403
3	5	45	$ 12 516	$ 12 489	$ 61	$ 15 648	$ 15 513	$ 146	$ 19 542	$ 19 172	$ 259	$ 24 379	$ 23 579	$ 403
4	1	46	$ 12 579	$ 62	$ 61	$ 15 805	$ 155	$ 146	$ 19 835	$ 288	$ 259	$ 24 866	$ 472	$ 403

Lubię tworzyć tabele i kalkulacje – to bardzo przydatna umiejętność w pracy Tradera. Jeśli jeszcze nie zaprzyjaźniłeś się z arkuszami kalkulacyjnymi, szczerze polecam to nadrobić.

Gdy zaczniesz trading, szybko pojawią się dane, które warto uporządkować w tabelach. Z czasem zaczniesz z nich wyciągać konkretne wnioski. To podstawa świadomego działania i modyfikowania techniki, taktyki czy zarządzania ryzykiem. Zdecydowanie warto.

47.2 Sprawdź, jak zmienia się krzywa przyrostu kapitału w zależności od dziennego procentu zysku oraz częstotliwości przeliczania wielkości pozycji

Krzywa wzrostu kapitału przy zysku 0,5% dziennie.

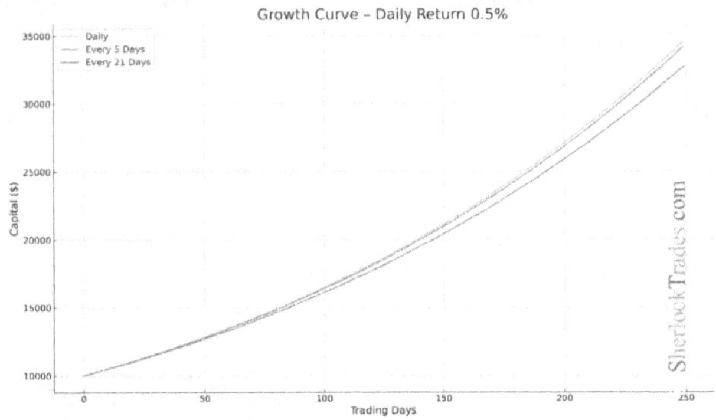

Krzywa wzrostu kapitału przy zysku 1% dziennie.

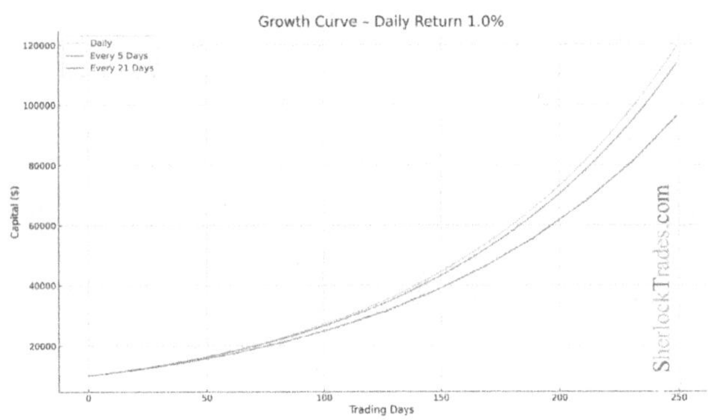

Krzywa wzrostu kapitału przy zysku 1,5% dziennie.

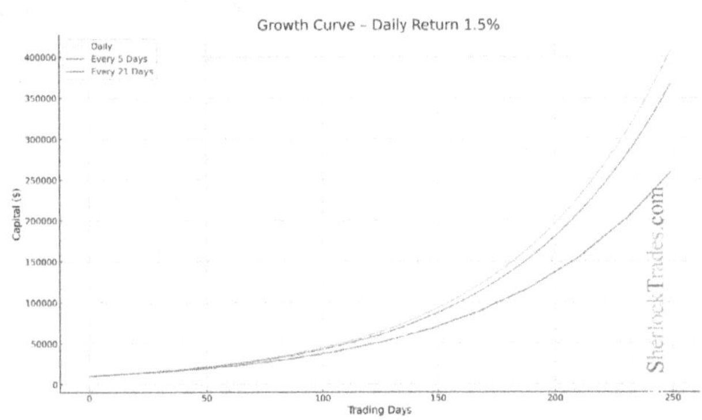

Krzywa wzrostu kapitału przy zysku 2% dziennie.

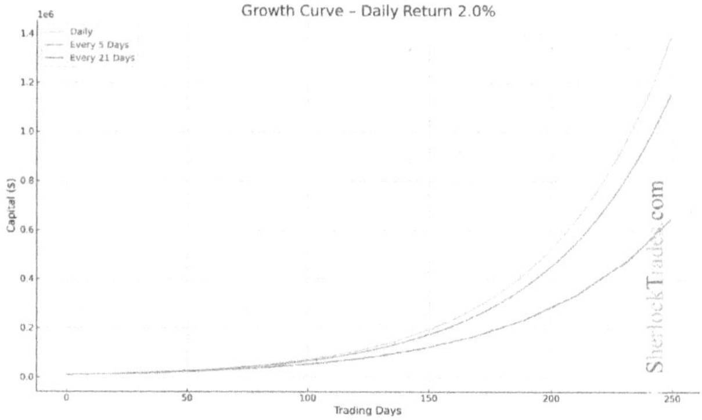

W skali roku widać różnicę, a jaka różnica będzie w skali np. 3 lat?

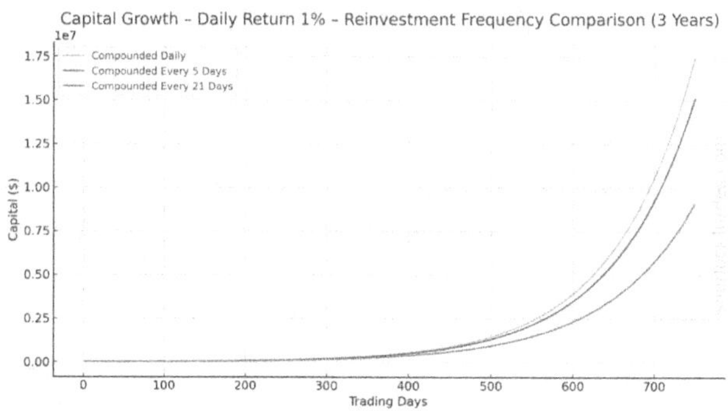

1e7 oznacza, że „1" na skali to 10 000 000 USD.

Różnica końcowego wyniku w zależności od częstotliwości zwiększania pozycji (codziennie, co 5 dni lub co 21 dni) to odpowiednio około 9 mln, 15 mln i 17,5 mln USD.

Gdybyś wykonał taką symulację w skali 10 lat, wartości końcowe byłyby trudne do zapisania z powodu liczby zer, a różnica pomiędzy kapitalizacją co 21 dni a codzienną sięgnęłaby aż x 8,86.

To ciekawe rozważania – przyjemnie myśleć o ogromnych zyskach – ale te tabelki nie uwzględniają czynnika ludzkiego: naszych błędów, słabości, braku konsekwencji, emocji, potrzeby odpoczynku.

Można sobie marzyć o kosmicznych wynikach, jednak życie szybko to zweryfikuje.

Pamiętaj: Larry Williams osiągnął ponad 11 000% w rok, ale nie powtarzał tego wyniku przez kolejne lata. Gdyby tak było, miałby dziś majątek kilkukrotnie większy niż Elon Musk – a nie ma.

Więc pamiętaj: małymi krokami, rób systematycznie swoje.

Jeśli masz dodatnie statystyki, to tylko kwestia czasu, aż pojawią się duże pieniądze.

Zaczniesz się spieszyć, zwiększać ryzyko – dostaniesz lekcję.

Bądź jak żółw. Masz czas. Idź konsekwentnie do celu.

Po roku lub dwóch regularnego zarabiania „skromnych" 1–1,5% dziennie Twoje życie może zmienić się finansowo nie do poznania. Potem możesz grać mniejsze pozycje i robić niższe % dziennie – mimo to, wciąż będą to większe kwoty, niż jesteś w stanie wydać. A gdy masz już spore pieniądze, zaczynają one schodzić na dalszy plan. Zyskuje na znaczeniu **jakość życia**.

47.3 Wartość perfekcyjnego prowadzenia pozycji

Na moim biurku – obok checklist do otwierania zagrań – leżą zawsze dwie karty do prowadzenia pozycji.

Z tymi kartami zaczynałem poważny trading. Opracowałem je kilka lat temu i nadal ich używam.

Mam już nowsze, lepiej zaprojektowane wersje, ale chyba z sentymentu ciągle trzymam się starych.
Ty też możesz – zgodnie ze swoją techniką i zasadami – stworzyć własne karty i je stosować.
Dlaczego warto?
Bo taki arkusz to dokładny, powtarzalny algorytm działania, który w dłuższym horyzoncie daje lepsze wyniki niż decyzje na wyczucie.

Kiedy cena rośnie, masz pozycję long i zaczynasz zarabiać, pojawiają się emocje.
Zaczynasz „widzieć zysk" i rośnie w Tobie strach, że go stracisz. W efekcie zamykasz pozycję za wcześnie.
Potem patrzysz, jak po niewielkiej korekcie cena rośnie dalej. Zamiast wyjąć z rynku 1:10, kończysz z marnym 1:2.
Karty dają Ci jasność:

- Kiedy możesz przestawić SL na zero,
- Kiedy i jak zabezpieczyć zysk,
- Jak prowadzić pozycję zgodnie z tym, co rysuje rynek.

Dzięki takim kartom możesz też analizować zagrane pozycje i sprawdzać, czy dało się je lepiej poprowadzić.
Najważniejsze: musisz mieć jakiekolwiek zasady prowadzenia pozycji. Bez zasad nie ma powtarzalności. Bez powtarzalności wyniki będą dziełem przypadku.

Jeśli chcesz otrzymać moje **nowe** karty do prowadzenia pozycji – jest na to prosty sposób: Są połączone z kontem „Buy me a Coffee". Każdy, kto uzna, że chce docenić moją pracę, dostanie w podziękowaniu link do pobrania kart.

Można je wydrukować, zalaminować i używać przez lata.
Można też na ich podstawie stworzyć własne, modyfikując moje założenia, dostosowując do specyfiki Twojego tradingu.
To naprawdę świetne narzędzie – zdecydowanie je polecam.
Możesz bazować na moich kartach albo stworzyć własne od zera.
Ważne jest tylko to, żebyś ich używał i żeby Twój trading był systematyczny i powtarzalny.

https://buymeacoffee.com/sherlocktrades.com

Dlaczego to takie ważne? Zaraz Ci wyjaśnię...

47.4 Powtarzalność i statystyki to drzwi do dużych pieniędzy

Wyobraź sobie, że nie masz środków na większy depozyt u brokera i trenujesz na koncie demo albo grasz kwotą kilkaset dolarów. Nagle dostajesz milion w gotówce. Możesz zrobić z nim, co chcesz. Myślisz: „Wrzucę do brokera. 1% miesięcznie to 10 000 dolarów – całkiem niezła pensja”.

Wpłacasz... i co czujesz?

Niech zgadnę: paraliżujący strach. Nie masz strategii, nie masz sprawdzonego schematu działania, nie masz statystyk po 50 czy 100 zagraniach. Nie masz jasno zdefiniowanego MM.

Masz tylko mgliste pojęcie o analizie technicznej i coś tam czytałeś o psychologii. Ten milion... zaraz zmieni właściciela, bo nie jesteś gotów, by grać takimi pieniędzmi.

A teraz wyobraź sobie inną sytuację:

Przez ostatnie pół roku (albo dłużej) trenowałeś na koncie demo lub realnym z niewielką kwotą. Uczyłeś się, wyciągałeś wnioski, analizowałeś własne błędy. Tworzyłeś statystyki, masz checklisty, masz podrukowane schematy swoich najlepszych zagrań.

Wiesz dokładnie, jakie masz R:R, gdzie ustawiasz SL, jak prowadzisz pozycję, jak wygląda Twój wynik na koniec miesiąca.

Masz w głowie i w materiałach gotowy system – maszynkę do robienia pieniędzy.
Wkładasz 100 $ – wychodzi 120 $.
Wkładasz 1000 $ – wychodzi 1200 $.
Wkładasz 100 000 $ – wychodzi 120 000 $.
To nie hazard – to powtarzalny proces.

Nie grasz w kasynie, nie stawiasz miliona na czerwone. Nie czujesz lęku, bo to tylko większa stawka w sprawdzonym systemie.

Bez takiego przygotowania nie będziesz w stanie grać dużym kapitałem. Możesz mieć farta – trafisz na hossę, wszystko rośnie. Ale takich szczęściarzy widziałem wielu – równie szybko, jak zarobili, wszystko tracili. Nie chcesz przez to przechodzić.

Zostań profesjonalnym Traderem i bądź gotowy na duże pieniądze.

Przypomniał mi się telefon od kolegi Patryka w 2017 roku.
Pominę większość jego słów – to były same wulgaryzmy.
Zamknął pozycję, która w szczytowym momencie wynosiła prawie milion dolarów. Zamknął, gdy na rachunku zostało mu już niespełna 20 000 dolarów.
Zagranie z dźwignią na bitcoinie. Nie wyszło.
Czy trzymał się zasad? Nie.
Powtarzał sobie: „Jeszcze tylko trochę, potem zacznę grać bezpiecznie". Najpierw przy 100 tysiącach. Potem przy 500 tysiącach. Celem był okrągły milion, a potem… potem miało być już bezpiecznie.
Nie wyszło.
Nie wrócił ani do miliona, ani do 100 tysięcy.

Jak go zapytałem, co by zrobił, gdyby zobaczył milion na rachunku, powiedział: „Pewnie stwierdziłbym, że to mało i celowałbym w 10 milionów".
Zapytałem: „A potem 100 milionów?" – tylko się śmiał.
Złamał zasady. Potem już tylko było gorzej.
Dzisiaj Patryk nie zajmuje się tradingiem.

Albo grasz według zasad zawsze, albo tylko kwestią czasu jest, aż powiesz sobie:
„Jeszcze tylko raz...”. A potem znowu... i znowu.
I masz katastrofę.

47.5 Jeśli naprawdę chcesz zarabiać więcej, musisz...

Po pierwsze – traktuj trading jak profesjonalista i trzymaj się swoich zasad. Analizuj swoje zagrania, rozwijaj wybraną metodę analizy wykresów, twórz zasady, checklisty, schematy, szablony – wszystko, co pozwoli Ci uzyskać powtarzalność w grze.

Po drugie – naucz się stopniowo „podkręcać termostat” w swojej głowie. Każdy z nas ma jakiś poziom finansowego komfortu.
Dla jednego strata 10 dolarów to nic wielkiego, ale już 100 dolarów robi różnicę i wywołuje emocje.
Dla kogoś innego 1000 $ to mała pozycja grana na luzie, ale przy SL rzędu 10 000 $ pojawia się stres.

Za chwilę przeczytasz o zjawisku habituacji. Wspominałem też wcześniej o treningu EST, gdzie ludzie konfrontowali się ze swoimi traumami, przeżywali je i oswajali – aż przestawały być tak bolesne i dominujące.

Tak działa finansowy termostat w Twojej głowie. Trzeba go oswoić stopniowo z wyższymi kwotami, jakimi grasz. :)
Jesteś przyzwyczajony do określonych kwot w kieszeni. Określony poziom ryzyka jest akceptowalny, a wyższy wywołuje emocje.
A emocje ograniczają zdolność do analizy i logicznego myślenia.
Daj sobie czas. Obserwuj, przy jakiej kwocie zaczynasz czuć napięcie – ale jeszcze nie panikujesz.
Jeśli to np. 200 $, zmniejsz wielkość pozycji tak, by SL wynosił 150–180 $. Graj bez presji.
Za kilka dni zwiększysz.
Potem znowu. Z czasem oswoisz się z większymi stawkami. Gwałtowna zmiana kwot może się nie udać – nie przyspieszaj za szybko, bo Twój mózg spanikuje i będziesz miał kłopot.

48 Habituacja – plusy i minusy

Habituacja to jedno z podstawowych zjawisk psychologicznych i neurobiologicznych.
Oznacza stopniowe wygaszanie reakcji na **powtarzający się bodziec**, który nie niesie ani nowych informacji, ani zagrożenia.
Znasz to z doświadczenia:

- Zegar w pokoju – na początku słyszysz tykanie, potem przestajesz je rejestrować.
- Zapach perfum – czujesz go intensywnie, ale po chwili znika.
- Powtarzający się hałas – np. odgłos ulicy, który po kilku dniach przestaje przeszkadzać.

Dawno temu, na studiach, mieszkałem w kamienicy przy torach tramwajowych. Na początku słyszałem każdy tramwaj i czułem delikatne drgania podłogi. Po jakimś czasie wszystko to przestało istnieć w mojej percepcji.
Dziś słyszę za oknem śpiew ptaków.
Czasem mam wrażenie, że odbywają ptasie narady – ale zauważam to dopiero, gdy oderwę się od wykresu i spojrzę w dal, by dać oczom odpocząć.

48.1 Dlaczego warto znać to zjawisko?

Minusem habituacji jest zobojętnienie – np. podczas nauki.
Na pewno zdarzyło Ci się przeczytać kilka stron materiału... i nie wiedzieć, co właściwie przeczytałeś.
Aby skutecznie się uczyć, potrzebujesz różnorodnych bodźców: dialogu ze sobą, pytań, prób „zagięcia" własnego poglądu na dany temat.
Gdy „przegadasz" temat sam ze sobą i pokonasz siebie w argumentacji – wygrałeś. :)
Pamiętasz trening EST?
Wystawiając się wielokrotnie na lęk, oswajasz go.
Z czasem przestaje robić wrażenie.

Tylko żebyśmy się dobrze zrozumieli – nie chodzi o to, by chodzić po złych dzielnicach i prowokować gangsterów. :)
Albo, żeby przezwyciężyć lęk wysokości, spacerować po linie między wieżowcami.

Twoja podświadomość czasem słusznie krzyczy: „Nie rób tego!" – i wtedy warto jej posłuchać.
To nasz naturalny system ostrzegawczy. Musimy go jedynie nauczyć nowych zasad dotyczących tradingu, żeby nas nie paraliżował, wszczynając niepotrzebnie alarm.

48.1.1 Habituacja w tradingu – plusy:

- Redukuje stres przy powtarzających się sytuacjach – coś, co wcześniej wywoływało silne emocje, staje się normalne.
- Obniża wrażliwość na bodźce zewnętrzne – np. newsy.
- Analizy stają się częściowo zautomatyzowane – wchodzisz w etap „nieświadomej kompetencji", co odciąża Twój „procesor".
- Umysł ignoruje szum informacyjny – pozwala dostrzegać to, co istotne. Jakby we mgle zapalały się czerwone światła: konkretne świece „mówią" do Ciebie: „Patrz tutaj!"

48.1.2 Niestety są też minusy:

- Zbyt częsty kontakt z ryzykiem może znieczulić.
- Niepokój to ważny sygnał ostrzegawczy. Jeśli go nie czujesz – miej zasady, które Cię chronią.
- Nadmiar bodźców i rutyny osłabia koncentrację.
- Nie jesteś w stanie utrzymać pełnego skupienia przez 8 godzin. Skupiaj się wtedy, gdy sygnały wskazują, że coś się dzieje.
- Automatyzm może pójść za daleko.
- Zaczynasz działać bezrefleksyjnie, ignorujesz ważne sygnały. To jak siadać do tradingu po nieprzespanej nocy – nie zadziała.
- Przyzwyczajenie do strat może być niebezpieczne. Lepiej, żeby nadal Cię „bolały".

48.2 Nowicjusz vs doświadczony Trader:

Nowy Trader reaguje emocjonalnie na każdą świecę i skok ceny. Doświadczony Trader widział to tysiące razy, czeka spokojnie na swój setup, odpala checklistę i dopiero wtedy skupia się maksymalnie, gdy jest czas na polowanie.

Co warto zrobić?

- Zminimalizuj bodźce: stonowane kolory wykresów, ciemny motyw, filtr światła niebieskiego, brak alarmów.
- Alarmy przy wielu walorach powodowały u mnie chaos – i tak nie wiedziałem, czego dotyczą.
- Jak coś przegapię – trudno. Spokój jest ważniejszy.

Jak się chronić?

- Sprawdzaj regularnie, czy nie działasz zbyt automatycznie.
- Zmieniaj od czasu do czasu układ okien, kolory, rytuały – to pomaga odzyskać uważność.
- Nasz umysł to leniwiec – oszukuje, by się nie narobić, więc trzeba go oszukiwać.
- Jedynym sposobem, żeby niczego nie pomijał, jest... checklista.

Trading przypomina start samolotu.
Nie chcesz przecież wystartować bez paliwa, bo nie chciało Ci się sprawdzić checklisty.

Checklista tak naprawdę spełnia trzy funkcje:

- Odciąża nasz umysł, bo nie musimy ciągle pamiętać, jakie kryteria muszą być spełnione i co musimy sprawdzić.
- Minimalizuje ryzyko popełnienia błędu przez przeoczenie czegoś, co jest elementem strategii.
- Zapewnia nam powtarzalność, co jest podstawą do tworzenia statystyk i analizy skuteczności.

Zdecydowanie warto tworzyć i stosować checklisty.

49 Procedury awaryjne

Pisząc o habituacji, prawie przysnąłem...
Na szczęście przypomniało mi się coś, co przyspiesza krążenie krwi:
ALARM – AWARIA!
Wyobraź sobie, że jesteś w trakcie zagrania i nagle... no właśnie.
Zrób listę możliwych awarii i ustal procedury na każdą z nich.
Co może się wydarzyć bez ostrzeżenia?

- Padł komputer – jak kontrolujesz otwarte zlecenie?

Jeśli stosujesz moje zasady, masz ustawiony SL i TP, więc jesteś zabezpieczony. Co, jeśli chcesz mimo wszystko coś sprawdzić?

- Chcesz zadzwonić do brokera – jaki numer?

Jak wygląda identyfikacja?
Masz potrzebne dane i hasła? A może wszystko trzymasz w komputerze, który właśnie się zepsuł?

- Awaria internetu – masz alternatywę?

U mnie działa to tak:
Przełączam się na telefon z dostępem do sieci komórkowej od innego operatora, w dodatku z innego kraju – pełna dywersyfikacja.

- Nagły „dramat" za drzwiami – ktoś krzyczy, że nie może znaleźć wacików. :)

Co robisz?
Pomyśl o tym z wyprzedzeniem. Przygotuj zeszyt z procedurami awaryjnymi – zaoszczędzisz sobie stresu.
Ja mam:

- dwa skonfigurowane komputery, zaszyfrowane dyski itd.
- przygotowany telefon – w sumie to mam nawet dwa,
- backup dostępu do platform i danych,
- wszystko, co ważne, jest zasilane przez zasilacz awaryjny UPS.

Zasadniczo nie panikuję – najwyżej czegoś nie zobaczę i SL wywali pozycję. Trudno – jedna awaria nie zmieni mojej statystyki długoterminowej.

Dla mnie kluczowy jest SL – zawsze ustawiam go razem ze zleceniem.

Dzięki temu mogę sobie pozwolić na podejście: „Jest awaria? To znaczy, że mam przerwę".

I wiesz co?

Bywają w życiu gorsze rzeczy niż nieplanowany odpoczynek. :)

49.1 Szczepionka na dobrze radzących „przyjaciół"

Większość z nas w życiu słyszała mądre rady w stylu:

„Tego nie rób, to niebezpieczne – na tym to tylko ludzie pieniądze tracą".

„Słuchaj wujka, wujek Ci opowie – na wojnie był, to nie takie sytuacje widział".

I się zaczyna...

Ktoś wciska Ci do głowy swoje programy, nie mając pojęcia, czym się naprawdę zajmujesz.

A Ty – żeby nie robić scen – słuchasz i w myślach przypominasz sobie, kto strzelił gola w ostatnim meczu.

Szczerze? W tej sprawie nie mam żadnej super rady.

Ja lubię proste życie.

Jak ktoś robi coś głupiego i dotyczy to mnie – przerywam.

Stawiam granicę.

Wyjaśniam, że na ten temat dyskutować nie będziemy – grzecznie albo stanowczo – zależnie od osoby. Ten temat jest zamknięty.

Nikt, kto nie ma, choć zbliżonego doświadczenia jak moje, nie będzie mi mówił nic o tradingu czy zarabianiu na giełdzie.

Nie interesują mnie dyskusje ani przekonywanie kogokolwiek.

Nie mam pytań ani wątpliwości – mam statystyki i mam stan konta.

Wystarczy.

Słuchanie cudzych przekonań to jak zaśmiecanie sobie mózgu.

Nie widzę sensu w gadaniu o tym, ile się zarabia miesięcznie.
W Polsce najlepsza odpowiedź na pytanie „No i jak tam z tej giełdy się żyje?" brzmi:

„**Daj spokój, nawet nie pytaj**. Tylko nerwy i dokładanie do interesu. Czasem się zastanawiam, skąd na to pożyczyć kasę... może jakbym większymi kwotami obracał..."

To kończy temat.

Rozmówca wyczuje, że to wstęp do pożyczenia kasy – więc natychmiast zmieni temat.

Ja mam spokój, a on nie uzna mnie za cwaniaka, co „łatwo kasę robi", więc można by go czasem oskubać z tej „łatwej" kasy.

Wszyscy zadowoleni. :)

Nie lubię opowiadać bajek, więc zwykle po prostu nie mówię o mojej pracy.

Teraz będzie łatwiej – powiem, że zostałem pisarzem i wydałem książkę. :)

Fajny temat do rozmów.

A jak ktoś zapyta:

„I jak tam z tego pisania... jakieś pieniądze są?"

Odpowiedź:

„**Daj spokój, nawet nie pytaj**. Tylko nerwy i dokładanie do interesu. Czasem się zastanawiam, skąd na to pożyczyć kasę..." :)

50 Dobra i zła nagroda, dobre i złe wibracje

50.1 Głód i pragnienie nagrody

Motywacją do działania i osiągania celu są nagrody. Nawet jeśli jesteś twardzielem i sam cel Cię napędza, to i tak miło jest sprawić sobie coś małego w nagrodę.
Ostatnio rozmawiałem o tym z córką i podsunąłem jej pomysł, który – w innej wersji – sam czasem stosuję.
Córa ma egzaminy na studiach, a w takich momentach najłatwiej zająć się czymkolwiek, byle nie nauką. Pojawiają się rozpraszacze i pożeracze czasu – TikTok, Instagram, FB, X itd.

Każdy ma swój ulubiony sposób marnowania czasu.
Ciekawe, że kiedy nasz cel naprawdę nas wciąga albo jest dla nas bardzo ważny, to dajemy sobie radę z motywacją i jego realizacją. Sam cel jest wystarczającą nagrodą i nie mamy wtedy problemu z rozpraszaczami – realizacja planu pochłania nas bez reszty.
Studia – jak widać – to nie ten kaliber celu. :)

Zaproponowałem jej rozwiązanie, które ma dwa plusy.

- Po pierwsze: nagroda jest atrakcyjna.
- Po drugie: jej atrakcyjność wynika z deficytu, który sami tworzymy – i to generuje korzyść.

Zaproponowałem zablokowanie social mediów w ciągu dnia i pozwolenie sobie na ich przeglądanie dopiero wieczorem, kiedy i tak już nie ma nauki.
Brak SM w ciągu dnia daje więcej czasu i eliminuje ciągłe przerywanie pracy pod pretekstem: „Tylko rzucę okiem, zobaczę, czy ktoś odpisał."

Tworzy się głód tej aktywności, a jednocześnie zostaje ona ustalona jako nagroda. System daje wolny czas, buduje motywację przez deficyt i dostarcza nagrody bez kosztów.
Moim zdaniem super opcja – jednak **nie przeszło**. Pomysł został odrzucony... no ale to pokolenie Z, więc...

U siebie stosuję podobny mechanizm. Tym, czego sobie w tygodniu odmawiam, są filmy i seriale. Lubię dobry film, lubię dobry serial – niestety to czasochłonne i mało produktywne. Ustaliłem zasadę: w tygodniu nie oglądam nic. W weekend – co chcę i ile chcę. Mogę – ale zazwyczaj i tak są wtedy ciekawsze zajęcia, więc nie oglądam za dużo. :)

Za to wybieram staranniej i oglądam tylko to, co naprawdę warte uwagi. Jak w weekend pogoda jest kiepska – to zaległości filmowe stają się idealną nagrodą.

Nieoglądanie filmów w tygodniu daje więcej czasu, lepszy sen (bo nie siedzę do późna) i buduje głód, dzięki czemu weekendowa nagroda jest atrakcyjniejsza.

Widzę w tym same plusy. :)

Dodatkowo odwlekanie „nagrody" działa jak odwyk – nałóg odsuwany w czasie słabnie. Po dłuższym czasie bez SM czy filmów chęć marnowania na nie czasu prawie znika.

Zaczynam dostrzegać, że to wcale nie było takie ważne, a wręcz szkoda na to życia. Co ciekawe, ta odwlekana nagroda z czasem przestaje być taką super nagrodą.

Jakby czar prysł – coś, co kiedyś było kuszące i magiczne, traci swój urok. Coś zmienia się w sieci neuronowej mojego mózgu i nagle np. FB przestaje być „nagrodą", a staje się stratą czasu. Piękne. :)

50.2 Wygrana, która jest Twoim przekleństwem

Przypomnij sobie, jak zrobiłeś coś głupiego – np. wszedłeś za dużą pozycją albo dokładane zlecenia na stracie tylko pogłębiały Twój błąd i stratę. To bardzo zła technika gry.

W ruletce istnieje podobna strategia zwana Martingale – „nie da się przegrać". Tyle że w praktyce to droga do bankructwa. Zwiększanie stratnej pozycji z nadzieją, że rynek odbije i wszystko odrobisz, może się skończyć źle. Bo rynek odbije – ale za późno. Pamiętaj, że mówimy o tradingu, głównie krótkoterminowym. To nie inwestowanie na lata, gdzie możesz poczekać na zyski.

A teraz sedno.
Jeśli zrobisz coś źle i **poniesiesz stratę – to dobrze**. To lekcja. Wyciągnąłeś wnioski i następnym razem nie popełnisz już tego błędu.

Ale jeśli zrobisz coś źle, a rynek Cię „nagrodzi" zyskiem – to jest przekleństwo.
Co się dzieje potem? Znowu popełniasz ten sam błąd, bo „wtedy się udało". Zwiększasz pozycję. Rynek nie zawraca. Zwiększasz jeszcze raz, bo „teraz to już musi".
I zawraca – tylko że niestety chwilę po tym, jak Twój broker zamknął Twoje pozycje i „zgasił światło".

Dostałeś nagrodę za złe zachowanie i to Cię ukształtowało.
Czasem lepiej stracić i wyciągnąć lekcję niż „wygrać" i nauczyć się destrukcyjnego schematu.

50.3 Dobre i złe wibracje

„Wibracje" to trochę magiczne określenie. :)
Wyobraź sobie gitarę: masz sześć strun, a szarpiesz tylko jedną, skrajną. Po chwili ją wyciszasz – ale okazuje się, że pozostałe, choć nienaruszone, delikatnie drżą.

Wibracje się przenoszą. Elementy w otoczeniu wpadają w rezonans. I nagle – zamiast spokoju – masz poruszenie.
Znasz ludzi, których już sam widok podnosi Ci ciśnienie?
Ja przestałem oglądać wiadomości polityczne, nawet w internecie, bo moje nerwy od razu zaczynały wibrować niepotrzebnie.
Po co mam się denerwować tym, że jakiś mierny człowiek wygrał wybory w kraju, w którym jestem tylko gościem?
Czy to mi coś daje? Czy coś na tym zarobię?
Skoro nie ma plusów, to po co fundować sobie minusy i marnować czas, energię, nerwy?

Jak siadasz do wykresów – jakie myśli i emocje z życia kłębią Ci się w głowie? Czy odczuwasz zbędne i szkodliwe wibracje z tematów, które kompletnie niepotrzebnie śledzisz?
Może warto oczyścić swoje otoczenie z takich szkodników?

Tak sobie wyobrażam dobre wibracje otaczające mnie, Tradera:

Idziesz środkiem miasta, a za Tobą kroczy siła Twojej wiedzy i doświadczenia.
Byk i Niedźwiedź z giełdy to Twoi sprzymierzeńcy – czujesz moc.
Idziesz pewnie, bo z takimi kumplami nikt Ci nie podskoczy.

To Ty tu rządzisz...

Albo druga opcja:

Nie wiem, czy warto to opisywać...
Nie kroczysz – Ty, delikatnie mówiąc, UCIEKASZ! :)
Jakie otoczenie wolisz mieć?
Jakie wibracje dopuszczasz do siebie?

Myślisz, że z ujadającymi psiakami przy nogach jesteś w stanie spokojnie analizować wykresy i podejmować mądre decyzje?
Nie ma szans...
Musisz zrobić porządek w swoim otoczeniu.
Trading to jak przepłynięcie kanału La Manche – możesz płynąć bez zbędnych obciążeń albo z betonową kulą u nogi. Twój wybór.
Ja bym zrobił porządek i wyeliminował wszystko, co zbędne i co przeszkadza.

50.4 **Słuchanie ekspertów i wróżbitów**

Zdobyłeś wiedzę, opanowałeś wybrane techniki. Wszystko działa, zarabiasz. I nagle pojawia się myśl:
„Może ktoś ma lepszy pomysł? Może wie więcej niż ja?"

Wariant pierwszy:

Może warto posłuchać – przecież mądrego zawsze warto posłuchać...
Właśnie wdepnąłeś w pułapkę.
Masz dwie opcje: albo inni są mądrzejsi, a Ty głupszy, albo to Ty jesteś mądry i nie warto ich słuchać.
Co wolisz?
Jeśli jesteś uczciwy i obiektywny, uznasz, że oczywiście są ludzie mądrzejsi od Ciebie. Logiczne więc, że warto ich słuchać.
Włączasz wiadomości giełdowe – ktoś w garniturze, z tytułem profesora, mówi o wskaźnikach, przesłankach...
Nie masz pojęcia, o czym mówi i czujesz się jak „głupek ze wsi w centrum miasta". I żeby było jasne: moi dziadkowie byli rolnikami, moje korzenie to wieś i żadne miejsce pochodzenia nie świadczy dobrze ani źle o człowieku.
Słuchasz więc tego gościa z telewizora, uznajesz, że musi mieć rację – bo tak fachowo uzasadniał.
Robisz, jak zalecał. Tracisz pieniądze. I się zastanawiasz: o co tu chodzi...

Wariant drugi:

To Ty jesteś mądry, a innych nie warto słuchać.
Czy to prawda? Nie...
Ale co z tego, skoro to właściwa postawa.
Czuć się mądrym – to dodaje siły.
Nie słuchać innych – to też często dobry pomysł.
Nie jesteśmy najmądrzejsi na świecie – ani ja, ani Ty.

To bez znaczenia, bo liczy się tylko jedno: czy potrafisz usiąść do wykresu i regularnie pomnażać swój kapitał.

Jeśli tak, to jesteś wystarczająco mądry i nikt nie musi Ci nic podpowiadać.

Człowieku z telewizora – masz dobre rady?
To otwórz rachunek, wpłać własne pieniądze i graj na własne ryzyko.
Słuchanie innych rozwala Twoje analizy – a to przecież one dają Ci zysk.
Sugerowanie się specjalistami, którzy zarabiają na występowaniu i ładnym mówieniu, nie ma sensu.

Wyobraź sobie, że super ekspert daje Ci informację: w ciągu miesiąca S&P 500 drastycznie spadnie. I to prawda.
Co z tym zrobisz?
Nie wiesz, czy spadnie dziś, czy za 3 tygodnie.
Nie wiesz, czy przed spadkiem nie zrobi jeszcze nowego szczytu.
Nie wiesz, jak długo potrwa spadek.
I mimo że informacja jest prawdziwa – może doprowadzić Cię do ruiny.
A teraz wyobraź sobie, że cena kontraktu terminowego na powszechnie używany surowiec spada prawie do zera.
To nie abstrakcja. To coś, czego sam używasz na co dzień.
Taka cena wydaje się niemożliwa.
Nie wiem, co wtedy mówili analitycy, bo ich nie słucham.

Podejrzewam, że bredzili coś, czego nie uczą na żadnej uczelni, bo taka sytuacja po prostu „nie może się wydarzyć”.
A jednak...

Sprawdź, do jakiego poziomu spadł kontrakt majowy na ropę WTI w kwietniu 2020.
Nie grałem wtedy na ropie i szczerze mówiąc, nie wiem, jak bym zareagował. Mógłbym pokazać Ci wykres... ale masz być Traderem. Szukaj sam. Bo jeśli coś zdarzyło się raz – może się zdarzyć znowu. Jeśli traktujesz trading poważnie, to już szukasz, co się wtedy wydarzyło.
A jeśli nie – to chociaż zanotuj, żeby sprawdzić później.

50.4.1 Test

Wiesz, że już raz Ci o tym pisałem. Sprawdziłeś to wtedy?
Jeśli tak – świetnie.

Jeśli nie, to uświadom sobie jedno: może i fajnie Ci się to czyta, ale gdy skończysz, zostanie Ci w głowie może parę mądrych zdań... **na chwilę.**
Po tygodniu wrócisz do swojej starej rutyny i nic się nie zmieni.
Naprawdę tego chcesz?

Twoje życie jest aż tak idealne, że boisz się je „zepsuć” jakąś zmianą?

A może to tylko strach, lenistwo albo coś, czego nie chcesz nazwać, bo nieprzyjemnie się słucha, gdy ktoś Ci to mówi wprost.

Nie znam Cię, nie oceniam, nie chcę Cię zmieniać.
Staram się jedynie od czasu do czasu Tobą wstrząsnąć – bo może właśnie tego potrzebujesz, żeby coś w sobie zmienić na lepsze.

To Ty decydujesz, czy coś w Tobie wymaga zmiany.
I to Ty tę zmianę wprowadzasz.
Moja rola? **Dać Ci impuls** do działania.

50.5 Co o sobie myślisz?

Rozmawiamy o wibracjach, o czynnikach zewnętrznych.
A jakie wibracje tkwią głęboko w Tobie?
Czy to coś, co dodaje Ci siły, czy ją odbiera?
Pisałem tu sporo o wybaczaniu innym – w kontekście historii naszego narodu i pracy profesora Bartoszewskiego.
Wybaczanie innym nas uwalnia...

A co z wybaczaniem sobie?

Większość z nas popełniła błędy.
Ja też – i to niemało.
Błędy, o ile to możliwe, trzeba naprawiać.
Trzeba z nich wyciągać wnioski.
Nie można ich bagatelizować – ale też **nie wolno im w sercu stawiać ołtarzy i pielęgnować** je jak relikwie.

Jeśli zawiniłeś – zrób, co możesz, by to naprawić.

*A potem **wybacz sobie** i pozwól, by ta lekcja uczyniła Cię lepszym człowiekiem.*

To nie błędy Cię definiują, tylko to, jak się po nich podnosisz.
Masz przed sobą resztę życia – zadbaj, by patrzeć na nie z dumą.

Wybaczenie sobie i budowanie czegoś dobrego da Ci siłę.
Tylko ludzie silni osiągają coś naprawdę wielkiego.

51 Masz instrukcję, ale wolisz taplać się w błocie?

Wyobraź sobie, że w magicznym salonie samochodowym kupujesz auto. To kupa złomu za 100 dolarów – jednak sprzedawca dorzuca do kluczyków książkę z napisem „Instrukcja".
Tyle że to nie jest zwykła instrukcja – typu: gdzie dolać płyn do spryskiwaczy, co ile wymienić olej.
To magiczna instrukcja.

Ta instrukcja pozwoli Ci stopniowo, niemal magicznie, zmienić samochód. Jeśli będziesz się do niej stosować – najpierw silnik wymieni się na nowy, tydzień później odnowią się fotele, po kilku miesiącach lakier zacznie lśnić, a po trzech latach ze złomu za stówkę zrobisz limuzynę wartą milion dolarów.

Dałbyś radę? **Czy naprawdę Ci na tym zależy?**
Ta książka, którą właśnie czytasz, to taka magiczna instrukcja.
Zawiera kilkadziesiąt tematów, które mogą sprawić, że Twoje życie stanie się wyjątkowe.
Wszystko zależy od Ciebie – **czy się za to weźmiesz**, czy uznasz, że za dużo roboty i znowu dasz się skusić kursowi za 3000 dolarów, który obiecuje miliony z nieba bez żadnego wysiłku.

Ja zrobiłem, co mogłem.
Dobra wiadomość: teraz wszystko jest w Twoich rękach.
Nikt Cię nie zatrzyma – chyba że Ty sam.
Przyszłość czeka. Może być piękna. Może być Twoja.

Musisz sobie na nią tylko zapracować.
Jeśli nie osiągniesz sukcesu, to znaczy, że za mało się starałeś, za mało włożyłeś pracy i właśnie się dowiedziałeś, że za lenistwo świat nie wypłaca nagród.
Wybacz brutalność – ale jeśli tego nie zrozumiesz, to zmarnowałeś czas na czytanie tej książki. A mi byłoby żal, że ją kupiłeś, bo nie chodziło o sprzedaż, tylko o efekt.

Chcę mieć to szalone uczucie, że moją pracą nad tą książką uczyniłem świat choć trochę lepszym.

Że choć jedno życie się poprawiło.

To mój cel.

Wspominałem, że nie jestem pisarzem.
Nie kończyłem studiów, jak ładnie pisać książki.
Jestem Traderem, który ma duszę filozofa i analityka – i który często zastanawia się nad sensem tego życia.

Poruszyłem w tej książce mnóstwo tematów, które – moim zdaniem – są ważne.
Jedne udało mi się przedstawić lepiej, inne gorzej. Nie jestem doskonały, ale **starałem się bardzo**.
To, co z tej książki wyniknie dla Ciebie, zależy tylko od Ciebie.

Jeśli przeczytasz po łebkach, nie zastanowisz się nad głębszym sensem poszczególnych rozdziałów i nie zrozumiesz, na co konkretnie chciałem Ci zwrócić uwagę – to cóż...

Dostałeś instrukcję.
Nie była arcydziełem, gdzie każda myśl została podana na tacy w takiej formie, że przez samo trzymanie książki w teczce myśli same wpływałyby do głowy.

Instrukcja jest, jaka jest – ale to Twoje życie.
Jeśli nie zadasz sobie trudu rozszyfrowania, o co w niej naprawdę chodzi, to znaczy, że i tak nic by Ci nie dała lepsza forma. Bo po prostu Ci się nie chce.

Mógłbym grzecznie Cię motywować, delikatnie popychać do celu, głaszcząc po główce...

Ale tu chodzi o życie. A życie to nie bajka.

To ponad 8 miliardów ludzi walczących codziennie o przetrwanie.

Zawalcz o swoje – bo nikt za Ciebie tego nie zrobi.

Podam Ci jeszcze jeden przykład z życia.

Na jednej z polskich grup na FB ludzie zajmowali się japońską techniką analizy technicznej – Ichimoku Kinko Hyo.

Kłopot polegał na tym, że brakowało literatury w naszym języku o tej metodzie. Podobnie w literaturze anglojęzycznej – też nie było zbyt wiele informacji. Tłumaczenie książek z języka japońskiego to poważne wyzwanie, bo to nie jest w naszym kraju zbyt często spotykany język.

Zależało nam. Zebraliśmy grupę tych, którzy chcieli dostać oryginalne księgi opisujące szczegółowo technikę Ichimoku.

Zrobiliśmy zrzutkę, dwóch kolegów z grupy zajęło się organizacją – i po jakimś czasie wszyscy, którzy wyłożyli pieniądze, dostali pięknie oprawione tomy książek o Ichimoku.

Ludzie, jak im na czymś naprawdę zależy, potrafią zadać sobie naprawdę dużo trudu, żeby zdobyć wiedzę potrzebną do osiągnięcia celu.

A Ty? Na jaki trud i jakie wyrzeczenia jesteś gotów, żeby zrealizować marzenia?

Na koniec opowiastka lżejszego kalibru.

Spotkanie rodzinne. „Wujek Dobra Rada" słucha opowieści, jak to młody człowiek uczy się tradingu i chce grać na giełdzie.

Wujek: „Daj spokój, tam to sami oszuści i złodzieje, tylko Ci kasę zabiorą i tyle z tego będzie..."

Po kilku latach – i kilka milionów na koncie później – młody Trader znów spotyka Wujaszka.

Wujek: „Wiedziałem, że Ci się uda! Ja na Twoim miejscu, jakbym był młodszy, też bym w to wchodził i został milionerem!"

Jedni osiągają sukces. Inni tylko o tym gadają...

52 PODSUMOWANIE

52.1 Psychologia to klucz do sukcesu Tradera

Prawie wszystkie zagadnienia poruszane w tej książce dotyczą tak samo Tradera, jak i każdego innego człowieka. Rozwijając się jako Trader, zmieniasz się jako człowiek. Moim zdaniem na plus. Sukces w tradingu zależy bardziej od umiejętności kontrolowania emocji i racjonalnego działania pod ich wpływem niż w większości zawodów.

Możesz być mistrzem analizy technicznej, znakomitym wykładowcą i ekspertem wygłaszającym wiarygodne, dobrze uzasadnione opinie – a jednocześnie kompletnie nie radzić sobie w tradingu.

To umiejętność trzymania się strategii pod presją emocji odróżnia skutecznych Traderów od tych, którzy zostawiają swoje pieniądze na rynku.

To podstawa. Masz ją w rękach. Co zrobisz?

52.2 W zdrowym ciele zdrowy duch

Zdrowy styl życia wpływa na efektywność w tradingu.

Regularny sen, zdrowa dieta, ruch – tylko nie ten palcem na pilocie przed telewizorem :) – i unikanie używek pomagają w utrzymaniu koncentracji i kontroli emocji.

Nie będę konkurować z poradnikami zdrowego stylu życia – jest ich wystarczająco dużo.

Pokażę Ci po prostu, co ja stosuję:

52.2.1 Dopasowane do moich potrzeb stanowisko pracy

Opisałem je wcześniej, lecz w kontekście zdrowia dodam coś jeszcze.

Wielogodzinne siedzenie jest szkodliwe.

Trzeba robić przerwy, poruszać się – to banały, które znasz.

Ale jest coś mniej oczywistego.

Lubię dobre filmy. Często oglądam je kilka razy – jak „Nietykalni" („Intouchables"), francuski film z 2011 roku.
Jeśli nie znasz – bardzo polecam. Historia prawdziwa, humor, przesłanie i świetna muzyka.

Philippe, jeden z bohaterów, jest sparaliżowany. W jednej scenie Driss – jego opiekun – zakłada mu rajstopy.
Śmieszne, ale skłaniające do refleksji.

Poczytaj, czym są medyczne rajstopy uciskowe.

Ta rada może uratuje Ci życie.

Długotrwałe siedzenie to **ryzyko problemów z krążeniem, zakrzepów krwi, zatorów**.
Najbogatszy człowiek w moim kraju zmarł na zator – w jego przypadku to były powikłania po operacji, ale pokazuje to skalę problemu.

Siedząc wiele godzin przed monitorem, niektóre żyły mogą być przyduszone, a przepływ krwi ograniczony lub zablokowany.
Odpowiedni fotel i podnóżek dają bardzo dużo, lecz mogą nie wystarczyć. Nie bagatelizuj tego tematu, bo skutki są poważne.
W końcu – jak już zarobimy te miliony – chcemy mieć czas, żeby się nimi trochę nacieszyć. :)

52.2.2 Oczy

Nasze narzędzie pracy to wzrok.
Nie jestem lekarzem, nie zalecę suplementów. Sam biorę zestawy ziołowe „na oczy" – może działa skład, może wiara, może jedno i drugie.
Ćwiczenia? Staram się co 15–20 minut patrzeć na drzewo 10 metrów za oknem i obserwować ptaki.
Zieleń działa uspokajająco, a patrzenie w dal relaksuje wzrok i myśli.
Dodatkowo rozglądam się po pokoju, mrużę oczy, skupiam się na wiszącym obrazie z czarnym punktem w środku.

52.2.3 Łokieć tenisisty (Tennis elbow)

To stan zapalny i mikrouszkodzenia ścięgien w miejscu, gdzie przyczepiają się one do bocznej części kości ramiennej (czyli z zewnętrznej strony łokcia).
Powtarzalne ruchy nadgarstka i palców – pisanie na klawiaturze, operowanie myszką – szczególnie przy zgięciu lub naprężeniu nadgarstka, to główna przyczyna.
Gdy nadgarstek „wisi” w powietrzu lub nie ma podparcia, mięśnie prostowniki stale pracują i przeciążają przyczepy.

Nawet bez ruchu – samo trzymanie ręki w jednej pozycji przez dłuższy czas (napięcie izometryczne) – może prowadzić do mikrourazów.
Do tego brak przerw, brak ergonomii, przeciążenie jednej ręki (np. tylko prawa), zła wysokość biurka, brak podkładki pod nadgarstek – to wszystko potęguje problem.
Dlatego obok biurka mam małe, gumowane kółka 5 kg, przyjemne w uchwycie – gdy chcę chwilę odpocząć, poruszyć ręce i mięśnie, biorę je i ćwiczę przez moment.

52.2.4 Sen

Chodzę spać nie później niż o 23:00 i wstaję, gdy się obudzę – zwykle między 6:00 a 7:00 rano.
O tej porze czasu europejskiego na giełdach niewiele się dzieje. Rynki budzą się u nas dopiero koło 8-9. W tym czasie można upolować ciekawą pozycję na kilka godzin albo i cały dzień.

52.2.5 Sport

Nie jestem pasjonatem sportu – to temat, który ciągle próbuję u siebie poprawić.

Lubię za to spacery z kijkami (Nordic Walking), które szczerze polecam. Kijki odciążają nogi, angażując górną część ciała, dzięki czemu można iść dalej, szybciej i czuć, że całe ciało pracowało. Do tego rower, rowerek stacjonarny, ławeczka, hantle... Muszę i chcę ćwiczyć więcej, ale ciągle znajduję „ważniejsze sprawy" – więc nie jestem tu najlepszym przykładem.

52.2.6 Dieta

Nie jestem fanatykiem – łączę elementy keto, low carb i carnivore. Mało warzyw, tylko te niskowęglowodanowe, z niskim indeksem glikemicznym.

Najczęściej jem jeden posiłek dziennie, czasem dwa – z zachowaniem okna żywieniowego 20:4 (intermittent fasting), czyli jem między 8:00 a 12:00, a potem już tylko napoje. Przy diecie niskocukrowej to żaden problem. Z „trzech białych trucizn" – **cukier i mąkę eliminuję**, lecz nie sól. Używam naturalnej, nieprzetworzonej, bez chemii, bogatej w minerały i mikroelementy. Sól to konserwant, poprawia smak i jest kluczowym składnikiem elektrolitów – a bez nich człowiek się po prostu... wyłączy. :)

52.2.7 Napoje

Kawa, herbata, czasem niezdrowe energetyki – **wiem, że złe**, więc ograniczam.

Z rzeczy zdrowych mam swój ulubiony stalowy bidon 1,2 litra i codziennie rano przygotowuję w nim mieszankę: witaminy, naturalne soki, suplementy. To taka zdrowa dawka płynów.

Polecam ten pomysł – czysta filtrowana woda, minerały, witaminy... a jak trzeba, to i tauryna czy kofeina w proszku – taki „energetyk" na życzenie, co doda mi koncentracji... albo przynajmniej podniesie ciśnienie. :)

Z używkami radzę odpuścić – koncentracja jest potrzebna, ale nie nadmierne pobudzenie. Zdecydowanie lepiej pracować nad skupieniem naturalnymi metodami.

Trading to zajęcie na lata – musimy dbać o „naszego człowieka", bo bez zdrowia nic nie ma wartości.

52.2.8 Brak telewizji i newsów z internetu

Nie mamy telewizji w domu od ponad 10 lat. Polityczne wiadomości stopniowo ograniczałem, aż w końcu całkowicie zrezygnowałem z odwiedzania portali informacyjnych. I da się żyć! Umówiłem się tylko z jednym znajomym, że jeśli wybuchnie wojna – to mi da znać.

Telewizor w domu mamy, ale służy do oglądania filmów – bez reklam, bez polityki, bez zjadaczy czasu.

Reklamy to szkodliwa transfuzja cudzych potrzeb do naszego mózgu. Oglądanie reklam to pozwolenie na zaszczepienie w naszym umyśle obcych koncepcji, które wyciągną z nas czas i pieniądze.

Pieniądz to czas. Reklamy kradną jedno i drugie.

To kwestia higieny umysłu – trzeba dbać, by nie pakować do głowy informacyjnych śmieci.

52.2.9 Spokojne otoczenie

Mieszkamy w małej miejscowości. Wszystko pod ręką, zero korków. Co się dzieje w mieście? Nie wiem i nie interesuje mnie to. Ważne, że jest bezpiecznie, są sklepy i spokój.

Jak chcemy czegoś więcej – 30 minut autostradą i jesteśmy w dużym wielomilionowym mieście.

52.2.10 Ludzie

Najważniejsza dla mnie jest rodzina – wspólne wsparcie, miłość, zrozumienie, akceptacja. Proste, choć rzadkie. Mam szczęście.

Przyjaciele? Kilku. Dla mnie to wyjątkowi ludzie – jakość, nie ilość.

Znajomi? Niepotrzebni. Wiem, brzmi to aspołecznie – ale ograniczyłem media, więc „sorry, nie wiedziałem", jak powinno być. Nie interesuje mnie, co robią inni ludzie spoza kręgu moich bliskich. Szkoda mi czasu na takie kwestie.

Książkę napisałem, żeby podzielić się swoimi myślami, wiedzą i doświadczeniem. Zależy mi na tym, by ludzie wokół żyli dostatnio i szczęśliwie – lecz niekoniecznie chcę się tym zajmować codziennie i poświęcać wszystkim mój czas i uwagę. Brakłoby czasu dla mnie.

52.2.11 Prywatność

Cenię ją bardzo.

Daje mi spokój, oszczędność czasu i energii.

To wynik filozofii życiowej i ustalenia, co dla mnie naprawdę się liczy. To temat, którego nie będę tu rozwijał – to nie ta książka.

52.2.12 Spokój ducha

Wynika z powyższych. Jeśli wiesz, co robisz tu na Ziemi, masz przemyślane podstawy, nie karmisz się dramatami z mediów – to życie jest spokojne.
Może dla niektórych to nudne – ale oni nie są Traderami, nie piszą książek, nie analizują, jak działa ich mózg.
Nie zastanawiają się, które potrzeby i pragnienia są prawdziwe, a które to tylko Matrix. Nie szukają sposobów, jak poprawić swoje życie i osiągnąć prawdziwe szczęście.

52.2.13 Siła, pokora, skromność i tępienie Ego

Siła to wysokie poczucie własnej wartości – nie potrzebujesz wtedy poklasku ani akceptacji.

Pokora to szacunek dla zdania i poglądów innych ludzi.
Nie jestem najmądrzejszy, nie jestem nieomylny, popełniam błędy jak każdy człowiek.

Pokora to jednak nie powód, by pozwalać innym nas krytykować. Pokora to nie powód, by akceptować narzucane nam autorytety i postępować według ich zasad. Wszystko ma swoje granice. Szanujmy swoje granice.

Skromność... patrząc na moją definicję pokory, to może lepiej, żebym już o niej nie pisał. :) Od skromności wolę uczciwość, szczerość, powściągliwość i empatię.

Ok, jest w skromności coś, co dla mnie ma znaczenie.
Skromność to dla mnie szacunek wobec innych ludzi i brak przekonania, że jestem od nich lepszy. Ocenianie i porównywanie się tylko po to, by wyjść na „lepszego" – to dla mnie chore i słabe.

Prawdziwa skromność to traktowanie wszystkich ludzi jak równych sobie. Czasem mogę sam uznać, że ktoś jest ode mnie lepszy – to moja ocena i moje prawo. Jeśli ktoś dokonał niesamowitych rzeczy, mam prawo w myślach oddać mu szacunek za to, co osiągnął. Nie mylmy tylko dokonań i osiągnięć z wartością człowieka. Są ludzie, którzy osiągnęli bardzo wiele – a mimo to nie chciałbym ich nawet poznać.

Ego. Definicji Ego jest wiele.
Dla mnie Ego to wyobrażenie o samym sobie.
Mówiąc o tępieniu Ego, mam na myśli: nie budowanie w swojej głowie obrazu siebie jako kogoś wyjątkowego, lepszego od innych.
Dla mnie to jak tworzenie kultu jednostki w jakimś chorym państwie totalitarnym.

Jestem człowiekiem. Nie zbawiłem świata. Staram się robić coś dobrego, ale to i tak tylko drobna kropla w oceanie.
Za jakiś czas ostatnie ziarnko ryżu spadnie z mojej misy. Kilkadziesiąt lat później nikt nie będzie o mnie pamiętał – tak jak o miliardach innych ludzi przede mną.
Nie ma sensu ekscytować się swoją wielkością – jesteśmy tylko pyłkiem we wszechświecie. Przeminiemy i śladu po nas nie będzie.
Spytaj Ego, czy ma inne zdanie na swój temat. :)

52.2.14 Szczęście i radość

Trzeba żyć tak, by nasze życie było dobre dla nas i dla innych – albo przynajmniej im nie przeszkadzało – i żeby samemu czerpać z niego radość i satysfakcję.
Jeśli komuś nasze życie przeszkadza, to może warto zmienić otoczenie – albo wykupić delikwenta i zaorać po nim ziemię.
Ważne, by się tym zbytnio nie ekscytować i nie marnować czasu.

52.2.15 Starczy, prawda? Znów się rozpisałem

To nie jest taka łatwa książka jak w 5 krokach zostać super Traderem. Niestety takiej łatwej drogi nie znam. Poruszyłem tu wiele tematów i od Ciebie zależy, czy to sobie rozwiniesz i poukładasz w głowie, czy nie będzie Ci się chciało.
Doszedłeś do tej strony, więc jest szansa, że coś osiągniesz.
Zastanawiam się nad stworzeniem na bazie tej książki wersji skróconej typu workbook. Jeśli jesteś nią zainteresowany, zostaw tu maila do siebie. Jak książka powstanie dam Ci znać.

http://www.sherlocktrades.com/books/mental/workbook

52.3 MM ważniejszy niż AT

Wiesz już, że psychologia to „najważniejszy czynnik".
Wiesz, że zdrowie i dobrze wyszkolona głowa to podstawa.
Wiesz też, że zarządzanie ryzykiem i kapitałem jest ważniejsze niż Analiza Techniczna i pytania, od których zaczyna większość początkujących Traderów – „gdzie wejść, kiedy wejść".

Wszystko masz tu wyłożone jak karty na stole. Wystarczy przeczytać książkę kilka razy, zrobić notatki, przepracować tematy, znaleźć metody pasujące do Ciebie, doszkolić się np. z NLP, zdobyć kasę na pierwszy depo, wybrać brokera, opanować narzędzia typu „Sierra...".

Tylko upewnij się, że masz dobre karty – bo nie wszystko, co wygląda jak poker, naprawdę nim jest.
Teraz możesz zacząć swoją drogę do nowego życia. :)

No tak... obiecałem jeszcze ten tajny łatwy przepis na milion. :)

53 „Top Secret”

To rozdział tylko dla tych, którzy dokładnie przeczytali książkę. Jeśli próbujesz iść na skróty i nie przeczytałeś wszystkich rozdziałów, to właśnie złapałeś się na swoim własnym nawyku.

Czasem pójście na skróty działa, ale to ci, którzy wykonują ciężką robotę, najczęściej zdobywają prawdziwe nagrody. Jeśli nie czytałeś całej książki – odrób wpierw lekcję i dopiero potem wróć tutaj – bo za chwilę odkryjesz, co kryje się pod hasłem „droga na skróty”.

Obiecałem, więc teraz zdradzam szczegóły metody:

„No luck. No hype. Just 1 month. 1 million”.

To strategia, która w tej czy innej wersji była testowana przez miliony Traderów. Jest tak skuteczna, że ci, którym udało się ją zrealizować, zwykle milczą – bo jak trafisz na coś takiego, to wolisz to zatrzymać dla siebie.

Ale ja obiecałem, że podzielę się wszystkim, co wiem i dotrzymuję słowa.

Dobra, przechodzimy do konkretów – potem może zrobimy sekcję Q&A czy coś...

Skup się, bo diabeł tkwi w szczegółach.

Krok 1 – Zakładasz nowy rachunek brokerski. Ustalasz z brokerem, że gdy tylko saldo osiągnie 1 milion USD, wszystko ma zostać automatycznie zamknięte. To kluczowy element tej metody. **1 milion** to poziom, który według tej koncepcji oznacza „**wystarczy**”.

Oczywiście możesz ustawić dowolny inny limit. Twoje pieniądze, Twoje zasady.

Masz rachunek? Świetnie.

Krok 2 – Wpłacasz 10 milionów dolarów i zaczynasz grę 1. dnia miesiąca. Najpóźniej ostatniego dnia tego miesiąca saldo pokaże 1 milion – albo więcej, jeśli dopisze Ci szczęście.

Technika inwestycyjna nie ma tu znaczenia.
Spalenie 90% kapitału można przeprowadzić dowolną metodą – wolno, szybko, jak kto woli. :)

Piszę to o 1 w nocy. Normalni ludzie już śpią, ja najwyraźniej potrzebowałem chwili oddechu od poważnych tematów. :)
Mam nadzieję, że moje poczucie humoru nie zawiodło Cię w tej książce. :)
Jak zwykle – jeśli to, co tu tworzę, dało Ci większą wartość, niż wynosiła cena, będzie mi bardzo miło, jeśli postawisz mi kawę.
Takie drobne gesty naprawdę dodają mi energii, by dzielić się dalej wiedzą.

https://buymeacoffee.com/sherlocktrades.com

Wspominałem już, że w podziękowaniu za kawę rozdaję moje nowe karty do prowadzenia pozycji? :) Uruchamiam kanał na YT. Nauczyłem się już montażu filmów :) więc technikę w amatorskim wydaniu mam już opanowaną. :) Jak tylko skończę edycję tej książki i wystawię ją w serwisach z ebookami, zabieram się za przygotowywanie analiz ciekawych momentów na wykresach, oczywiście zgodnie z techniką, którą sam stosuję. Dodaj mój kanał YT do obserwowanych, żeby nie przegapić praktycznych materiałów i wartościowych informacji.

https://www.youtube.com/@SherlockTrades

Znajomi pytali, czy po książce o psychologii tradingu wydam też coś o **analizie technicznej i strategii gry**.

Trudno powiedzieć – myślałem, że pisanie tej książki zajmie mi kilka wieczorów, a wyszło ponad 1600 godzin: tekst, grafiki, korekta, poprawki... a jeszcze za tłumaczenia na kolejne języki się nie zabrałem.

Podobno to i tak szybko, ale chyba dlatego, że pisałem o tym, co mam w głowie. Nie musiałem wymyślać bzdur, żeby tylko zapełnić kartki. I tak nie uważam, żeby było idealnie – ale dążenie do ideału potrafi zabić sens pracy.

Z analizą techniczną może być trudniej: mniej narracji, więcej konkretu i każde słowo może mieć duże znaczenie.

Nie wiem, czy wyrwanie sobie z życia 2–3 miesięcy to dobry pomysł. Zobaczę po reakcjach na tę książkę – czy ludziom odpowiada mój styl, podejście i forma. To będzie moja najważniejsza motywacja.

Nie jestem rzemieślnikiem, który struga książki dla tantiem na chleb. Jeśli książka się dobrze sprzeda, jeśli zobaczę dobre opinie z różnych stron świata – **to doda mi skrzydeł**.

A jeśli odzew będzie znikomy – znaczy, że nie ma zapotrzebowania na mój sposób pisania i nie ma sensu się w to angażować. Sorry za dosadność, nie jestem politykiem i nie mam czasu na bajki dla poklasku. Nie robię tego dla pieniędzy.

Pieniądze są dla mnie ważne, ale w tym przypadku są tylko miarą, czy to, co robię, ma wartość dla innych.
Lubię, gdy moja praca ma sens i przynosi owoce.

Zostaw tam swój mail – dowiesz się pierwszy, jeśli powstanie książka o analizie technicznej i strategii.

https://sherlocktrades.com/books/AT

54 Czy to już?

Czy to koniec mojej przygody z pisaniem pierwszej książki? Trochę mi żal, bo to była niesamowita podróż.
Aż chciałoby się to powtórzyć. :)
W sumie... nie zabiłem głównego bohatera, więc kto wie. :)

Jeszcze w przypisach mam okazję upchnąć cząstkę filozofii życiowej Tradera, :) **ale to już niestety koniec książki**.

Ciekawe, czy można powiedzieć, że człowiek jest tyle wart, ile książka, którą napisał...
Jedni faktycznie napisali książkę, innych książką jest całe ich życie.

Na koniec przypomnę słowa, które zna cały świat, a mimo to warto je przypominać:

> -------------------------------
> *Never give in, never give in,*
> *never, never, never, never-in nothing,*
> *great or small, large or petty – never give in*
> *except to convictions of honour and good sense*
> -------------------------------

Winston Churchill. October 29. 1941. Harrow School.

Nigdy się nie poddawaj, jeśli cel jest dobry i ważny.
Nigdy nie porzuć marzeń. Nigdy.
Trzymam za Ciebie kciuki. A teraz...

55 Przypisy

Zastanawiałem się, czy robić przypisy, bo wszystko wydaje mi się oczywiste.
Później przypomniałem sobie początki – jak wiele rzeczy było dla mnie niezrozumiałych. Nie wiem, czy uda mi się wyłapać z tekstu wszystko, co może wymagać wyjaśnienia, ale postaram się wspomnieć o tym, co może być niezrozumiałe. To o czym nie wspomniałem w przypisach z pewnością google zna i chętnie pomoże. :)
Postaram się, żeby te objaśnienia nie były suche i nudne. :)

[1]
Smart Money – w tradingu to duzi gracze (fundusze, instytucje, banki), którzy posiadają wystarczający kapitał, by wpływać na cenę. Nie handlują jak tłum – akumulują w fazach spadków, sprzedają w euforii. Ich działania nie są widoczne bezpośrednio, ale zostawiają wyraźne ślady na wykresie.
Kluczem jest obserwacja, gdzie pojawia się wolumen, jak cena na niego reaguje i czy widać proces akumulacji, albo wyprzedaży. Temat jest do zgłębienia przy okazji nauki analizy technicznej VSA – Volume Spread Analysis.
Powrót do tekstu – [1]

[2]
Trader to osoba aktywnie handlująca na rynkach finansowych – nie inwestuje na lata, tylko zarabia na krótszych ruchach cen.
Trading to proces – analiza, decyzja, wejście, zarządzanie pozycją i wyjście. To praca, nie „klikanie w guziki".

Day Trader to szczególny typ Tradera: działa wewnątrz jednej sesji, otwiera i zamyka wszystkie pozycje przed końcem dnia.
DT bazuje na dyscyplinie, odporności, precyzji i szybkości decyzji.
W mojej ocenie to najlepsza, ale też najtrudniejsza forma tradingu.

Analiza Techniczna to metoda oceny rynku na podstawie wykresów – bez zaglądania w raporty finansowe czy wiadomości. Zakłada, że wszystko, co ważne, jest już zawarte w cenie.
Traderzy analizują formacje świecowe, poziomy wsparcia i oporu, trendy, wolumen czy wskaźniki (jak RSI, MACD).
Celem nie jest przewidzenie przyszłości, lecz rozpoznanie prawdopodobieństwa określonych scenariuszy.
W praktyce: analizujesz zachowanie tłumu, a nie rynek jako taki.

Mental – Psychologia Tradera to drugi filar skutecznego tradingu. Obejmuje wszystko, co dzieje się w głowie Tradera: emocje, przekonania, dyscyplinę, reakcje na stres i stratę.
Strategia może być perfekcyjna, ale jeśli zawiedziesz mentalnie – wciskając przycisk z zemsty, strachu czy nudy – rynek i tak cię rozjedzie. Psychologia Tradera to sztuka panowania nad sobą w sytuacjach, które testują twoje słabości.
Powrót do tekstu – [2]

[3]
Money Management to sposób zarządzania kapitałem w trakcie handlu. Obejmuje m.in. wielkość pozycji, ustawianie stop loss, dobór dźwigni, podział ryzyka na zagranie i strategię.
Celem nie jest maksymalizacja zysku, tylko kontrola ryzyka i przetrwanie w grze. Nawet przy skuteczności 40% możesz zarabiać, jeśli dobrze zarządzasz kapitałem.
Bez MM – nawet najlepszy setup skończy się wyzerowaniem konta.
Powrót do tekstu – [3]

[4]
„**Wyzerować rachunek**" to wyrażenie slangowe w środowisku Traderów, oznaczające całkowitą utratę środków na koncie brokerskim – czyli spadek salda do zera. Zwykle dotyczy początkujących, którzy zaczynają bez planu, bez zarządzania ryzykiem i z emocjami przy sterze.

Wielu doświadczonych Traderów ma za sobą wyzerowanie pierwszego rachunku – to brutalna, ale częsta lekcja pokory na starcie.
Powrót do tekstu – [4]

[5]
„To brutalna gra bez żadnych sentymentów i litości".
Rynek nie ma litości – bo nie ma świadomości.
To częsty błąd w myśleniu początkujących: przypisywanie rynkowi złych intencji, jakby był graczem przeciwko nam. Tymczasem rynek to bezosobowa suma decyzji tysięcy uczestników – a wykres to matematyczny zapis tych decyzji.
Nie jesteśmy dla niego widoczni, nie jesteśmy celem – jesteśmy niewidocznymi trybami w wielkiej machinie. Jeśli tracisz – to nie dlatego, że rynek „cię widzi" czy „chce cię złapać", tylko dlatego, że popełniasz błędy: źle oceniasz sytuację, grasz zbyt dużą pozycją, nie masz planu.

Zagrożeniem nie jest sam rynek, tylko ewentualnie pośrednik – np. broker MM, który tworzy własne kwotowania i może mieć interes w twojej stracie. Dlatego tak ważne jest, by rozumieć model działania brokera, z którego korzystasz, i wybierać takiego, który nie jest Twoją przeciwną stroną.

Warto porównać wykresy brokera i kontraktu na giełdzie, który ma być odwzorowany przez instrument pochodny oferowany przez brokera. Zobaczysz, czy wykresy są podobne i czy w punktach zwrotnych nie pojawiają się dziwne świece wybijające SL-e klientom. Często na wykresie kontraktu dno albo szczyt nie zostają wybite, a u brokera MM jakimś cudem – owszem. :)
Alternatywą do brokera **MM** jest broker **ECN** (Electronic Communication Network).

Broker ECN: – Łączy Traderów bezpośrednio z innymi uczestnikami rynku (banki, fundusze, inni Traderzy).
Brak konfliktu interesów – broker nie jest stroną transakcji.

Broker MM: – Bierze pozycję przeciwną do klienta – jest drugą stroną transakcji.

- Może manipulować kwotowaniami.
- Może mieć niższe koszty niż ECN.
- Zwykle szybsze wykonanie małych zleceń, ale też potencjalny konflikt interesów.

Opcją bez ryzyka manipulacji wykresem są brokerzy umożliwiający **bezpośredni zakup kontraktów** notowanych na giełdzie. Radzę poczytać o typach brokerów, zaletach i wadach, kosztach i wymogach finansowych, zanim przelejesz swoje pieniądze.

Powrót do tekstu – [5]

[6]
Programy mentoringowe w tradingu to płatne, zazwyczaj długoterminowe formy nauki bezpośrednio od doświadczonych Traderów. Nie chodzi tu o kurs online czy ebooka, ale o bliską współpracę, analizę zagrań, sesje Q&A itd.
Celem jest nie tylko nauka strategii, lecz zrozumienie myślenia profesjonalisty i wypracowanie własnego podejścia.
Takie programy są zazwyczaj drogie i nie gwarantują sukcesu.
Do wszystkiego można dojść samemu, ale czasem dobrze wydane pieniądze skracają drogę do celu. Czasem warto... czasem nie.
Gdybym wcześniej dostał do rąk taką książkę jak ta, plus tą o technice, której jeszcze nie napisałem, to nie musiałbym się tyle szkolić. :)

W moim przypadku okazało się, że z tego, czego uczyłem się na mentoringu, w sumie nie korzystam, lecz nie mogę powiedzieć, że nie było warto, bo szkolenia doprowadziły mnie do własnych analiz i znalezienia pasujących do mnie metod, które wprowadziłem, stosuję i są skuteczne. Co więcej, nauczyłem moich metod przyjaciela, który dzięki nim dobrze sobie radzi. Nie odkryłem nic nowego, ale udało mi się połączyć znane metody w spójny system.

Powrót do tekstu – [6]

[7]
NLP (Neuro-Linguistic Programming) to metoda pracy nad zmianą przekonań, emocji i nawyków myślowych – rozwinięta w latach 70. przez Richarda Bandlera i Johna Grindera. Zakłada, że sposób, w jaki mówimy do siebie i postrzegamy rzeczywistość, wpływa na nasze reakcje i decyzje.
W praktyce NLP to zbiór technik zmiany sposobu myślenia, przełamywania blokad i programowania nowych, skuteczniejszych zachowań – wykorzystywanych m.in. w psychologii, coachingu i pracy nad mindsetem Tradera.
Powrót do tekstu – [7]

[8]
„**Nemo vir est qui mundum non reddat meliorem**"
To łacińska sentencja pojawiająca się w filmie Królestwo niebieskie (2005) Ridleya Scotta. Dosłownie:
„Nikim jest człowiek, który nie czyni świata lepszym".
To nie cytat z klasycznej literatury rzymskiej, ale współczesna parafraza w duchu łacińskiej stylistyki. W filmie wyraża kluczową ideę odpowiedzialności za własne działania i wpływ na świat, niezależnie od epoki czy religii.
W moim rozumieniu to zdanie odzwierciedla ideę, jaką ma każdy dobry człowiek: **jeśli możesz – zrób coś dobrego**.
Niech to będzie w małej albo dużej skali.
Ile chcesz, ile możesz, na ile zasługują ci, którzy pomocy potrzebują.

Zrób tyle, ile możesz, żeby świat dzięki Tobie stał się choć trochę lepszy.

Nie ma w moim podejściu nawiązania do religii. Religie na tej ziemi, w mojej ocenie, wyrządziły więcej złego niż dobrego. Możemy być dobrymi ludźmi bez szyldu jakiejś religii nad głową.
Powrót do tekstu – [8]

[9]
Statement live – w środowisku tradingowym „statement live" oznacza prawdziwe, bieżące zestawienie wyników z realnego konta Tradera – nie z demo, nie z Excela, nie z ręcznie edytowanych screenów.
Zwykle chodzi o zrzut z platformy brokerskiej (np. MT4, cTrader, NinjaTrader) lub publiczny link do trackera typu Myfxbook, FX Blue, FundedNext, który pokazuje faktyczne wyniki, historię transakcji, equity, drawdown itd.

W praktyce: jeśli ktoś mówi, że zarabia – statement live to jedyny wiarygodny dowód. Reszta to tylko gadka. Ma to szczególne znaczenie w kontekście szkoleń. Kupując u mentora szkolenie, wydajemy zazwyczaj spore pieniądze i poświęcamy dużo czasu. W tym momencie jego wiarygodność to kluczowa kwestia. To czy umie zarabiać to jedno, to czy umie tego nauczyć to kolejna kwestia.
Powrót do tekstu – [9]

[10]
Ichimoku Kinko Hyo to japoński system analizy technicznej stworzony w latach 30. XX wieku przez Goichiego Hosodę.
W tłumaczeniu oznacza: „obraz równowagi w mgnieniu oka".
Ichimoku to złożony, ale kompletny system oparty na pięciu liniach (Tenkan-sen, Kijun-sen, Senkou Span A i B, Chikou Span), które pokazują trend, wsparcia/opory i potencjalne sygnały wejścia.
System w uproszczeniu opiera się na liniach średnich z różnych okresów. Jest ciekawą opcją, której się uczyłem jakiś czas.

Price Action to podejście do analizy rynku oparte wyłącznie na ruchu ceny, bez użycia wskaźników technicznych. Trader analizuje świece, formacje, poziomy wsparcia i oporu, zachowanie ceny w kluczowych miejscach – wszystko bez „ozdobników".
Założenie: cena mówi wszystko – wystarczy obserwować, jak reaguje na określone poziomy, jak wygląda impet, korekta, fałszywe wybicia.

Price Action to fundament wielu skutecznych strategii intraday i swingowych – czysto, prosto, konkretnie.
Sporo elementów Price Action wykorzystuję w mojej technice. Jako całość jednak czegoś mi w niej brakowało. To oczywiście może być kwestia mojego złego podejścia, ale tak wyszło. :)
Powrót do tekstu – [10]

[11]
VSA – Volume Spread Analysis to metoda analizy rynku stworzona i spopularyzowana przez Toma Williamsa – byłego profesjonalnego Tradera. VSA łączy trzy elementy: wolumen, rozpiętość świecy (spread) i kontekst wykresu, by zrozumieć działania dużych graczy (tzw. Smart Money).
Nie generuje gotowych sygnałów – zamiast tego uczy patrzeć na wykres jak na ślad po decyzjach kapitału. To tak jakby pod wykresem Smart Money zostawiali odciski palców w formie wolumenu.
Powrót do tekstu – [11]

[12]
Krzywa przyrostu kapitału (equity curve) to wykres pokazujący, jak zmieniało się saldo konta Tradera w czasie – po każdej transakcji. Idealna krzywa rośnie płynnie w górę, bez nagłych spadków, ale w praktyce zawsze zawiera obsunięcia. Pytanie tylko jak duże są te obsunięcia i czy są na tyle duże, że prędzej, czy później Trader może zbankrutować.

Obsunięcie kapitału (drawdown) to różnica między lokalnym szczytem a najniższym punktem późniejszego spadku salda. Może być wyrażone w % lub w walucie.
To realna miara ryzyka – pokazuje, ile kapitału Trader musiał przeczekać lub znieść strat, zanim konto wróciło na plus.
Nawet skuteczna strategia może mieć głębokie obsunięcia – pytanie tylko, czy portfel i psychika Tradera to wytrzyma.
Powrót do tekstu – [12]

[13]
Drawdown – w tradingu to procentowy spadek wartości rachunku od ostatniego szczytu do najniższego dołka – czyli moment, w którym Trader jest „pod wodą".
Obsunięcia rzędu 30–50% nie tylko niosą ogromne ryzyko psychiczne i finansowe, ale też mają konsekwencje matematyczne: żeby odzyskać stratę 50%, trzeba zarobić 100%.
A skoro ktoś stracił połowę kapitału, to z dużym prawdopodobieństwem nie ma jeszcze umiejętności, by podwoić rachunek. Drawdown to nie tylko liczba – to lustro ryzyka, pokazujące, jak bardzo strategia (albo Trader) może się wykoleić, zanim się podniesie. Jak się wykolei, to podniesie się, jak zarobi na kolejne depo. :)
Powrót do tekstu – [13]

[14]
SL i TP – Stop Loss i Take Profit – to dwa podstawowe typy zleceń ochronnych używanych w tradingu:

SL (Stop Loss) – automatycznie zamyka pozycję, gdy cena osiągnie określony poziom straty. Służy do ograniczenia ryzyka i ochrony kapitału przed większymi obsunięciami.

TP (Take Profit) – automatycznie zamyka pozycję z zyskiem na wcześniej ustalonym poziomie. Pomaga realizować zyski bez emocji i trzymać się planu.

Zlecenia **SL i TP są fundamentem zarządzania pozycją** – bez nich każda transakcja staje się hazardem.

SLK – Stop Loss na kapitale.
SLK to nie zlecenie na platformie, lecz sposób ograniczania straty całkowitej, jaką jesteś gotów zaakceptować z całego dostępnego kapitału – nie tylko z pojedynczej pozycji.
W praktyce: trzymasz na koncie brokerskim tylko część kapitału (np. 10–30%), a resztę zabezpieczasz na osobnym rachunku (np. w banku, obligacjach itp.).

Gdy straty sięgają ustalonego progu (np. -10% całego kapitału), przerywasz trading – niezależnie od tego, co mówi wykres, bo skończą Ci się pieniądze na rachunku u brokera.
To forma ochrony przed emocjonalną spiralą i czarnym łabędziem – bo jeśli zniknie broker, platforma zawiesi zlecenia albo sam stracisz głowę, to właśnie SLK chroni Ci kapitał przed całkowitym wyzerowaniem.
Powrót do tekstu – [14]

[15]
Czarny Łabędź to pojęcie spopularyzowane przez Nassima Nicholasa Taleba – oznacza nieprzewidywalne, rzadkie zdarzenie o ogromnych konsekwencjach, które z perspektywy czasu wydaje się oczywiste.
W tradingu Czarny Łabędź to np. flash crash, wojna, decyzja banku centralnego, nagła katastrofa – coś, czego nie było w planie, a co potrafi wyzerować konto „w minutę".
Nie da się ich przewidzieć, ale można się na nie przygotować – ograniczając ekspozycję, używając SL i zarządzając ryzykiem, jakby jutro miało wydarzyć się coś, czego nie umiesz sobie wyobrazić.
Powrót do tekstu – [15]

[16]
Tommi Mäkinen to fiński kierowca rajdowy, czterokrotny mistrz świata WRC (1996–1999) w barwach Mitsubishi. Znany z **chłodnej głowy, perfekcyjnej kontroli i agresji tam, gdzie trzeba**.
Dla wielu fanów motosportu symbol spokoju pod presją i czystej skuteczności, bez show i zbędnych słów.
W świecie tradingu można by powiedzieć: jeździł jak Trader z planem – ryzykował tam, gdzie miał przewagę, nie tam, gdzie emocje kusiły.
Powrót do tekstu – [16]

[17]

Kotwiczenie emocji (anchoring) to technika z NLP i psychologii, polegająca na świadomym łączeniu danego bodźca (gestu, dźwięku, obrazu) z konkretnym stanem emocjonalnym – np. skupieniem, spokojem, pewnością siebie.
Gdy taka „kotwica" zostanie utrwalona, jej ponowne użycie może automatycznie przywołać dany stan, nawet w stresującej sytuacji – jak wejście w pozycję czy zarządzanie stratą. W praktyce: gest, oddech czy słowo stają się „przełącznikiem" mentalnym.

Powrót do tekstu – [17]

[18]

Terapia EST (Erhard Seminars Training) to kontrowersyjna metoda rozwoju osobistego z lat 70., stworzona przez Wernera Erharda. Oparta na ostrej konfrontacji z własnymi przekonaniami, traumami i mechanizmami obronnymi, często w formie intensywnych, wielogodzinnych sesji w grupie.
Celem EST było wywołanie gwałtownego przełomu wewnętrznego – poprzez rozbicie iluzji, które człowiek nosi o sobie i świecie. Choć budziła mieszane opinie, miała wpływ na późniejsze nurty coachingu, NLP i terapii skoncentrowanych na transformacji.

Powrót do tekstu – [18]

[19]

Buy, Sell – pozycja **długa i krótka**

W tradingu „Buy" oznacza otwarcie pozycji długiej (**long**) – grasz na wzrost ceny. Zajmujesz pozycję „Buy" i jeśli cena rośnie, zarabiasz, jeśli spada – tracisz.
Odwrotnie działa pozycja krótka.
„Sell" to pozycja krótka (**short**) – grasz na spadek ceny. Zajmujesz pozycję „Sell" i jeśli cena spada, zarabiasz, a jeśli rośnie – tracisz.
„Granie longów" = obstawianie wzrostów.
„Granie shortów" = obstawianie spadków.
To podstawowe kierunki w tradingu – możesz zarabiać, nieważne czy rynek rośnie, czy spada – jeśli masz rację co do kierunku.

Jak można zarabiać na spadkach?
Krótkie pozycje na akcjach – jak to działało kiedyś.
Kiedyś, by zagrać na spadki, Trader musiał najpierw wypożyczyć akcje od brokera lub innego inwestora (np. z rachunku papierów wartościowych klienta instytucji finansowej).
Trader pożyczał akcje i sprzedawał je na rynku po aktualnej cenie. Jeśli kurs spadł – odkupywał je taniej i oddawał właścicielowi, zarabiając na różnicy. Jeśli cena wzrosła – musiał odkupić drożej, ponosząc stratę.
To czysta gra na spadek wartości – zysk lub strata zależą wyłącznie od różnicy między ceną sprzedaży (startową) a ceną odkupienia (końcową). Wymagało to dostępu do instrumentów lub instytucji, które umożliwiały fizyczne pożyczenie papierów, dlatego kiedyś shorty były zarezerwowane głównie dla dużych graczy i inwestorów instytucjonalnych.
Dziś robi się to często przez kontrakty lub CFD.
Powrót do tekstu – [19]

[20]
Trigger to angielski termin oznaczający bodziec wyzwalający automatyczną reakcję emocjonalną lub behawioralną – często nieuświadomioną.
W kontekście psychologii Tradera triggerem może być np. nagła strata, widok dużej świecy, dźwięk alertu – cokolwiek, co uruchamia stres, lęk, impulsywność lub kompulsję do działania.
Świadomość własnych triggerów to klucz do kontroli emocji – bo nie sam bodziec rujnuje konto, tylko niekontrolowana reakcja na niego.
Powrót do tekstu – [20]

[21]
Shakeout to nagły, często sztucznie wywołany ruch ceny przeciwko pozycji większości Traderów, mający na celu wyrzucenie z rynku słabych graczy (czyli tych bez planu, z ciasnym SL, działających impulsywnie).
Typowy shakeout to np. gwałtowny spadek poniżej wsparcia, który aktywuje zlecenia stop-loss longów – po czym cena szybko zawraca i idzie w górę.
W VSA i analizie Smart Money shakeout to sygnał, że duzi gracze czyszczą rynek przed właściwym ruchem. Dla Tradera: wygląda jak pułapka – bo nią poniekąd jest.
Powrót do tekstu – [21]

[22]
Margin Call to ostrzeżenie (lub automatyczna akcja) od brokera, że Twój rachunek nie ma już wystarczającego zabezpieczenia (marży) do utrzymania otwartych pozycji.
W praktyce:

- Broker żąda dopłaty kapitału,
- Albo zamyka pozycje przymusowo, zaczynając od najbardziej stratnych.

Margin Call to najczęściej efekt zbyt dużej dźwigni, braku SL i nadmiernego ryzyka.
Jeśli go doświadczasz – zarządzanie ryzykiem zawiodło.
Powrót do tekstu – [22]

[23]
Nixon Shock to potoczne określenie decyzji prezydenta USA Richarda Nixona z 15 sierpnia 1971 r., kiedy to zawiesił wymienialność dolara na złoto.
Tym samym zakończył system z **Bretton Woods** (gdzie waluty były powiązane z dolarem, a dolar ze złotem) i zapoczątkował erę pieniądza fiducjarnego (**fiat money**) – czyli takiego, którego wartość opiera się wyłącznie na zaufaniu do państwa.

Dla rynków finansowych był to punkt zwrotny – od tej chwili cały globalny system opiera się na zaufaniu, polityce monetarnej i percepcji, nie na złocie.

Zrozumiałeś? Wartość pieniądza, który jest istotną częścią naszego życia, opiera się na **zaufaniu do polityków i bankierów.** :) :) :)

To nie jest ponury żart. To Matrix, w którym żyjemy.

Powrót do tekstu – [23]

[24]

Focus Trigger (FT) w tradingu to konkretna sytuacja na wykresie, która natychmiast uruchamia pełną koncentrację Tradera – sygnał: tu zaczyna się gra o pieniądze.

Może to być np.:

- dojście ceny do ważnego poziomu technicznego lub geometrii,
- formacja z wyraźnym wolumenem,
- sygnał VSA wskazujący aktywność dużego kapitału,
- lub jakikolwiek setup, który Trader uznaje za wysokiej jakości.

FT nie jest zagraniem – to moment mentalnego „kliknięcia", gdy **Trader porzuca tryb pasywnego obserwowania i przechodzi w stan gotowości decyzyjnej.**

Powrót do tekstu – [24]

[25]

„**Plusy dodatnie, plusy ujemne**" – Lech Wałęsa

To słynne (i często wyśmiewane) powiedzenie Lecha Wałęsy – byłego prezydenta Polski – który w jednym z wywiadów próbował opisać złożoną sytuację słowami:

„Są plusy dodatnie i plusy ujemne".

Choć brzmi to absurdalnie, chodziło mu o to, że wszystko ma swoje dobre i złe strony – nawet jeśli formalnie mówimy o „plusach".

Zyskało to status kultowego cytatu i bywa używane ironicznie do komentowania mieszanych rezultatów albo dwuznacznych decyzji – również w świecie tradingu.
Pozwól, że dodam kilka słów – żeby gdzieś w tym świecie pisanym pozostała moja opinia o sytuacji politycznej w Polsce.
Nie lubię polityki, ale „czasem człowiek musi...”

Historycznie Lech Wałęsa to legendarny przywódca „Solidarności” i prezydent Polski w latach 1990–1995 – jedna z podziwianych, ale i kontrowersyjnych postaci polskiej polityki.

Jako robotnik, który stanął na czele pokojowej rewolucji antykomunistycznej, zdobył światowy rozgłos, **Pokojową Nagrodę Nobla (1983)** i status symbolu wolności.

W 1989 roku odegrał kluczową rolę w pokojowym obaleniu komunizmu w Polsce, a rok później został pierwszym prezydentem III RP wybranym w wyborach powszechnych.

W 1991 roku Wałęsa przemawiał przed połączonymi izbami **Kongresu USA** – co było symbolicznym uhonorowaniem jego roli w zakończeniu zimnej wojny.
Rozpoczął wtedy swoje przemówienie słowami:

„My, naród!”

To było świadome nawiązanie do preambuły amerykańskiej konstytucji (ang. “We, the People”) – i wywołało natychmiastową owację na stojąco.

Z drugiej strony jego kariera pełna była kontrowersji, głównie napędzanych retoryką braci Kaczyńskich. To Wałęsa wprowadził ich do polityki – potem ich odsunął. Nie wiedział, że Kaczyńscy staną się „Koniem Trojańskim” w jego karierze.

Nie będę się bawił w historyka i nie zamierzam roztrząsać, kto jest świętym, a kto... może powstrzymam swoje bogate słownictwo.

Wspominałem słowa z Biblii: „Po owocach ich poznacie".
Od kilkunastu lat głównym źródłem „owoców" w naszym kraju jest **Jarosław Kaczyński**. Jakie są te owoce?
Naród jest podzielony. Połowa kraju to wróg drugiej połowy. Ludzie w rodzinach kłócą się przy świątecznym stole o politykę.
Mały Jarek **zniszczył jedność narodu** – osłabił kraj tylko po to, żeby **dzielić i rządzić** („Divide and rule") i w ten sposób utrzymywać się przy władzy.
Mógłbym długo wymieniać podłości, które widziałem w polskiej polityce. Połowa rodaków by mnie za to znienawidziła, połowa by klaskała. Czy to nie jest chore?
Skoro takie są owoce Jarosława – nie muszę tłumaczyć, komu z tej dwójki nie uścisnąłbym dłoni.

----

*„**My, naród!**" – dzisiaj jesteśmy podzieleni i słabi, bo ktoś celowo nas dzieli, by samemu zachować władzę.*

Jeden z moich nielicznych przyjaciół ma żydowskie pochodzenie. Bardzo lubię z nim rozmawiać – ja tych genów nie mam, lecz za mental i filozofię życiową ten naród szanuję.
Wiem – naraziłem się teraz połowie świata. Zupełnie jakby poza Polską był jeszcze jakiś inny „Kaczyński", który szczuje jeden naród na drugi, kreuje wojny, byleby tylko utrzymać władzę.

Zwykli ludzie giną i cierpią, a politycy rozstawiają pionki i toczą cudzymi rękami bitwy.
Ale nie o tym chciałem...

Wyobraź sobie, że masz do wyboru: zrobić dobry interes albo zły interes. Co wybierzesz?
Masz pokera na ręce – pasujesz czy grasz, żeby wygrać?

Wałęsa był symbolem – mocną kartą. Można go było politycznie wykorzystać do załatwienia nam wielu dobrych interesów. On sam by tego raczej nie ogarnął, ale z pomocą profesjonalnych polityków mógłby otworzyć Polsce wiele drzwi.

Można było korzystać z tego kapitału politycznego przez lata. Niestety jednego małego człowieka to bolało. Jarosław wolał zmarnować ten potencjał, zniszczyć, opluć, zniesławić – niż postawić dobro kraju ponad osobistą vendettą.
Mieliśmy pokera na ręce – a karty poszły do kosza.

Opisuję Ci tę sytuację, żeby pokazać, **jak kiepska i destrukcyjna potrafi być psychika człowieka**.
Jak wiele możemy zniszczyć i zmarnować przez emocje.
Jesteś albo chcesz być Traderem. Ty, ja, wszyscy – mamy w głowie mnóstwo głupich, destrukcyjnych programów. Problem w tym, że w naszej branży zły program oznacza zły wynik finansowy.
Możesz mieć 95% tematów – od techniki po mental – poukładane perfekcyjnie, a na końcu wyskoczy mały mniejszościowy programik... i wszystko zepsuje.

Przed Tobą trudne zadanie.
Musisz dopracować swoje mentalne oprogramowanie tak, by żaden ukryty skrypt nie wpadł na pomysł: „mam pokera – to teraz **złamię zasady** i spróbuję ugrać jeszcze więcej" (np. dobić do miliona... a skończyć z 20 tysiącami grając na bitcoinie).

Nie wiem, czy wystarczająco Cię nastraszyłem i czy te przykłady do Ciebie trafiły. Mam nadzieję, że tak.
A jeśli nie – to już wiesz, że to Ty odpowiadasz za wszystko.
Znajdź własne przykłady, które do Ciebie przemówią i wywołają efekt, który działa.

To już ostatnie linijki.

Nie zostawiam Cię samego.
Zostawiam Cię w dobrych rękach – Twoich rękach.

Zadbaj o to, żeby z lektury tej książki powstały dobre owoce.
A jeśli tak się stanie – może ktoś zapisze mi plus dodatni w niebie, jeśli jakieś istnieje. :)

Powrót do tekstu – [25]